编委会

主任
朱 民

副主任
周晓敏　徐　刚　吴　炜

编委
张焕强　於亚萍　严晓凤　王东军
夏　冰　陈　伟　徐苏君

主编
严晓凤

编著、摄影
倪浩文

【便检】每个点位附有编号，书后设音序索引，便于检索。

【简史】概要说明点位历史。

【提示】对现存点位所在位置、参考年代、文保级别等关键信息突出提示。

【全面】本书涵盖苏州市各区所有的世界文化遗产、全国重点文物保护单位、江苏省文物保护单位、苏州市文物保护单位，标题用不同颜色来做区分。

【看点】逐一讲解文物的每一处精彩看点。

0433 龙南村遗址

龙南村·新石器时代至六朝·省保

龙南村落想象场景（吴江博物馆布景）

为一处新石器时代典型良渚文化村落遗址，出土有良渚文化时期的房址、灰坑、墓葬、水井、道路、河道等遗存，发现黑皮陶罐、灰陶罐及石器等。众多遗存完整揭示了一个新石器时代村落的布局。另外还出土有商、周、六朝时期的水井、灰坑等。

出土的红陶鼎
（苏州博物馆西馆藏）

出土的石器
（吴江博物馆藏）

0434 三槐堂王宅

东溪河32、33号·清、民国·市保

原为王振欧（民国镇长）、王振世兄弟宅。2020年重修。

二路二进。外墙檐下堆塑古玉、葡萄等装饰。北路建于清光绪八年，二进为楼厅。南路建于1937年，曾为勤昌米厂、棉花仓库。整体为走马楼，一进后原有"二槐留荫"门楼。二进楼厅外带雀宿檐、垂篮，斜撑雕持有"一品当朝"书卷字样的寿星等，一层轩梁及大梁抛枋雕刻戏文人物等。楼梯宽大。左右厢楼为洋房形制，水洗芝麻外墙，底层辟拱券，立罗马柱，窗栅林斯柱头，檐口有齿纹装饰，内部为彩色水磨石子地坪。后园已废。侧墙窗外有尖顶堆塑装饰。

一品当朝泰梁 楼厅装饰 西式厢楼

前言

苏州作为历史文化名城，古迹星布。先民勤劳的开拓，带来土地下丰富的埋藏。水乡独特的风貌，使得河港间交织着桥梁。优渥的市井生活，邈远的工艺传统，让香山帮传统古建筑争技斗巧，轮奂生辉。文风浩荡，名士踵及，幻化为园林里点点亭榭，山水间处处题刻。欧风东渐，临江近海，又让苏州成为西式建筑和现代公共事业蓬勃发展的乐土。凡此种种，在城乡留下了大量的不可移动文物。目前，苏州大市范围内已被列入各级文物保护单位者近七百处，第三次全国文物普查登记的点位超过三千处，其中还有数量可观的世界文化遗产。而苏州各区的文物点位在这其中又占有相当的比例。

因此，系统地介绍这些瑰宝，钩沉历史，订正讹传，展示苏州古迹的精华，以便读者能够按图索骥，就显得尤为重要。相比厚重的研究类读物，本书更多是从便携、实用入手，以文物所在的方位为序排列，让读者随意打开一页，就能通过同区域上下相邻的古迹串珠成链，真正做到开卷即访古，把出门前烦琐的功课浓缩于一卷之内。同时本书又是在多年积累的基础上，反复凝练后的成果。虽寥寥数言，但绝不因袭旧说，所有的看点均来自编著者实地的走访；大量的老宅堂名、建造年代、建筑格局等考证，是海量的史料剖析、口碑调查、细部扣字、高空航拍、清理涂抹后整理的结果。往往为弄清一桥、一门楼上题刻，敲开一处宅门，编著者要前往实地数次。而囿于篇幅，每个点位虽然最后使用的往往只有一两张照片，但它们却是从成百上千张照片中再三推敲后遴选出来的，同时还兼顾了视角、季节、细节、繁花、雪霁、夕照、夜景、人文等方方面面，只为向读者展示出这些古迹与众不同的性格。

当然，格于水平，书中舛误料当难免，祈请读者不吝指瑕。我们更期待，以此抛砖，后续能出版涉及范围更广、展现角度更全的"访古苏州"类读物，让更多的读者通过它们，了解苏州，走读苏州。

凡例

一、本书收录苏州市各区所有的世界文化遗产、全国重点文物保护单位、江苏省文物保护单位、苏州市文物保护单位，微调后共分五百三十条记述，标题分别以紫色、红色、深蓝色、蓝绿色表示。包括部分曾经公布且尚存，但不见于最新相关名录的点位，如虎山遗址（曾公布为江苏省文物保护单位）、李根源墓（曾公布为苏州市文物保护单位）。对于复合型点位，按照较高一级的点位来赋色。

二、为便于读者按书访古，对于同一板块（如城内东北隅、同里）的点位，按照地理位置相邻的原则排序。读者到达书中任意一处点位后，可根据书中顺序，就近寻访下一处点位。

三、考虑到文物点位的完整性，部分点位表述时与公布的相关名录有所出入。

1. 范围有所扩充。如将历史上同属于礼安堂徐宅的东一路（编著者新发现）、东二路（第三次全国文物普查登记点）、中路及西路（江苏省文物保护单位）合并记述。

2. 点位有所合并。将部分文物登记时分作多个点位者合并为一条，如将地理位置重合的苏州织造署旧址（全国重点文物保护单位）、瑞云峰（全国重点文物保护单位）、振华女子中学旧址（苏州市文物保护单位）归入"苏州织造署旧址"中记述。将早期同属一宅且至今内部部分相通的瞻瑞堂（苏州市文物保护单位）、裕耕堂（苏州市文物保护单位，名录登记为揄耕堂）归入瞻瑞堂吴宅记载。

3. 点位有所拆分。将部分包含点位数量有限的打包型文物保护单位分开，如将八坼四桥（苏州市文物保护单位）分别按联源桥、永宁桥、合浦桥、万安桥记述。但有的文物保护单位包含点位数量过多，或者内涵庞杂，考虑到全书篇幅，仍然归入一条内记述，如同里镇（江苏省文物保护单位）、陆巷古村（苏州市文物保护单位）。并对部分文物点位按逻辑关系等重新归类，如将黎里市河驳岸及古桥（苏州市文物保护单位)、禊湖道院和秋禊桥(苏州市文物保护单位)调整为黎里古镇驳岸、黎里古桥群(含秋禊桥)、昭灵侯庙三条表述。

四、对已公布的文物名录中的题名,作了相关调整。

1. 更正错误。如称采菽堂吴宅,而不称尚志堂吴宅;称礼安堂徐宅,而不称冯桂芬故居。

2. 更新题名。如称吴中区烈士陵园,而不称吴县烈士墓。

3. 桥梁按照桥上题刻的名称作为题名。如称太平桥,而不称(陆慕)南桥。

4. 对于能弄清堂名、祠名的,统一以某堂某宅的形式体现,而不称某宅或某某故居;使用原来匾额等规范的称呼,而不使用俗称。如称文起堂张宅,而不称文起堂;称中和堂汪宅,而不称东花桥巷汪宅;称徐氏宗祠,而不称徐家祠堂;称冯中允公祠,而不称冯桂芬祠。

5. 古代园林属于广义上宅居的一部分,且住宅面积多大于园林面积,故称宅更为科学,同时也符合文物实际保护的范围。如称春谷堂吴宅,而不称残粒园。即使如耦园这样极少数园林面积大于住宅面积的,宅外界碑也作"敬修堂刘界"。但考虑到世界遗产级别园林的知名度,对这部分世界遗产级别的园林仍使用园林名,而非宅名。

6. 对于不方便在题名上改动者,则在文内予以说明。如苏嘉铁路桥墩,目前列入苏州市文物保护单位的仅有两处,但在文中对其余几处亦作简单记载,以符合"苏嘉铁路桥墩"这个概念。

7. 故居者,仅表示某人曾经居住的情况,与居住时长、人物是否健在及当下是否拥有房屋产权无关。本书记载不作为房屋处分之依据。

8. 部分仍在发挥功能的公共建筑,不称旧址;反之,则称旧址。如称昆曲传习所,而不称昆曲传习所旧址;称吴江县立医院旧址,不称吴江县立医院。

五、为简洁计,本书古代年号纪年后不扩注公元纪年。书中标题下点位的参考时间，按照实际现场情况标记。特别是新建建筑占比较多时，参考时间表述为"至今"。

六、苏州古建年代不同，做法各异，故书中按建筑现存年代匹配对应的术语体系。宋元建筑原则上采用《营造法式》系统，明清建筑原则上采用《营造法原》系统。部分术语，历来以俗讹字传承的，如"一炷香鹤胫轩"，沿袭成例，作"一枝香鹤颈轩"。部分俗称有误或者容易导致歧义的，则予以更正，如称夔式，而不称葵式；又如民间多有将椁木（形似纱帽翅）厅称为纱帽厅者，但为与鸟瞰呈纱帽状的正间带抱厦之厅相区别，故不称前者为纱帽厅。

七、为了方便查找，书末附有索引。

目录

姑苏区

城内东北隅

0001 拙政园	001
0002 太平天国忠王府	004
0003 狮子林	005
0004 王氏惇裕义庄	007
0005 亲仁堂张宅	007
0006 许乃普故居	009
0007 王氏义庄	010
0008 沈维骥故居	011
0009 羲经堂陆宅	012
0010 平江历史文化街区	013
0011 汪氏诵芬义庄	014
0012 中和堂汪宅	015
0013 蒋氏凇荫义庄	016
0014 敦仁堂邓祠	017
0015 杨鼎元故居	018
0016 耦园	019
0017 六顺堂钱宅	020
0018 桂荫堂洪宅	021
0019 方嘉谟故居	022
0020 安徽会馆	023
0021 纯熙堂顾宅	024
0022 礼耕堂潘宅	025
0023 卫道观	026
0024 全晋会馆	027
0025 顾澄志故居	028
0026 鹤鸣堂康宅	029
0027 谦益堂方宅	030
0028 长元县学旧址	031
0029 留馀堂潘宅	032
0030 文起堂张宅	033
0031 言子祠	034
0032 乐群社会堂	035
0033 承德里	036
0034 玄妙观	037
0035 中山堂	039
0036 冯中允公祠	040
0037 五爱堂詹宅	041
0038 交通部苏州电信局旧址	042
0039 轩辕宫	043
0040 积翠堂温宅	044
0041 春谷堂吴宅	045
0042 采菽堂吴宅	046
0043 报恩寺	047
0044 张士诚纪功碑	048
0045 宝善堂佘宅	049

城内东南隅

0046 甲辰巷砖塔	050
0047 文星阁	051
0048 东吴大学旧址	052
0049 景海女子师范学校旧址	053
0050 博习医院旧址	054
0051 圣约翰堂	055
0052 沈京似故居	056
0053 寿星桥	057
0054 官太尉桥	057
0055 仁德堂袁宅	058
0056 双塔禅寺	059
0057 定慧禅寺	060
0058 万寿宫	061
0059 金城新村	062

0060 同德里	063
0061 同益里	063
0062 叶楚伧故居	064
0063 报国寺	065
0064 章太炎故居	066
0065 衍庆堂陈宅	067
0066 毓秀堂徐宅	068
0067 信孚里	069
0068 留馀堂柴宅	070
0069 叶圣陶故居	071
0070 可园	072
0071 沧浪亭	073
0072 苏州美术专科学校旧址	074
0073 丽夕阁	075
0074 教忠堂沈宅	076
0075 网师园	077
0076 圆通寺	078
0077 曲石精庐李宅	079
0078 苏州织造署旧址	080

城内西北隅

0079 朴园	082
0080 昆曲传习所	083
0081 宝华庵	084
0082 准提庵	085
0083 文山禅寺	086
0084 长鋆村	087
0085 陆肯堂故居	088
0086 慎修堂邱宅	089
0087 吴梅故居	090
0088 邹樑臣故居	090
0089 范氏义庄	091
0090 苏州府城隍庙	092
0091 乐知堂俞宅	093
0092 居俟堂庞宅	094
0093 怡怡堂吴宅	095
0094 仁寿堂顾宅	096
0095 颐寿堂任宅	098
0096 宣州会馆	099
0097 救国里	099
0098 嘉寿堂陆宅	100

0099 荣成堂吴宅	101
0100 金门	102
0101 颐寿堂尤宅	103
0102 传德堂杨宅	104
0103 荫庐叶宅	105
0104 王文恪公祠	106
0105 环秀山庄	107
0106 吴振声故居	108
0107 燕诒堂程宅	109
0108 蔼庆堂万宅	110
0109 诒德堂沈宅	111
0110 艺圃	112
0111 武安会馆	113
0112 贻范堂盛宅	114
0113 严良肱故居	114
0114 中国银行苏州分行旧址	115
0115 雷允上诵芬堂药行	115
0116 阊门	116
0117 谢莘如故居	117
0118 王玉成故居	118
0119 外五泾弄陆宅	118
0120 志仁里	119
0121 至德庙	120
0122 五峰园	121
0123 桃坞中学	122
0124 桃坞小学	123

城内西南隅

0125 思杜堂	124
0126 况公祠	125
0127 树德堂吴宅	126
0128 务本堂史宅	127
0129 学圃奚宅	128
0130 江苏按察使署旧址	129
0131 苏州文庙	130
0132 盘门	131
0133 瑞光禅寺	132
0134 开元寺	133
0135 胥门	134
0136 江苏高等法院看守所旧址	135
0137 江苏巡抚署旧址	136

0138 存仁堂洪宅	137
0139 庆庐舒宅	138
0140 王震百故居	139
0141 张柳桥故居	139
0142 陶伯渊故居	140
0143 潘承锷故居	141
0144 忠仁祠	142
0145 德福堂雷宅	143

城外

0146 金鸡墩遗址	143
0147 山塘河历史文化街区	144
0148 虎阜禅寺	145
0149 陈去病墓	146
0150 钱近仁墓	146
0151 拥翠山庄	147
0152 虎丘摩崖石刻	148
0153 应梦观音殿遗址	149
0154 李文忠公祠	150
0155 李氏祗遹义庄	151
0156 张忠敏公祠	151
0157 鲍传德庄祠	152
0158 葛成墓	153
0159 五人墓	154
0160 白公堤石幢	155
0161 普济桥	156
0162 侵华日军沪宁线司令部旧址	157
0163 申氏宗祠	158
0164 汀州会馆	159
0165 玉涵堂吴宅	160
0166 种福堂叶宅	161
0167 普安桥	162
0168 潮州会馆	163
0169 萃英中学旧址	164
0170 上津桥	165
0171 留园	166
0172 戒幢律寺	168
0173 下津桥	169
0174 江村桥	169
0175 寒山寺	170
0176 枫桥	171
0177 铁铃关	172
0178 七苦圣母堂	173
0179 横塘邮亭	174
0180 彩云桥	175
0181 唐寅墓	176
0182 嘉应会馆	177
0183 吴门桥	178
0184 苏纶纱厂旧址	179
0185 日本领事馆旧址	180
0186 苏州关税务司署旧址	181
0187 灭渡桥	182

工业园区

斜塘

0188 琼姬墩遗址	183
0189 张士诚墓	183
0190 斜塘土地庙	184
0191 永安桥	185
0192 萧特义士殉难纪念碑	185

唯亭

0193 草鞋山遗址	186
0194 乙未亭	187

虎丘区

狮山

0195 苏州革命烈士陵园	187

横塘

0196 范文穆公祠	188
0197 治平寺	189
0198 上方寺	190
0199 申时行墓	191
0200 顾野王墓	192
0201 行春桥	193
0202 越城桥	194
0203 福寿堂余宅	195
0204 越城遗址	196

0205 章钰墓	196
0206 章元善墓	197

枫桥
0207 寒山摩崖石刻	197
0208 章焕墓	198
0209 魏了翁墓	198
0210 茶店头遗址	199
0211 十里亭	199

浒墅关
0212 三里亭	200
0213 文昌阁	201
0214 观山摩崖石刻	202
0215 众缘桥	202

通安
0216 大石山摩崖石刻	202
0217 华山遗址	203
0218 真山吴楚贵族墓葬群	203

东渚
0219 阳抱山遗址	204
0220 窑墩遗址	204

镇湖
0221 万佛石塔	205

吴中区

长桥
0222 五龙桥	206
0223 蠡墅桥	206
0224 太平桥	207
0225 须茂桥	207
0226 永兴桥	208
0227 泂溪摩崖石刻	208

城南
0228 宝带桥	209

郭巷
0229 郭新河遗址	210
0230 泰安桥	210

越溪
0231 张墓村遗址	211

木渎
0232 七子山土墩石室	211
0233 钱元璙墓	212
0234 西津桥	212
0235 安义堂严宅	213
0236 廊桥	214
0237 礼安堂徐宅	214
0238 志德堂蔡宅	216
0239 怡泉亭	217
0240 永安桥	218
0241 张永夫墓	218
0242 灵岩山寺	219
0243 韩世忠墓	220
0244 大休墓	220
0245 范隋墓	221
0246 范文正公祠	222
0247 高义园	223
0248 贺九岭石关	224
0249 华山天池山摩崖石刻	225
0250 寂鉴禅寺	226
0251 毛珵墓	227
0252 冯桂芬墓	227
0253 金圣叹墓	228
0254 一・二八抗日阵亡将士墓	228
0255 小王山摩崖石刻	229
0256 李根源墓	229
0257 穹窿山摩崖石刻	230
0258 上真观	230
0259 宁邦寺	231

光福
0260 光福寺	232
0261 东崦草堂徐宅	234
0262 虎山遗址	235

0263 吴中区烈士陵园　　　　235
0264 香雪海　　　　　　　　236
0265 司徒庙　　　　　　　　237
0266 董份墓　　　　　　　　238
0267 惠栋墓　　　　　　　　238
0268 徐枋墓　　　　　　　　239
0269 圣恩禅寺　　　　　　　239
0270 石楼庵　　　　　　　　240
0271 徐学谟墓　　　　　　　241
0272 虚谷墓　　　　　　　　241
0273 永慧禅寺　　　　　　　242

横泾
0274 承德堂薛宅　　　　　　243

临湖
0275 荣富桥　　　　　　　　243

东山
0276 启庐席宅　　　　　　　244
0277 瑞霭堂席宅　　　　　　245
0278 尊德堂严宅　　　　　　246
0279 松风馆　　　　　　　　247
0280 修德堂严宅　　　　　　248
0281 凝德堂严宅　　　　　　249
0282 敦裕堂席宅　　　　　　250
0283 兰云堂万祠　　　　　　251
0284 承德堂周宅　　　　　　252
0285 裕德堂叶宅　　　　　　253
0286 念勤堂朱宅　　　　　　254
0287 文德堂叶宅　　　　　　255
0288 亲德堂金宅　　　　　　256
0289 务本堂严宅　　　　　　258
0290 诸公井亭　　　　　　　259
0291 绍德堂叶宅　　　　　　260
0292 渡水桥　　　　　　　　261
0293 法海寺　　　　　　　　261
0294 葑山禅院　　　　　　　262
0295 紫金庵　　　　　　　　263
0296 刘猛将庙　　　　　　　264
0297 怀荫堂周宅　　　　　　265
0298 熙庆堂叶宅　　　　　　266
0299 明善堂张宅　　　　　　267
0300 轩辕宫　　　　　　　　268
0301 久大堂张宅　　　　　　269
0302 纯德堂朱宅　　　　　　270
0303 中区小菜场　　　　　　271
0304 敦大堂席祠　　　　　　272
0305 王鏊墓　　　　　　　　273
0306 陆巷古村　　　　　　　274
0307 遂高堂王宅　　　　　　275
0308 会老堂王宅　　　　　　276
0309 桃树里邱宅　　　　　　277
0310 三山岛遗址及哺乳动物化石地点　278
0311 师俭堂潘宅　　　　　　279

香山
0312 后塘桥　　　　　　　　280
0313 蒯祥墓　　　　　　　　281
0314 姚承祖墓　　　　　　　282
0315 昙花庵　　　　　　　　282
0316 董其昌墓　　　　　　　283

金庭
0317 后埠井亭　　　　　　　283
0318 承志堂费宅　　　　　　284
0319 燕贻堂费宅　　　　　　285
0320 林屋洞　　　　　　　　285
0321 高定子墓　　　　　　　287
0322 高斯道墓　　　　　　　287
0323 罗汉寺　　　　　　　　288
0324 凤允论墓　　　　　　　289
0325 石公山　　　　　　　　290
0326 明月禅寺　　　　　　　291
0327 瞻瑞堂吴宅　　　　　　292
0328 黄氏宗祠　　　　　　　294
0329 诸稽郢墓　　　　　　　295
0330 畲庆堂蔡宅　　　　　　296
0331 春熙堂蔡宅　　　　　　297
0332 秦仪墓·娥明公主墓　　298
0333 秦氏宗祠　　　　　　　299
0334 爱日堂蔡宅　　　　　　300

0335 禹王庙	301
0336 心远堂徐宅	302
0337 仁本堂徐宅	303
0338 涵村店铺	304
0339 永丰桥	305
0340 仁寿堂金宅	306
0341 徐氏宗祠	306
0342 敬修堂徐宅	308
0343 栖贤巷门	309
0344 萃秀堂徐宅	310
0345 庆馀堂李宅	311

甪直
0346 甪直古镇驳岸	312
0347 甪直古桥群	313
0348 沈同孚故居	314
0349 赵受庭故居	315
0350 制律堂萧宅	316
0351 沈再先故居	317
0352 乐善堂沈宅	318
0353 保圣寺	319
0354 陆龟蒙墓	320
0355 甪里小学旧址	321
0356 万成恒米行旧址	322
0357 沈氏宗祠	322
0358 张陵山遗址	323
0359 大觉寺桥	324
0360 香花桥	325
0361 澄湖遗址	326

相城区

元和
0362 太平桥	327
0363 文徵明墓	327
0364 陆墓御窑	328
0365 悟真道院	329
0366 福昌桥	330
0367 含秀桥	330
0368 万安桥	331

黄埭
0369 养真堂朱宅	331

黄桥
0370 蠲免渔课永禁泥草私税碑	332

北桥
0371 北桥城隍庙	333
0372 石家桥	333

太平
0373 凤凰桥	334

阳澄湖
0374 沈周墓	334
0375 通仙桥	335
0376 湘城粮仓	335
0377 陆士龙祠	336
0378 灵应观	336
0379 妙智禅院	337
0380 沈菊英故居	338

吴江区

松陵
0381 模范灌溉庞山实验场瞭望楼	338
0382 三里桥	339
0383 模范灌溉庞山实验场办公楼	339
0384 怀德井	340
0385 中心北巷吴宅	340
0386 吴江县立医院旧址	341
0387 钱涤根烈士纪念碑	341
0388 泰安桥	342
0389 李云骅故居	342
0390 垂虹桥	343
0391 吴江文庙	344
0392 运河古纤道	345
0393 苏嘉铁路桥墩	346
0394 徐灵胎墓	346
0395 永宁桥	347

0396 万安桥	348
0397 合浦桥	348
0398 联源桥	349
0399 朴泽桥	349
0400 博士桥	350
0401 邑宁桥	350
0402 施全祠	351

同里

0403 思本桥	351
0404 同里镇	352
0405 明善堂陈宅	353
0406 南园茶社	354
0407 寿山堂朱宅	354
0408 嘉荫堂柳宅	355
0409 吉利桥	356
0410 太平桥	356
0411 长庆桥	357
0412 留耕堂王宅	358
0413 耕乐堂朱宅	359
0414 卧云庵	360
0415 同川自治学社旧址	360
0416 富观桥	361
0417 庞氏宗祠	362
0418 庆善堂陈宅	362
0419 明远堂杨宅	363
0420 普安桥	364
0421 务本堂叶宅	364
0422 馀德堂周宅	365
0423 世德堂曹宅	366
0424 丽则女学校旧址	367
0425 退思园	368
0426 经笥堂任宅	369
0427 西宅别业顾宅	370
0428 敬仪堂王宅	371
0429 俞家湾船坊	372

平望

0430 东林桥	372
0431 刘猛将庙	373
0432 唐家湖遗址	373
0433 龙南村遗址	374
0434 三槐堂王宅	375
0435 庆善堂秦宅	376
0436 安民桥	376
0437 安德桥	377
0438 群乐旅社	378
0439 小九华寺	379

汾湖

0440 昭灵侯庙	380
0441 黎里古桥群	381
0442 施菊生故居	382
0443 黎里古镇驳岸	383
0444 闻诗堂殷宅	384
0445 周宫傅祠	385
0446 树德堂徐宅	386
0447 德星堂蔡宅	387
0448 沈镐故居	388
0449 寿恩堂周宅	389
0450 鸿寿堂周宅	390
0451 荣寿堂蒯宅	391
0452 德芬堂邱宅·敬承堂邱宅	392
0453 赐福堂周宅	393
0454 端本园	394
0455 问心堂药店	394
0456 尚德堂王宅	395
0457 敦厚堂毛宅	396
0458 槐荫堂王宅	397
0459 普济禅院	398
0460 若瑟堂	399
0461 张应春故居	400
0462 张应春墓	400
0463 内省堂李宅	401
0464 莘塔跨街楼	401
0465 绥寿堂陆宅	402
0466 芦墟跨街楼	403
0467 玉树堂王宅	404
0468 谦益堂沈宅	405
0469 丕烈堂许宅	406
0470 陈和茂砖窑	407

盛泽

0471 仁寿桥	407
0472 升明桥	408
0473 带福桥	409
0474 先蚕祠	409
0475 济东会馆	411
0476 中和桥	412
0477 如意桥	412
0478 庄面	413
0479 升记绸庄旧址·升大钱庄旧址	414
0480 培元公所卅年纪念井	415
0481 泰安桥	415
0482 白龙桥	416
0483 莲云桥	417
0484 坛丘缫丝厂旧址	418
0485 苏嘉铁路75号桥日军炮楼	419

七都

0486 太湖大学堂	420
0487 双塔桥	420
0488 洪恩桥	421
0489 畲新堂孙宅	422
0490 广福桥	423
0491 东庙桥	423

震泽

0492 万福桥	424
0493 香花桥	424
0494 震丰缫丝厂旧址	425
0495 政安桥	426
0496 禹迹桥	427
0497 慈云禅寺	428
0498 凝庆堂朱宅	429
0499 懋德堂毕宅	430
0500 师俭堂徐宅	431
0501 积善堂李宅	432
0502 致德堂徐宅	433
0503 敬胜堂汤宅	434
0504 振德堂吴宅	435
0505 江丰农工银行旧址	436
0506 一本堂施宅	437
0507 正修堂顾宅	437
0508 耕香堂邱宅	439
0509 馀庆堂陆宅	440
0510 凝瑞堂杨宅	441
0511 丝业公学旧址	442
0512 虹桥	443
0513 王锡阐墓	444
0514 尊经阁	445
0515 贞惠先生碑亭	446
0516 震泽耶稣堂	447
0517 思范桥	447
0518 尚义堂倪宅	448

桃源

0519 富乡桥	449
0520 汪慰庭故居	449
0521 嘉乐堂周宅	450
0522 福泰兴烟纸店	451
0523 铜罗枫桥河廊	452
0524 汾阳王庙	453
0525 白溪御龙桥	454
0526 福事桥	454
0527 广福村遗址	455
0528 九里桥	456
0529 大通塘桥	457

其他

0530 京杭大运河苏州段	458

索引 460

拙政园

东北街178号·明至今·世遗·国保

姑苏区 —— 城内东北隅

中国四大名园之一。约明正德四年起御史王献臣在观址等基础上改建为拙政园。后园主、功能多有变更，钱谦益、柳如是、沈秉成、袁殊等名人亦曾居此。

整体东疏西密，以水为脉。园最东售票处等区域曾为谢守祥宅，今已改。

东部曾归王心一（归田园居）、贝氏等，现景观为1957年起陆续修复建成，有兰雪堂、芙蓉榭、天泉亭、秫香馆（移自东山，绦环板精雕戏文）等。

见山楼

中部曾归蒋棨、查世倓（皆名复园）、潘师益、李经羲（蜕庐，今存承德堂界碑，即今苏州园林博物馆区域）等，为全园精华所在，以主厅远香堂（尚存明代之覆盆莲纹础）为中心，堂南隔池山有旧之将军门入口，主要景观包括玲珑馆、听雨轩、梧竹幽居、倚玉轩、小飞虹、小沧浪、松风水阁、荷风四面亭、见山楼（藕香榭）、香洲（石舫）、玉兰堂等。

天泉亭

远香堂

中部正门

西部曾归叶士宽(书园)、张履谦(补园)等,于1960年前和中部以"别有洞天"月洞门贯通,详见"亲仁堂张宅",最西处另有盆景园。

园南并入的李经羲宅,共两路四进,西路设隔河影壁、船埠,大厅带楟木,东路含鸳鸯花篮厅、花厅、回顶四面厅、小院等。

另有碑刻五十五方,古树名木十八株。

承德堂李宅鸳鸯花篮厅

太平天国忠王府

东北街204号 · 1860年后 · 国保

咸丰十年太平天国忠王李秀成克苏后以吴宅（拙政园部分）、潘爱轩宅、汪硕甫宅等为基础改建。后作官署、会馆、学校等，今属苏州博物馆。1954年与拙政园分开。

中路府署隔街设照墙。一进八字将军门形制。三进正殿长窗雕龙凤纹，础雕立体，并有穿廊与后堂相连，形成工字殿。五进后殿原为礼拜处，配彩玻。东路一进戏厅，南有抱厦曰卧虬堂，隔扇移自留馀堂柴宅，精雕名人书画。西缀曲房。堂南院内见文徵明手植的紫藤。二三进间有小园。五进畅观楼与中路后殿耳房的长窗皆工细，局部为"富贵吉羊"组成的窗格。另见移自贝宅之"桑苎清风"字额。

更北之今拙政园部分区域亦曾属忠王府，光绪间张氏造补园时部分改建。府内梁枋、垫板彩画共近五百方，为苏式彩画之代表。

梁枋彩绘

狮子林

园林路23号·元至民国·世遗·国保

元至正二年天如禅师维则的弟子购地结屋,后寺园合一,亦名狮林寺、菩提正宗寺、圣恩寺。康熙间寺园分离,园历归张士俊(泽存堂)、黄兴祖(涉园、五松园)、黄轩、李钟钰、贝仁元等,曾作官舍、公园、学校,代有重修、改建,今局部为苏州博物馆民俗部。

雪景

整体由东部宗祠、住宅、中部花园、西部寺址组成。最东路设八字照墙、将军门、享堂、寝殿及后楼二进,末进移自懿德堂张宅。东二路南部两进西式洋楼自成一区,为族校、贝氏承训义庄等。迤北设燕誉堂(鸳鸯厅)、小方厅、对照亭、九狮峰等。中部花园水池东南叠石为山,西岸垒土成丘,尤以富含禅趣、状如群狮的假山群为主要园景。园内主要建筑有揖峰指柏轩、古五松园、见山楼、水殿风来(贡式花篮厅,移自郑竹坡故居之红豆书屋,缘环板雕唐诗书法)、真趣亭、石舫(钢混结构)、暗香疏影楼、飞瀑亭(下设暗道)、问梅阁(装折皆与梅相关)、双香仙馆、扇亭、文天祥诗碑亭、御碑亭、立雪堂、修竹阁、卧云室、观瀑亭、接驾桥等。西部寺址今仅存六百余龄古银杏一株。另见历代碑刻七十二方。

贝氏承训义庄洋楼

王氏惇裕义庄

潘儒巷31号·民国·市保

又名王氏宗祠。王福华继承其父、举人王晋泰遗志，于1914年建造。1937年抗日将士十九路军部队曾驻于此。后作小学、苏州民俗博物馆、餐厅等。

主体一路三进，呈曲尺形。主路一进将军门形制。二进享堂内施山雾云，棹木雕花。三进楼厅带弓形轩雀宿檐并垂花篮，檐枋雕戏文，楼前设"敦睦成风"门楼。更北为新建之楼厅、池塘。东为附房。局部见观音兜山墙。全宅周围列界碑多处。

"敦睦成风"门楼

亲仁堂张宅

潘儒巷74号、东北街204号·明至今·市保、控保

初位于东北街208号至210号及以东部分区域，原属户部郎中、苏州商会总理张履谦，一度归太平天国忠王府。举人张履豫、昆曲艺

术家张紫东、教授张问清等亦曾住此。后作小学、医院、邮局等。

原有七路八进。东一路二进额枋精雕戏文，四五进系走马楼，后有小园。东二路二进为明式的亲仁堂大厅，进深17.8米，体量之大被列为苏城"两只半大厅"之一。厅内梁架浑厚，尖顶轩的做法亦较特殊。东三路北部即张氏据汪氏花园改建的补园，今拙政园景区内十八曼陀罗花馆与卅六鸳鸯馆（四周带耳房的鸳鸯厅）、塔影亭、留听阁、与谁同坐轩、倒影楼、卧虹桥等皆斯时所营。东四路曾作忠王府马厩。

西为张履谦创建于光绪十九年的亲仁义庄，原有三路，主路二进享堂内遍施彩绘，棹木戏文木雕、大梁包袱锦彩绘工艺甚佳。三进楼厅带竹节撑雀宿檐，前有"兰桂茂承"门楼。

2004年亲仁堂大厅、义庄的部分建筑移建至潘儒巷，并于此建花园，外立叠篆界碑。

亲仁堂大厅

义庄享堂彩绘

位于原址的亲仁堂张宅额枋雕刻

卅六鸳鸯馆

许乃普故居

东北街138—142号·明、清·市保

道光间为榜眼、工部尚书许乃普与其弟、江苏巡抚许乃钊宅。盐商刘氏、金融家季慎范、木商符培盛、邮务长吴元起等亦曾住此,后作税务局、工厂等,今为苏州市第六中学等。1996年重修。

现存五路五进。西一路为花园,后有花厅、楼厅。西二路二进后厅施山雾云、抱梁云,扁作梁带雕花抛枋。三进楼厅带雀宿檐。四进楼厅前有"芳萱韶丽"门楼。五进楼厅已拆,改为花园。中路为花厅两进,园内新做半亭。东一路为正路,三进大厅施山雾云、抱梁云,椑木雕刻八仙戏文,础雕包袱锦,荷叶墩尚存。据载大梁上原有万历墨记。厅前有"嘉祥奕叶"门楼及百年广玉兰。四进楼厅础雕花卉。东二路二三进为走马楼。

鸟瞰

"嘉祥奕叶"门楼

西二路蜂头

王氏义庄

传芳巷2号·清末·市保

清光绪六年王治、王沆、王沂等请建，祀王氏皋桥支始祖王继宗、王师桓、王子鉴等。王鼎铨增建。后王鼎臣捐出办学，曾为城东义务小学、东义小学、城东中心小学。2000年重修。

原一路四进，临河有照墙。现存一路三进。一进门厅为将军门形制。二进享堂与三进寝殿山尖的山雾云、抱梁云雕刻仙鹤祥云等。其中寝殿为楠木造，前廊檐下带牌科、挂落，长窗雕有纹饰。原四进已改建为三层教学大楼，原砖雕门楼亦拆。另存光绪六年陈燮卿刻《奉旨允奏建王氏义庄条例碑》及桂树、蜡梅、贵妃山茶等古木。

楠木厅

沈维骥故居

北张家巷9、11号·清·市保

牛腿

梁头

光绪间为举人沈维骥宅，其兄弟沈维骢（举人）、其子沈齐贤、沈复（同盟会会员）亦曾住于此。2004年重修。三路五进。中路三进为大厅。四五进为走马楼厅，四周内廊相通，楼裙雕麒麟、鹿、鹤、花瓶、灵芝、团寿等，梁头雕博古图案，下部连以木雕狮子等。斜撑体量尤大，镂空精雕山水亭阁、鸟兽花卉、博古图案等。二楼带折纹栏杆，檐下垂花篮，梁头雕云纹等，其侧墙上堆塑缠枝纹，楼后檐下堆塑亭桥，楼内扁作梁亦三面雕卷纹、花卉、团寿等。东路局部已改，存花厅、二进楼厅及附房。西路存佛堂、楼厅，后为花园，园内设花厅、半亭、湖石假山、石笋等。另见青石六角古井及带花岗石磨盘井台的青石圆井各一眼等。

羲经堂陆宅

白塔东路60号·清·市保

清咸丰六年江苏道台陆介眉购地而建,西宅东园,宅共九路;园取"知足不求全"之意,名曰半园。为与仓米巷史氏半园区分,今俗称"北半园"。曾作盆桶社、丝织厂等,今为酒店。1980年修复,1991年、2009年重修。

园中景物多以"半"为特色。园中有池,中架一侧有栏杆的"半桥"。池北建歇山顶四面厅曰知足轩。池东设带有镜子的双荫榭,半凌池上。池南有至乐斋,略西为半波舫。贴墙建廊,屋面为"一落水",故称半廊。西南假山上有半亭,曰怀云亭。园东北角存重檐的藏书楼,楼裙砖雕博古架等,外观为两层半,实则三层,极为罕见。园中植有白皮松、广玉兰、黄杨等。另见武康石六角古井虎乳泉、精雕包袱锦的阀阅石。

半亭

半桥

平江历史文化街区

干将东路、护城河、白塔东路、临顿路区域内·约宋至今·世遗

苏州迄今现存最完整、规模最大的历史街区,对比13世纪的《平江图碑》,街巷、桥梁的位置和名称多未改变,保留着"水陆并行、河街相邻"的双棋盘格局及"小桥流水、粉墙黛瓦"的独特风貌。主街平江路为首批十大"中国历史文化名街"之一。区域内有全晋会馆(单独作为世界遗产点,同时作为人类口述和非遗代表作昆曲展示区)、耦园(世界文化遗产)及礼耕堂潘宅、安徽会馆、卫道观、潘氏松鳞义庄、胡相思桥等大量古迹。黄丕烈、洪钧、潘祖荫、顾颉刚、叶圣陶、郭绍虞等均曾在此生活。

街区鸟瞰

汪氏诵芬义庄

平江路254、256号·1942年·市保

　　道光二十二年浙江乌镇同知汪景纯与从子汪廷栩承其父汪翼铭遗志创建，置田一千零八亩许。亦作汪氏宗祠，主祀钦旌善行工部员外郎汪留阶，配祀汪翼镐、汪翼铭等。太平天国时为粤西独目跛足之俞氏王府。俞氏官至朝将，后破苏州进职为神将，迁馆至此。

　　现存二路五进。北路一进门厅设将军门。门前有巡抚梁章钜题请建立之钦旌汪氏坊。牌坊为三间四柱式，带碑石，今补木构，更前有双坡河埠。河内于保吉利桥南竖立经幢。南路二进为享堂，施山雾云、抱梁云，樟木雕刻园景。后三进均为圆堂，局部有轩廊、观音兜山墙。宅内尚存清代碑刻七方、青石六角古井一眼。临街另有界碑。

牌坊与河埠

中和堂汪宅

东花桥巷中和里·清·市保

原为铁佛休宁支系汪氏宅,清初汪世荣迁吴居此。儒绅汪虞炳、汪留、汪翼铭,知县汪增礽,知府汪麟昌,同知汪景纯,御史汪朝荣,郎中汪朝模,举人汪廷枏、汪毓煊、汪增祚等曾住此。

全宅共三路六进,西为义庄。中路门厅内为翻轩与草架直接相连,做法罕见。三进大厅中和堂施山雾云,脊檩有彩绘。厅前立"质厚文明"砖雕门楼,工艺之精,实罕其匹。五进楼厅存"引领紫微"砖雕门楼。东路存湖石假山两处,皆颇高,一处有磴道可上山。二进楼厅带雀宿檐,长窗裙板、绦环板精雕风景、人物,前有"兰署金梯"砖雕门楼。西路庭院"植槐贻荫"字额已佚,二进书厅侧存"白华"字额,三进鸳鸯厅已改。

假山

"质厚文明"门楼

0013

蒋氏淞荫义庄

胡厢使巷34、35号·1883年·市保

清光绪九年监生蒋兆烈等奉其曾祖蒋镐遗志创建,又称善行蒋公祠。东路一进门厅为将军门形制,前后檐设桁间牌科,带挂落,壁嵌光绪九年翰林潘遵祁撰《蒋氏义田碑记》。二进享堂前设船篷轩。三进厅带轩廊,有挂落。四进为楼厅。西路六进,后三进为楼厅。

将军门

敦仁堂邓祠

大柳枝巷18号·清·市保

祠祀南渡始祖、南阳人邓肃。后为纺工职大工场、苏州丝绸技工学校实习工场、苏州市第六中学等使用。两路三进。正路二进享堂为筒瓦脊，桁梁间皆有牌科，山雾云、抱梁云雕蝙蝠祥云。东路有带前后花篮的楼厅，做工精细。廊下原为"□先""敦本"字额，今见字额系新补。沿街有界碑。原有蝙蝠厅，此厅为回顶，前后皆设一枝香鹤颈轩并垂花篮柱。1981年移到双塔。

花篮

杨鼎元故居

大柳枝巷 27 号·清、民国·市保

原为杨鼎元宅,共两路五进。西路为正路,三进大厅施山雾云。四进为中式楼厅。五进为二层青砖洋楼,带车制木雕楼裙,二楼配有铁艺栏杆,室内存挂落等,雕刻简洁。东路第三进为中式楼厅,雀宿檐下垂有花篮。四进为二层青砖洋楼,楼南廊带砖砌拱券,二楼亦配铁艺栏杆。室内见进口压花彩色玻璃,精雕雀梅飞罩,彩色水磨石子地坪铺设团寿、方胜图案,楼前门楼已毁。五进为曲尺形楼厅。另见青石八角、六角古井各一眼,局部字额已毁,残存湖石假山、花街铺地。

东路洋楼挂落

耦园

小新桥巷6号·清·世遗、国保

同治十三年苏松太道道台沈秉成在陆锦之涉园、崇明祝氏别墅基础上，聘画家顾沄设计，扩成一宅两园的格局，与继配严永华偕隐于此，更名耦园。后归实业家刘国钧，今尚存敬修堂界碑。钱穆、陆文夫等曾居此。后作工厂、学校、宿舍等。代有重修。

耦园三面环水，中为宅，设门厅、轿厅、载酒堂、楼厅四进，楼前门楼为旧料拼缀。东园以黄石假山、受月池为中心，架桥曰宛虹杠。主体建筑为一组重檐楼厅，楼西以樨廊接储香馆、藤花舫、无俗韵轩、枕波双隐亭诸胜。东南建双照楼，下有筠廊接还砚斋、望月亭、吾爱亭、听橹楼等。池南"山水间"水阁内，移自东山之花罩既大且精。西园以鸳鸯厅织帘老屋为中心分成前后两院。南院叠湖石假山，北院建藏书楼。另存清碑一方。事详《耦园志》。

藏书楼

六顺堂钱宅

悬桥巷 23、25 号 · 明至民国 · 市保

原住陆氏,1916 年归中医钱益荪,其嗣子、中医钱伯煊亦居于此。2021 年重修。

两路六进。东路一进门厅外部贴有砖细,内为穿斗造。三进明式大厅,举折较平缓,轩设于厅后,施直式山雾云等,棹木已毁,荷叶墩内藏鱼、蛙、螺等水族,两壁贴砖细墙裙,有圭脚,局部见木础。厅前设"世德流芳"门楼。四五进为走马楼厅,四进前有姚洪淦题壬戌款"吴越世家"门楼。西路四进前花园已残,有廊、亭等,其侧辟月洞门。花厅内为回顶,山尖山雾云极小,前设轩廊。五进平房外设廊,垂挂落,立夔式栏杆,结子雕花。局部见铸铁花窗及海棠纹等砖砌式花窗,另有青石圆井及青石八角井各一眼。

"世德流芳"门楼

桂荫堂洪宅

悬桥巷 27、29 号 · 1892 年 · 市保

原为状元洪钧光绪十七年出使回国后建。原后门临河设有廊桥连菉葭巷。曾作食品厂、菜市场、环卫站。2009 年重修。

现存三路六进。东路为附房与花厅，残存湖石假山，张一麐曾借住于此。中路一二进为洪氏桂荫义庄及家祠，左右以两庑厢接。一进门厅为穿斗式梁架，桁梁间皆设牌科。二进享堂内施山雾云、抱梁云。三四进为走马楼厅，厅前洪钧自题光绪壬辰款"凝芳毓秀"门楼仅剩下枋，湖石假山残存。西路原有照壁，一进门厅檐下实心夹樘板雕牡丹等。三进前厅前旱船等已毁。四进后厅前局部存黄石假山。五六进为走马楼厅，传洪钧妾室赛金花曾住于第五进。另见观音兜山墙及青石古井三眼。

家祠享堂

方嘉谟故居

悬桥巷 45、47 号·明至民国·市保

原为吴县医师会会长方嘉谟宅。曾为日军、国民党军队占用。2023 年重修。

共两路四进。东路一进门厅带砖细贴面及垛头。二进明式大厅施直式山雾云,弦纹木础承重,斗下设荷叶墩。三进楼厅后原有"积善馀庆"字额。四进楼厅两壁嵌"潄碧""绾春"字额,梁枋、长窗皆雕刻花卉,楼梯扶手雕竹节纹。二楼外为浅黄色拉毛墙面,楼前置琉璃花窗。西路沿街设西式门头,后原为花园,现存游廊、半亭、花厅。池沼假山部分 1935 年改建为假三层洋房,浅黄色拉毛外墙,红瓦顶,壁炉烟囱高耸,局部辟舷窗,有进口马赛克、瓷砖铺地。另见自流井,井盖铸"苏州清泉自流井局造"字样。

鸟瞰

小林屋

0020 安徽会馆

南显子巷13号·明、清·省保、市保

明嘉靖间为归湛初宅园,后为胡汝淳之洽隐山房、韩馨之洽隐园、范来宗之洽园、倪莲舫之皖山别墅、太平天国听王府等。同治三年起李鸿章于此建安徽会馆,包含祠堂、花园、公所、机房等建筑,园林曰惠荫园。后作阅报社、游艺场、学校等。

现主体存四路三进。东一路为原大门,中有"安徽会馆"门楼,北为"聚星""捧月"门楼,一进为回顶式门厅。北之享堂、寝殿俱毁。更北为惠荫园,内有明周时臣所垒的"小林屋"水假山,为现存假山中之精品。西二路为程忠烈公祠,祀淮军将领程学启。一进头门北带抱厦,二进壁间有李鸿章撰、曾国藩篆额之《敕建苏州程忠烈公祠碑》。四进享堂檐枋雕双狮,殿内木雕皆施彩绘,工艺较精。西一路为淮军昭忠祠,三进南设回顶抱厦并垂花篮,内施山雾云。

纯熙堂顾宅

悬桥巷顾家花园4、7号·清至民国·市保

清顺治间复社成员顾其蕴在明归湛初之米丈堂、胡汝淳之洽隐山房之址改建,名宝树园。其孙顾秉忠又添筑安时堂等胜,统称顾家花园。诸生顾汈之和顾廉军、优贡顾柏年、史学家顾颉刚等亦居于此。曾作机织局、太平天国听王府、文通书局编辑所旧址、托儿所等。2023年重修。

现存两路六进。东路三进为大厅,原设"易安""逢吉"字额。曾悬康熙御题"江南第一读书人家"匾。五进平房为1931年重修,系顾颉刚起居之所,面阔四间,平出两厢,前有廊,立方柱。天井内设"子翼孙谋"门楼。旁即芬陀利室、纯熙堂等,系顾氏藏书之所。局部见挂落。水泥地坪压团寿纹。西路二进为回顶。另见青石六角井一眼。

五进平房

水泥压团寿纹

礼耕堂潘宅

卫道观前1、3号，民生里·清·国保

康熙末年富商潘颖昌始建，乾隆间其孙潘文起扩建。后作居委会、工场、书店、城建博物馆等。书法家祝嘉曾寓此。2001年起重修。

主体六路七进。东一路二进花厅长窗工细。厅前原有白皮松，水帘洞假山现移美国大都会博物馆明轩，尚存紫薇、黄杨等古木及残石。北为鸳鸯厅。东二路二进为花厅稼荪堂。中路隔街设照墙，一进为鸳鸯厅。三进大厅楠木精雕戏文。四进楼厅带雀宿檐，屏门精雕雅玩。西二路二进匾托工艺考究，西设前后花厅、半亭等。西一路二进花厅木雕较佳，厅前狮象虎豹假山亦移至明轩。

全宅存"住碧流霞""金昭玉粹""敷藻如江""居德斯颐""秉经酌雅"等门楼及字额，砖雕至为精细，外墙局部存观音兜。另见青石圆井和八角井各一眼。

"居德斯颐"门楼

卫道观

卫道观前 16 号 · 明、清 · 市保

初名会道观,元初时道士邓道枢得上官氏废囿而建。明洪武初归并玄妙观,弘治、成化间皆有复建,嘉靖二十年修葺后更今名。后局部陆续重修重建近十次。曾作学校、保息局、工厂、苏扇博物馆。

原有三路,东路设东华堂,为状元申时行读书处,堂右有申公祠,现已毁。现存两路三进,东路一进山门为将军门形制,局部为杵头础。檐下设十字桁间牌科,垂挂落,梁头雕独占鳌头等,施山雾云、枫拱式抱梁云,精雕鱼龙、云龙、仙鹤、麒麟。二进为玄帝殿。三进三清殿内置覆盆础,两山墙用抹角方石柱,正间施大幅海水山崖诸宝壁画,匾托描金。尚存同治十三年王云所书楹联两对。西路西华堂,原有王时敏题匾。另见明清碑刻十方、青石八角古井一眼。

梁头

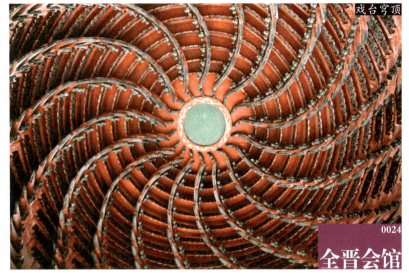

戏台穹顶

0024
全晋会馆

中张家巷14号·1765年·世遗、国保

又称山西会馆,清乾隆三十年旅苏晋商始建于山塘街半塘,光绪五年起重建于今址。曾作工厂、学校、戏曲博物馆等。1982年、2007年重修。今局部作中国昆曲博物馆。

三路五进。中路隔河原有照壁,一进辟八字将军门,满贴砖细,底部置须弥座,上部砖雕戏文等。门内遍施彩绘,满雕戏文,镂技绝伦。八字墙后建楼阁式吹鼓亭。二进北接歇山顶戏台,额枋雕龙凤、戏文等,檐下垂花篮,斜撑雕狮。内部置穹隆状藻井,因工艺精巧,多膺美誉。三进正殿移自灵鹫寺,并经改筑。东路二进分东西两花厅。东花厅又称桂花厅,中施山雾云等,前后四轩连缀,更有椁木雕三国等戏文,础雕包袱锦,做工极具匠心。西花篮厅内前后皆垂花篮。北有庭院,布池筑亭,更北为后厅、前后楼。前楼南有"春深麟步"门楼。东路沿街字额刻"豆麦酱油",三四进形成合围的庭院。馆内见碑刻四方,馆周界碑高大。

顾澄志故居

中张家巷3号·1876年·市保

原属顾澄志。今作中国苏州评弹博物馆。馆内存光裕公所移此的光裕社纪念塔。

原整体略呈曲尺形,现主体至少有一路三进。一进门厅。二进大厅内有一枝香鹤颈轩接双桁鹤颈轩,山尖的抱梁云、山雾云雕蝙蝠、仙鹤等,厅前见"紫气东来"砖雕门楼。三进楼厅两厢有卍川栏杆,楼前立"福履绥之"砖雕门楼。

门厅

光裕社纪念塔

鹤鸣堂康宅

郏长巷1号·1932年·市保

铁艺栏杆

原为黄金荣幕僚康德全宅，1932年建。共三路，皆为二层青砖洋房。东楼沿街有水洗芝麻工艺装饰的门框。天井铺彩色水磨石子，并塑有蝙蝠图案。客厅等铺进口马赛克。二楼东西向均有外挑式水泥阳台，局部装配带"A"字的铁艺栏杆。西路天井内存六角花岗石古井一眼。东花园已毁。沿街有界碑。

楼间

谦益堂方宅

钮家巷31、32、33号·清、民国·市保

初属朱氏,后为浙江临海知县、苏州总商会会董方荣阳宅,即民国名医方嘉谟祖居。

四路四进。东二路中路二进大厅精雕的山雾云、抱梁云,与脊檩皆施彩绘,又有方形棹木。厅前建砖雕门楼。三进楼厅前有"莳松书柿"门楼,后有青石古井。四进为楼厅。东边路二进后名"尚义厅",屏门及花罩雕刻细致。西二路二进前有门楼,四进为二层青砖洋楼。西边路为附房。原扇亭、船厅、湖石花坛、水池已毁,假山迁耦园。

洋楼

山雾云与抱梁云

长元县学旧址

干将东路518号·清·市保

彩绘

创立于南宋咸淳元年,初依长洲县驿站里,明嘉靖二十年迁城东福宁寺(光孝寺),即今址。清雍正二年从长洲县分设出元和县,元和县学亦附于此,改名曰长元县学。后长期在此办学,今为平江实验学校。代有重修。

原主体有五路四进。现仅存重檐歇山顶大成殿,鱼龙筒瓦脊,重檐下皆设丁字牌科,出凤头昂,垫拱板雕花。内设梁间牌科,梁上有彩绘,局部为包袱锦,内容包括吉象、麒麟、莲藕、花卉等。殿前有露台。四周有十数棵百年以上古银杏。另存清代碑刻三种。

外貌

留馀堂潘宅

钮家巷2、3号·明、清·省保

嘉庆十四年状元、大学士潘世恩在原凤池园基础上改建，仍名凤池园，又名养亲园、临顿新居、太傅第。其子潘曾沂、潘曾莹、潘曾绶、潘曾玮曾住于此。后东归陈大业，称省园；中归王资敬。曾作民居、工厂、书场等。代有重修，今作苏州状元博物馆。

现存三路五进。东路五进为移自金狮巷的花篮厅。中路三进明式大厅局部木础承重，檐下斜撑做法别致，厅内设有楮木。楼后有园。西路二进为鸳鸯厅，楮木精雕戏文，厅内浚井，另藏道光御书"福"字匾。三进思补斋，曾为太平天国英王陈玉成行馆，南有抱厦，鸟瞰如纱帽，故名纱帽厅。厅前尚存黄石花坛。厅内三轩连缀，壁间灯槅、冰纹隔断、凤头松鼠葡萄纹飞罩等木雕精细。东侧门上刻有联语。四进花厅础雕包袱锦。西侧备弄内存贝叶形灯龛。

纱帽厅

文起堂张宅

干将东路712号·明·省保

原为明戏曲家张凤翼、文士张献翼、画家张燕翼兄弟宅。现作苏州市考古研究所。2008年重修。东路原有小漆园,今不存。

现存一路二进。二进轿厅提栈较缓,内四界圆梁扁做,内额枋上刻出"七朱八白",以木础、雕刻缠枝纹的杵头础承重。正贴攒金造,脊檩施彩绘。悬陈鎏题"文起堂"匾,匾托为云纹形。两壁斜贴砖细,下部有主脚。厅北有双面砖雕门楼,下置门枕石。门楼南向在室内,石门柱顶部带云纹浮雕,下设砖细须弥座;北向在室外,左右建砖细照壁,下设青石须弥座,束腰处雕动物、芝草等,做工精细。三进大厅前有如意纹菱角石,山尖明式山雾云雕刻简洁。另见花岗石圆井一眼。

大厅

言子祠

干将东路908号 · 清 · 市保

又名言子庙、言公祠、学道书院。祀先贤言偃,初设于学道书院内,明嘉靖中废,万历十二年申时行重建于今址,清乾隆二年重修,光绪元年重建,2009年建筑略作平移,2010年、2023年又修。曾作各类学校,现为苏州名城保护集团。

原有三路五进,有隔街牌坊、学孔堂、弦歌楼等,现仅存二路二进。东路一进大门带八字墙,将军门形制。二进享堂带抱厦,桁梁间皆列牌科,廊嵌"依仁""游艺"字额,堂内覆盆础叠加鼓础承重。西路设花厅、东西半亭、小园。另见明清碑刻六种。

享堂

乐群社会堂

宫巷 20 号·1921 年·市保

清光绪十七年由韩明德、陈子君在今址先建小教堂,1921年传教士项烈和华人牧师沙定准募资,改建为今堂,首任牧师孙乐文。1934年因拓路,原大门、二门被拆。后改称宫巷基督教堂、耶稣堂。曾作机关用房,1987年修复,2018年加配彩玻。

现存三幢楼房。主体建筑大教堂为奶黄色墙面。正立面三间,中辟拱门,左右设券窗。陡坡灰瓦屋顶,山尖浮塑红色十字架,其下为大拱窗。内部高两层,局部三层,辟为大小礼堂等。拱门左右相对耸峙四方五层塔楼。后之小教堂、牧师楼均为两层建筑,亦为奶黄色墙面。西北有界碑。另见1846年铭牌的美国原装钢琴,系教堂旧物。

0033 承德里

观前街西 · 民国 · 市保

1931年金融家、实业家叶振民组建承德银团并控股集资兴建。建成后高价出租,承租者多为在银行工作的高级职员。5号曾为画家朱守一宅,1937年春,朱与张辛稼在此创办中国艺苑画廊。20世纪40年代末,苏安面粉厂办事处及大江南报社亦设在此。9号原为书画家张继馨宅。原有红砖洋房十幢,沿主干道设四条支路排列,现存九幢。巷门为水洗芝麻材质,上方做角浪纹,书"承德里"三字。每宅窗框有线形装饰,局部宅带双柱墙门,阳台设铁艺栏杆,内见进口地砖。北部存古井两眼。

鸟瞰

玄妙观

观前街94号、观成巷14号·南宋至清·国保、控保

始建于西晋咸宁二年,初名真庆道院,后更名上真道院、开元宫、玉清道观、天庆观、玄妙观、圆妙观、元妙观等。历代重建或重修近二十次。据道光《元妙观志》图载,全盛时共有三十多座殿阁。曾作道纪司等。

山门

鸟瞰

台基石栏雕刻　　运木古井

　　今存三路。中路一进为清乾隆四十年重建之山门。二进三清殿系南宋淳熙六年时重建,为现存中国南方最大木构古建筑。重檐歇山顶,外立刻有天尊名号及助捐题记的石柱,内多木柱,础式多样。平棋、梁柱施彩绘。内槽中央四缝的六铺作重抄上昂斗拱为全国孤例。内槽内转角铺作用插拱,不用栌斗,为全国最古实例。殿内供宋塑、当代修补的造像三尊。殿前带须弥座的月台上石栏华板雕刻精细。殿北方丈殿部分(控保)建于清康熙年间,存一路三进,其中主殿又称萨祖方丈殿,供奉萨守坚。如意门内还有明式雷尊殿(雷神殿),其余多为清代建筑。另有无字碑、老子像碑等碑刻四十余种及五代古井、运木古井、朝北玄帝铜殿、一步三条桥等。

中山堂

观前街西脚门68号 · 1933年 · 市保

张一鹏等倡议为纪念孙中山而建,原址为玄妙观弥罗宝阁焚毁后的废墟,1933年落成。王信记营造社设计,沈兴记营造社承建。原为鱼龙筒瓦脊,脊中有水泥地球仪。1935年屋顶被吹塌,重建后不再设地球仪。1949年4月30日,苏州各界人士会议在中山堂召开,宣布苏州市军事管制委员会、中共苏州市委员会、苏州市人民政府成立。曾作区公所、图书馆、工人俱乐部、苏州地区电影公司、观前电影院、苏州市滑稽剧团等。

现存青砖二层歇山顶洋楼,面阔九间,正间南北皆有阳台凸出,南向下设罗马柱,带爱奥尼亚式柱头,前设石狮。堂内有铁艺栏杆楼梯。主楼东西各有一排平房,与主楼一样皆带水洗芝麻窗套。侧有小池,黄石矶岸。

全貌

冯中允公祠

史家巷20号·清·市保

祀榜眼、思想家冯桂芬。曾作新毅小学、史家巷小学、白塔子巷小学、刻字厂。2021年重修。

共三路两进。东路已改。中路前照壁已毁,一进祠门带八字墙,檐下设桁间牌科,出凤头昂。二进享堂云头挑梓桁,前设轩廊,檐下列十字牌科,堂内前轩后双步,带梁间牌科,施直式山雾云,匾托描金,局部以弦纹础承重。堂外有石砌露台。堂东庑壁间存左宗棠撰并书《中允冯君景庭家传碑》。西路三进花厅,斗下置荷叶墩,施山雾云。

《中允冯君景庭家传碑》

享堂梁架

五爱堂詹宅

阊邱坊巷4、6号·1816年·市保

介园

又名静中院。1943年归纸商詹沛霖（后为巴西华侨），其子詹家驹、其媳程慧珍曾住于此。曾为北区人民政府驻地。

共两路五进。东路二进大厅带棹木，脊塑有刘海戏金蟾。三至五进为走马楼厅，局部设竹节撑雀宿檐，夹樘板内嵌"福寿双全"四字，檐下垂花篮，柱础雕包袱锦。西路一二进为对照花厅。一进四轩连缀，垂花篮。一二进间为小园，设池沼、假山、石笋、角亭、三折曲桥，一旁月洞门有"静观""介园"砖额。三进为楼厅，外墙局部为青砖，二楼施山雾云。东西两路间花窗堆塑松鹤、芝鹿，工艺精湛。另见青石六角古井一眼。据字额年款推断此宅初建不晚于1816年。

交通部苏州电信局旧址

阊邱坊巷21号·1923年·市保

初为交通部苏州电话局,建于1923年,由裕信建筑公司承建。1934年、1935年电报局与电话局在合并后陆续迁此,后改称交通部苏州电信局、交通部吴县电信局、苏州地区电信局、苏州邮电局等。

青砖二层城堡式洋房,四角立柱高起,南向正间呈弧形凸出,二层缩进为阳台,设拱券,皆以罗马柱承重。北向设拱券罗马式大门,上部设矮柱,顶部有"苏州邮政局"字样,外围以辫绳框。窗上有水磨石子装饰的半框。内部亦见罗马柱,柱头简洁。楼梯柱头雕西式花篮。

城堡式外观

轩辕宫

祥符寺巷36、38号·清·市保

又名先机道院、仙机道院、机圣庙。祀黄帝、云机先圣伯余等。始建于北宋元丰元年,明万历元年重建,清多番重建或扩建。同治三年辟为机业公所,又名云锦公所、纱缎业同业公会。后扩为丝业公所、丝织业同业公会等。曾作托儿所、服装厂、宿舍等。

现存三路四进,逐级抬升。东路一进山门外设"为章于天"门楼。二进前殿与三进大殿皆施山雾云,大殿脊檩彩绘金龙等,匾托、荷叶墩描金。四进楼厅前花街铺地尚存。中路沿街有"先机道院"字额,后为附房,局部山墙带观音兜。西路二进楼厅楼梯带冰纹装饰,楼前门楼字额已毁。原址存《重建轩辕宫记碑》。外立"先机院墙囗"界碑。另有碑刻六种,现存苏州碑刻博物馆。碑拓两种,现存苏州博物馆。

《重建轩辕宫记碑》

积翠堂温宅

白塔西路 100 号·清·市保

原住温氏。二路五进。东路带五山屏风墙，二进大厅提栈较缓，带砖细墙裙，山雾云雕仙鹤，抱梁云雕如意，棹木雕人物，并施彩绘，工艺精细。轩梁与正梁皆置荷叶墩，青石础雕包袱锦。三进楼厅带竹节撑雀宿檐，檐下垂花篮，楼内门楼的下枋雕有戏文。四五进亦为楼厅。西路有船厅、对照花厅。另见瓜子黄杨。

山雾云与抱梁云

棹木

春谷堂吴宅

装驾桥巷34号·1811年·市保

原为扬州盐商姚大赉的东园,1927年归画家吴待秋,改园名为残粒园,画家吴㪩木曾住此。

共三路五进。中路四进楼厅前有"庆协鑫斯"门楼。五进楼厅裙板雕博古架等,东偏接两间书房,厅前有"庆既令居"门楼。西路有回顶花厅来鹭草堂。东路建筑南部为西式平房,琉璃瓦顶,南栽日本红枫。三进花厅前有湖石叠成的小天池泉眼,廊壁嵌书条石五方。花厅以东为旧之残粒园园门。今园门改在北侧"锦窠"洞门后,前置湖石峰为屏,中浚池,池西北墙角处垒湖石假山,中有山洞,循级可达栝苍亭。亭内有壁龛书橱,侧门西通花厅。从内宅楼可通花园,为苏州园林中独见。另见古井两眼。

园景

小天池泉眼

采菽堂吴宅

西北街88、98号·1767年·省保

乾隆间归徽商吴氏,进士吴福保、其子吴勤树与吴勤亮曾住于此。西路局部后归高氏,曰尚志堂,今界碑尚存。东路作檀香扇厂、工艺美术博物馆等。

原有三路七进,现存三路四进。东路隔街照壁已毁。忠王李秀成曾于三进大厅内办公,称红厅,厅前建"日新盛德""孝弟忠信"双面门楼。四进楼厅已改为花园。五进楼厅设竹节撑雀宿檐并垂花篮,大厅与此处之木雕皆极精细。六进前有小园。中路一进为花厅,后有偏厅及青砖平房,为后建。西路为四进楼厅,二至四进前分别有"圭璋范德""兰茁其芽""德为福基"门楼,雕工至巧。四进楼厅带雀宿檐并垂花篮。宅内四碑现存苏州碑刻博物馆。

"兰茁其芽"门楼

报恩寺

人民路 1918 号·宋至今·国保

仿木藻井

不染尘观音殿轩梁

不染尘观音殿彩绘

其址传为三国时通玄寺址，曾名开元寺、报恩万岁寺、报恩万岁贤首教寺、报恩讲寺，俗呼北寺。志载重修或重建十多次。曾作小学、革大、机关、工厂等。

山门及门前的知恩报恩坊系 1979 年移自申时行祠，前者砖雕、后者木雕至为复杂。寺内南朝梁时曾建十一级塔，后又重建。现殿后之塔俗称北寺塔，南宋绍兴二十三年所建。塔为九级八面砖木楼阁式，塔基外青石浮雕动物花草，廊内基台为须弥座式，束腰浮雕金甲护法力士。三层塔心门过道上设仿木藻井，殊为精妙。局部见阳文塔砖。塔北依次为四面厅、铜佛殿（七佛殿，徽派梁架）、藏经阁（梵香堂）。东路有廉泉亭和重檐歇山的不染尘观音殿。殿内立楠木柱，殿顶藻井木板施彩绘，须弥座雕游龙等，础雕包袱锦。殿外立石柱，轩梁刻"是心是佛"等扁额，结构奇巧。殿西北为僧寮，称华藏精舍，后院见八功德池、元碑亭。东北有 1987 年重建之梅圃等。原址见元至民国碑刻十二种，另有一宋代碑拓藏苏州博物馆。

张士诚纪功碑

人民路1918号·元·省保

又名隆平造像碑、张吴王纪功画像石刻、孙权阅兵演武图石刻、石家堂等。据1936年《中央日报》旧影及考证,此石原在南京报恩寺中,传为张士诚移至苏州报恩寺山门之左,1919年僧昭三移入寺内,1924年建碑亭,探花吴荫培题"武梁遗轨"匾。1985年改建为石柱木梁攒尖顶方亭,梁头雕象。青石碑高3.06米,浮雕略分四段,有王者、大臣、甲士、侍卫、胡服侍从等一百一十八人,工艺极其精湛。所刻内容有元至正十九年抗元领袖张士诚在隆平府(苏州)宴请元使伯颜之情景说(金松岑《苏州报恩寺石堪造像索隐》)、孙权阅兵演武情景说(1936年《中央日报》及《时报画刊》)等。碑上端似有云纹题额框,然无字,或谓被凿去。

宝善堂佘宅

人民路2114号·1931年·市保

原为岑氏宅地，1931年佘培轩购地后于次年请裘松记营造厂建造住宅，朱顺记营造厂建造花园。其孙、国民政府军需官佘念善亦居此，并用祖父的号"墨园（缘）"命名其园。曾为铁工厂、526厂等。

原分前后园，前园为自力农场，从事养殖业和牛奶业，曾有松茅亭、八角琴室。后园曾有四面厅。现存民国建筑四栋，其中两栋为随员居住。主楼为二层青砖洋楼，带科林斯柱头，二楼栏杆较有特色。住宅后面曾开凿自流井一眼，并建有配套的水塔。又有假山数处、湖石矶岸小池一汪，或曰旧时假山部分尚埋地下。园内植龙柏、紫藤、翠竹等。曾讹为顾祝同故居。

主楼

甲辰巷砖塔

城内东南隅

甲辰巷南 · 唐末 · 国保

砖塔最早见于南宋《平江图》,为"城中七塔"之一。其结构、造型整体似宋塔,但出檐平缓,斗拱相对较大,不设普拍枋,带有唐风。塔砖经热释光抽样测定,砖的制作年代为晚唐至五代末期。1993年重修后为八面五级,明间辟壶门或隐出破直棂假窗,逐层交错。每层以菱角牙子和板檐砖相间叠涩挑出腰檐,上架平座。

全貌

文星阁

十梓街1号·明、清·市保

古钟

全貌

又称钟楼、方塔、文昌阁。明万历十七年起周继等人于东禅寺故址建文星阁,附属于长洲县学。万历四十年稍向南移至今址。清初彭氏祖孙皆中状元,为酬文星之验,曾三次出资修阁,并于阁旁建桂香殿、朝元阁等,成为名儒文士讲学会文之地。后被太平军用作瞭望楼。今作苏州大学教工之家等。

阁平面为正方形,高四层,四面设拱门,阁内可见牌科。上覆四角攒尖顶,葫芦结顶。下设三级青石台基。三层以下以砖构为主,局部有"福寿"铭文,四隅立砖砌八角倚柱,柱端隐出斗拱。顶层用木构支承阁顶。檐枋雕花,带凤头昂。第三层与顶层间于四周构回廊,中架梁悬铜钟,钟上铸同治九年"文星宝阁"及捐银明细。阁前桂香殿带梁间牌科,存明碑二通。事详彭定求《文星阁小志》。

东吴大学旧址

十梓街1号 · 清、民国 · 国保

东吴大学于清光绪二十六年成立校董会,次年开学。前身有博习书院、上海中西书院、宫巷中西书院等。后陆续扩建并更名,1982年改名苏州大学。

现存主要建筑绕草坪排布,北有1948年重建的校门,1903年建成的林堂(钟楼,二层礼拜堂带大型玫瑰窗,北设券廊,顶建钟塔),春晖、秋韵、夏润、冬瑞、日新、月升六小楼(原教师宿舍)。西有龙泉、1912年建成的孙堂(精正楼,哥特复兴式城堡)、1932年建成的维格堂(原男生宿舍)。东有1923年建成的葛堂(维正楼)、1930年建成的子实堂(原学生宿舍)、1937年建成的司马德体育馆等。更东有1948年建成的仁寿亭(沁心亭,内垂花篮柱)。西北另有1937年建成的五层楼(原女生宿舍)。部分楼内壁炉等尚存,楼梯木雕等装饰较精。

林堂

景海女子师范学校旧址

十梓街1号·清、民国·省保

清光绪二十八年美国基督教监理公会女传教士海淑德创办女塾，由华盖建筑师事务所设计，1917年改为景海女子师范学校。景海取敬仰海氏之意。现为苏州大学。

现存主要建筑基本呈一线排列，所建年代不一。西为敬贤堂，后设望楼。堂东北为崇远楼。楼南有原传达室。其侧建厚德亭，今名陶然亭，为八角小亭，立柱带科林斯柱头，亭顶有铸铁四向指针，地面水泥压花较有特色。崇远楼东为红楼，系三幢四坡顶二层青砖洋楼连缀而成，一楼正间刻有"1903"等字样。最东南为绿波楼，今名绿楼，西入口处设拱门，东设廊与阳台，方柱带塔斯干柱头，楼梯带辫状栏杆。东北为彤云楼，今名凤鸣楼。部分附房砖有"冯久昌"铭文。另见圆柏、桂树等古木。

崇远楼

博习医院旧址

十梓街3、7号·1920年·市保

光绪九年美国人兰华德、柏乐文创建,是美国基督教监理公会在中国设立的第一家教会医院。1919年起拆除旧屋重建。

现存原门诊楼、住院大楼及附属用房三栋建筑。门诊楼外墙以苏州产陆墓(现陆慕)金砖砌成,侧面有铭文,时间从天启六年到1935年不等。1936年门诊楼失火,屋顶被毁,翻建为三层平顶。1954年在门诊楼东西两翼各接建了两层平顶楼房。楼内设地下室,立柱带雀替,楼梯设水泥柱头和铸铁扶手。尚存1884年"耶稣教福音堂"石刻及旧时服务窗口。外墙窗下有水泥几何纹装饰。转角嵌1920年中英双语水泥界碑。二层的住院大楼为青砖外墙。详见《苏州博习医院今昔》《博习医院金砖铭文撷英》。

天启六年铭文砖

住院大楼

圣约翰堂

十梓街18号·1915年·市保

清光绪七年美国基督教监理公会宣教士蓝柏、潘慎文创立于天赐庄折桂桥弄口,又称"首堂"。1915年重建于今址,更名圣约翰堂。诺贝尔物理学奖得主李政道博士的祖父李仲覃牧师曾为该堂首任华人主任牧师。

现存礼拜堂及牧师楼两栋西式建筑。礼拜堂整体高三层,南侧钟楼部分为四层,青砖外墙。正门西向,希腊式门头,上书"圣约翰堂""民国四年""一九一五",并有十字架标志。内悬"元始有道"匾,下有主日学募捐柜。墙内嵌1941年《李仲覃牧师纪念碑》及《1881耶稣教堂碑》,局部为彩玻。西北为三层牧师楼,青砖为主,红砖装饰腰线等处。西侧带半六角形凸出,正间顶部高耸。内有百叶窗、壁炉等。

全貌

沈京似故居

十梓街188号·1936年·市保

原为上海中孚银行副理沈京似宅,李宏宝设计,1936年建成。其妻李效忠,其子沈曾荫(电机学家)、沈曾华(一汽副厂长)等亦居于此。曾为日军司令住所、天成电化厂、苏州医士学校,今属苏州大学附属第一医院。

现存主楼为西班牙式风格的南向假三层洋房,红瓦尖顶,顶辟老虎窗。正间凸出,次间二层局部缩进为阳台,置铁艺栏杆。外为黄色拉毛水泥立面,窗框等以红砖杂砌装饰,隅石刻"1936"字样。大门东向,带券顶,室内有壁炉。室外凿深水井,南侧浚池,以黄石与湖石混砌矶岸,旁有湖石假山、古树,内贯三曲小桥等。另有附房尚存。

全貌

全貌

0053 寿星桥
望星桥北·宋至清·市保

南宋绍兴十年里人浚河时得瓷寿星,遂建桥立庙祀之,桥名寿星桥。桥西本是兵营,故桥又名营桥。单孔拱桥,纵联分节并列砌置。1965年附近百狮子桥被拆,部分雕狮的武康石桥栏移建于本桥北侧。南侧系本桥自身石栏,雕梅花鹿。1984年重修。东桥堍有1989年所立碑,西桥堍新建有亭。

全貌

0054 官太尉桥
唐家巷西口·清·市保

初建年代无考,宋方志有载,康熙三十五年重修。现存武康石排柱。今武康石梁见历代重复刻写之桥名及"光绪四年六月日立""里人募捐重建""信士汤学士同妻邵氏同舍桥石一口"等字样。单孔梁桥。

仁德堂袁宅

官太尉桥 15、17、17-1 号 · 清 · 市保

原为卢氏宅,有室名郑草江花室。咸丰二年诗人袁学澜改建为双塔影园。局部后归米商庞元泳、吴县商会主席程干卿等。

主体为四路五进。北一路存花篮厅怡轩。更北设歇山顶更楼。北二路一进偏厅前有"喜气成兰"门楼。二进为文绮堂,施山雾云,棹木雕禽鸟,础雕花卉,厅前有"人寿年丰"门楼。三四进楼厅前建"居仁由义""文章博综"门楼。南二路为正路,隔巷设照壁。现一进系移建香积弄 1 号酒厂经理陈启明故居的大厅作为门厅,厅内施山雾云、抱梁云。二进大厅旧额馀积堂,后改仁(一作承)德堂,今日眉寿堂,棹木精雕八仙等。厅前有"云开春晓"门楼。三进杏花春雨楼,前有"克勤克俭"门楼。更后原为楼厅,现改为小园。南一路设附房三进。

"克勤克俭"门楼

双塔禅寺

定慧寺巷68号·宋至清·国保

唐咸通二年盛楚于此建般若寺，五代吴越钱氏改罗汉院。北宋太平兴国七年至雍熙中，王文罕兄弟捐建舍利塔、功德塔，寺称双塔寺。至道二年改额寿宁万岁禅院。代有修建。今作苏州市文保所。

一进山门移自砂皮巷清真寺，额枋精雕戏文。北有东厅移自敦仁堂邓祠，西厅移自传德堂杨宅。廊北为移自笃佑堂袁宅的门楼，今改题"寿宁万岁"。后之双塔，皆七级八面楼阁式砖塔，塔室除五层外，余袭旧制仍为方形。二层尚存墨书题记。塔北大殿仅存露台、石柱、覆盆石础。宋代石柱局部见助银题刻及婴戏牡丹缠枝纹等。西路有移自砂皮巷清真寺之花厅啸轩，贴六角砖细，枋雕动物，厅内精雕书画之隔扇则移自颐寿堂任宅。北有大厅寿宁堂移自钱江会馆，带础雕，施山雾云。另见宋至民国间碑刻十八种，石构件若干。

鸟瞰

定慧禅寺

定慧寺巷118号·清·市保

唐咸通间为盛楚所创般若寺子院，宋大中祥符间赐额定慧禅寺，方才与寿宁万岁禅院（双塔禅寺）分为两寺。共重修或重建十多次。宋苏轼与定慧禅寺住持僧守钦友善。苏轼被贬惠州，音信难通，守钦遣徒携苏轼之子苏迈的书信送至惠州，苏轼和诗书翰答谢。明代寺内刻其书碑并建啸轩纪念苏轼。清道光十四年又于寺北倡建苏公祠。祠曾作学校，寺曾作工厂。

现主路存一路三进，皆为歇山、鱼龙脊。一进山门带八字墙。二进天王殿仿直棂门窗。三进大殿檐柱为抹角石柱，檐下带桁间牌科、枫拱，出凤头昂，殿内山尖施山雾云。殿前有髫龄古银杏两株并峙。另见宋式巨础、明式门枕石、七宝如来经幢、残碑、鹤鹿枋石等石构件。事详彭氏藏本《定慧寺志》、灵馨著《定慧寺志》。

鸟瞰

万寿宫

民治路 98 号 · 1870 年 · 市保

又名旧皇宫。原为正觉寺址,康熙五十六年江苏巡抚吴存礼创建,为恭迎诏书、贺帝诞辰或为帝致祭之所。同治九年重建。民国时曾作议事会、社会团体驻地等,1919 年中国首次美展(画赛会)在此举行。1927 年共产党组织的苏州总工会在此成立。多有重修。曾作各类文化活动中心等,今为苏州市老年大学。

宫前隔街有照壁。宫门前为移建的三间四柱三楼石柱木构琉璃瓦牌坊一座,精雕双凤朝阳、双龙戏珠等。三进建筑皆为鱼龙筒瓦脊,歇山造,檐下均设桁间牌科、枫拱、垫拱板雕花,出凤头昂。二进仪门脊书"星辉云缦"。三进重檐正殿,殿内列多道梁间牌科,施山雾云,梁、枋、脊桁、金桁等多处施彩绘。另见下马石刻等。

大殿

金城新村

五卅路148号·1935年·市保

经考古发现此址春秋战国之际已有较丰富的人类活动,出土有"右"字陶文瓦等实证秦汉会稽郡城位置的文物。

今之金城新村建筑,于1935年由金城银行购置吴县救济院感化习艺所旧址建造,原为金城银行高级职员住宅群,其中5号楼为金城银行副经理方巨川所建,8号楼为金城银行沪行经理殷纪常所建。其中有一幢曾为金城银行经理王季勉宅。民国时医师张卜熊曾设诊所于此。1949年5月,粟裕、张震率第三野战军指挥机关驻扎于此,指挥了解放上海的战役。后作苏州专员公署及苏州市委、民主党派市级机关等办公地。原有十幢二层独立洋房,现存九幢,皆设三门。外观造型朴实无华,室内铺设地板,泥墁顶。另存圆形碉堡一个及白皮松、龙柏等古木。

洋房

白皮松

同德里、同益里建筑群

0060

同德里

五卅路北·20世纪20年代·市保

原为宋木兰堂遗址,后废为鱼塘。20世纪20年代杜月笙于此建房出租。2007年重修并增建巷门。整体建筑分为两类,多为二层洋楼。一类青砖外墙,局部大门带凸形门头,左右设立体线条装饰,内部有石膏吊顶、进口彩色地砖等,二楼窗户、护板等带几何线条装饰。一类拉毛墙面,带西式券门,上部堆塑花草,内部装饰与前者近似。电视剧《都挺好》曾在此取景。

巷门

0061

同益里

五卅路北·20世纪30年代·市保

建于20世纪30年代,皆供出租。南面一排(1—4号及五卅路98号)为湖州商人汤健初所建,北面一排(5—12号)为民国财政部次长贾世毅所建。8号曾为日伪米粮统制委员会日本人宿舍。2007年重修并增建巷门。建筑朝向、形制多样。五卅路98号为二层红砖洋房,平出两厢,大门带券式门头,堆塑花草。同益里1号为青砖东西两楼,有通道相连,西楼二楼阳台垂挂落。2—4号为中式建筑。5—12号大门带券式门头,堆塑花草。局部见"居仁由义"字额。

叶楚伧故居

皇废基 13 号 · 民国 · 市保

原为抗战前国民党中央执委叶楚伧所建自住之宅,后归锡商范良坡、报人严宝礼等。

主楼为二层四坡顶铭文青砖洋房,局部有隅石装饰,顶辟老虎窗。一层缩进为廊,一二层皆设罗马柱并皆带科林斯柱头,檐枋有十字花形装饰。底层铺设进口彩色地砖,室内石膏吊顶。西有附楼,二楼以带宝瓶栏杆的小桥与主楼连通。宅内有小院,并存自流井。外见"叶界"界碑。

洋楼

进口地砖

界碑

报国寺

穿心街3号·1921年·市保

本在苏州府学文庙西，始建于南宋咸淳年间，初名报国禅院。太平天国期间毁于兵燹。清光绪末，江苏巡抚程德全于寺址建植园。1921年程德全出资购穿心街前清城守营参将署旧址重建报国寺，延请楚泉住持。1930年中国净土宗十三祖印光法师来此掩关，修订《四大名山志》。后为灵岩山寺下院、工厂、民居等。1997年辟为苏州佛教博物馆。

一路三进。一进山门后有1911年布告碑两通。二进为大雄宝殿。三进为藏经楼，廊带茶壶档轩。殿西小院后为印公关房，系当时印光法师修行处，含佛堂、书房、起居室、叩关室，室内嵌执帖碑，天井嵌印光书《楞严经大势至菩萨念佛圆通章碑》。

印公关房

章太炎故居

锦帆路38、58号·民国·省保

原为章太炎及夫人汤国梨宅。于1933年购得,次年迁入,又称章园。曾作老干部局、侨办、海外交流协会等。2023年重修后局部作为书店使用。

原南门已封,今门朝西。现存一路三进。一二进皆为三层铭文青砖洋房(其中第三层为后加盖),有亭廊相连。院中有曲桥、骆驼造型假山、月洞门等。一进南北皆有阳台,带宝瓶栏杆。下设方柱支撑,带如意踏跺。二进阳台下设罗马柱,带科林斯柱头。三进为平房,亦章氏国学讲习会校舍,前有园,广栽绿植。1936年章太炎逝世后迫于抗战形势而将灵柩权厝在后园防空洞中,1955年移葬杭州西湖南屏山下。今后园内尚存衣冠冢,前立章氏画像碑。

前楼

衣冠冢

衍庆堂陈宅

锦帆路18号·1935年·市保

原为圆通庵遗址，1935年藏书家朱犀园建，曰兰石小筑。1941年归单为德、律师陈耀宗。苏州市委原书记柳林曾住于此。后作会所、苏州市警卫处等。

现存东部主楼与西部附楼，皆二层青砖洋房，楼间有走道相连。主楼面南，一楼正间缩进为廊，楼梯扶手以短柱连接栏板，南北辟老虎窗，二楼阳台下方及三楼阳台上方有齿形装饰，外墙带水泥凹凸条形饰纹，正间顶部作阶梯三角形。附楼面西，外有西式门套，上嵌沈裕君篆书"兰石小筑"，二楼设舷窗，外部亦有西式花卉和线条装饰，内墙带线条装饰。弧形外墙嵌"衍庆堂陈界"界碑。南部原兰圃已毁，尚存石榴、蜡梅等古木。

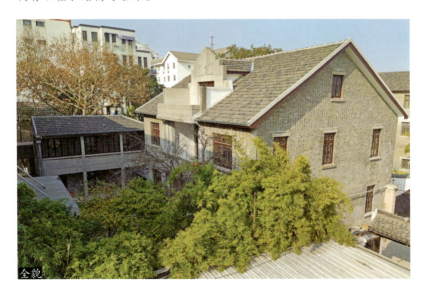

全貌

毓秀堂徐宅

人民路858号·1933年·国保

民国间历为金融家金氏、中将苏谦（宅名苏庄）、律师席裕昌、军长徐朴诚、警察局长徐锡麒宅，汉奸李士群亦曾住于此。今建筑主要由席裕昌拓建。曾作机关公署等，今为市图书馆。2013年重修。

西宅东园。原一宅两向。今宅中路面南。一进花厅三轩连缀，中辟庭院。二进为主楼，以上下曲廊连通庭院东西的厢楼。曲廊轩雕凤凰。厢楼皆面西，其中西楼为性养斋。建筑顶覆绿琉璃瓦，瓦当有"天香小筑"篆文。外立带观音兜的五山屏风墙。楼内铺进口马赛克或地砖，尤以竹叶框饰的木窗，以及遍刻金石古币和名人书画等的门窗、隔扇最为特别。东部建园，北有折廊，中以土阜为山，上立六角亭，环曲溪，缀湖石，因石肖兽，故俗称百兽园。另见民国碑刻一方，"天香小筑席界"界碑一方。

性养斋

绦环板（刀币）

信孚里

十梓街496号·1933年·市保

原为巡抚中军衙门、江苏水警第三区部旧址，1932年信孚银行购得建造，后售与苏南工业专科学校。原有罗马式拱门，今不存。现有五列十二幢青砖洋房，均为二层，或平出两厢，或单出一厢，带希腊三角形门头装饰，并设观音兜山墙。西设水洗芝麻墙门，每处弄口均有巷名字额，分为总巷及一至六巷。南向有"1933"字样。西北处有"信孚银行"界碑。

六弄门额

侧景

界碑

旱船

0068

留馀堂柴宅

醋库巷44号·清至今·市保

清道光间为潘曾琦之絸园。光绪间两淮盐运使柴安圃扩建后改名柴园。后其子柴莲青复称絸园。曾作苏州市南区政府、盲聋哑学校,今为苏州教育博物馆。1985年重修,2015年重建部分建筑。

东宅西园。今东路除一进偏厅外皆为新筑。中路隔街有照壁,二进带梁间牌科。三进大厅施山雾云,梁雕人物故事。四进楼厅梁头包砖,二楼为鸳鸯厅。楼前有"嘉门善祥"门楼。西路一进为四轩连缀、南方北圆的鸳鸯厅,扁作梁精雕动物等。后设小园,中浚水池,东有水榭,西为旱船厅。旱船前舱立敞亭,内部扁作梁、蜂头、荷包梁、梁底等皆雕梅花,中舱外有竹节撑雀宿檐,舱内裙板精雕山水,南北绦环板精雕苏轼、黄庭坚等人书画。园西北有半亭。2015年复建西部藏书楼和东部楠木厅。

平房

叶圣陶故居

青石弄5号·1935年·市保

原为作家、教育家、出版家和社会活动家叶圣陶1935年自建之宅,称未厌居。大门有书法家瓦翁题"叶圣陶故居"砖额。院北一排四开间新式朝南平房,前有廊,带方柱、坐栏。其后等分为四间,上施泥墁,下铺地板。每间又分隔不同功能。叶圣陶与夫人胡墨林在此定居两年。后为苏州杂志社址。近年局部整修后见湖石、小桥、花街铺地等。

大门

小西湖

0070
可园
沧浪亭街·清·市保

原为五代之孙承祐别墅，宋之沧浪亭、韩世忠韩园，明之大云庵旧址。清雍正六年江苏巡抚尹继善在此筑园，名"近山林"，又名乐园、可园。其西先后为沈德潜讲堂及生祠、三景园茶肆等。嘉庆十年于此建正谊书院。光绪十四年在园址建学古堂及藏书楼博约楼，后在沈德潜祠址建斋舍、讲堂。民国时设省立苏州图书馆、县立中学及医院于其内。

现园中设小西湖（挹清池），南向门外有可园门楼，环湖为船舫坐春舻、四面厅挹清堂、瓢亭，北部土丘下设思陆亭，上立浩歌亭，中部依次有濯缨处、学古堂、陶亭、博约楼，西部系一隅堂、冬合楼。原有归云洞摩崖、"铁骨红"古梅，今俱毁。现存清及民国碑刻四种。

2016年重修时将更西的三进江苏提学使署（光绪三十二年设立）旧址并入。

园外水景

0071

沧浪亭

沧浪亭街 3 号 · 元至清 · 世遗、国保

　　原址为五代吴越国中吴军节度使孙承祐别墅花园，宋庆历四年苏舜钦买地构沧浪亭，后为章惇、龚明之分据，南宋归韩世忠，曰韩园。元明时为妙隐庵、大云庵（又名结草庵）等，后并入南禅集云寺，曾作韩蕲王祠。清康熙二十三年于此建苏公祠。乾隆间南为行宫。道光七年为五百名贤祠，又筑苏子美祠、中州三贤祠。曾作洋务局、修志局、学校、医院等。

　　园以水为外景，土阜居中，环筑假山，上有同治十二年重修之沧浪亭，石柱木顶，内垂花篮，柱联系梁章钜集句。南有主厅明道堂、瑶华境界（原戏台）、五百名贤祠（祀周至清吴郡名贤近六百人）、清香馆、仰止亭、看山楼、印心石屋、翠玲珑、闻妙香室等，北临水有藕花水榭、锄月轩、面水轩（四面厅，即陆舟水屋）、静吟亭（观鱼处）等。西有池，南北分建御碑亭、步碕亭。园中回廊依山傍水，漏窗百无一同，存碑一百五十三方，有竹五十八种。园西移有三间四柱的沧浪胜迹坊。事详多版《沧浪亭志》。

苏州美术专科学校旧址

沧浪亭后4号·1932年·省保

画家颜文樑1922年创校于海红坊,后多番迁址。1931年吴子深捐资于沧浪亭东侧购得空地自建新式校舍一座,吴希猛、张宏设计,张桂记营造厂承建,翌年8月落成。旋因抗战学校迁出,辗转各地,终落于南京。今址曾作日军司令部、江苏国学社、工人文化宫等。1995年重修,作为颜文樑纪念馆、苏州美术馆。

今存临水的三层砖混大楼,又名罗马大楼,规模为20世纪30年代国内美术院校校舍之最。北有廊,立爱奥尼式罗马柱,外墙嵌拱顶壁龛,南有抱厦。楼内底层为半地下室,南部石膏吊顶较精细,有双分式楼梯,带铸铁栏杆,原铺设进口彩色地砖,今已改。东南隅石刻1931年奠基纪念等内容及校舍建筑委员明细。侧原有券门,额"游于艺"。另有1948年改造碑之拓片存苏州碑刻博物馆。

"游于艺"字额

全貌

全貌

六角亭瓦当

假山与六角亭

0073

丽夕阁

十全街655号南园宾馆内7号楼·民国·市保

原为蒋介石次子蒋纬国宅。姚冶诚亦曾住此。

宅门带西式圆顶。主楼名丽夕阁,为三层坡顶洋房。拱形楼门内凹,三面环廊。底层原为客厅、书房、休息室和西餐厅,二楼为卧室,三楼为贮藏室。另见铁艺栏杆楼梯及多处壁龛。山墙带现代风格装饰。主楼北为两层红砖楼房,与主楼二层之间有天桥相通。原北楼一层为厨房和餐厅,二层为女佣居室。另有男佣居室。楼前建攒尖顶六角琉璃瓦亭,筒瓦带蝙蝠头。楼四周布置池塘、假山、花木。

教忠堂沈宅

阔家头巷 26 号·清·市保

原为"江南老名士""诗坛耆硕"沈德潜宅,1994 年全面整修。后作昆曲传习所、旅游咨询中心。

原三路五进,今仅存中路三进、照壁及东侧备弄。八字照壁带"鸿禧"字额。一进门厅船篷轩设于厅后。二进为移建宜多宾巷孔叔慎宅之第二进,厅内前设磕头式船篷轩,扁作梁雕花,施直式山雾云。三进大厅前设廊,厅内船篷轩之斗下带荷叶墩,山尖施山雾云,棹木雕刻鹤鹿花鸟。二三进之蜂头雕刻皆较精细。厅中曾移建铁瓶巷颐寿堂任宅之木雕双面书画隔扇,后又移至双塔。

大厅

鸟瞰

0075 网师园

阔家头巷 11 号·清·世遗、国保

原为南宋淳熙间吏部侍郎史正志万卷堂址，后归宋宗元、瞿兆骙、李鸿裔、何澄等，另外吴承潞、叶恭绰、张大千曾寓此。曾名苏邻园、苏邻小筑、瞿园、蘧园、逸园、友谊公园等。

东宅西园。外设辕门，宅存将军门、轿厅、万卷堂（原额积善堂，堂内木雕与堂前门楼砖雕俱精）、撷秀楼四进。北为庭园和梯云室。其园以小见大，池周叠黄石，大者曰云冈，近有濯缨水阁，并出槃涧，架微型拱桥引静桥。园南小山丛桂轩、蹈和馆、琴室为一区，园北五峰书屋、集虚斋、看松读画轩、竹外一枝轩、殿春簃亦一区。西有露华馆（移自望炊楼谢宅）、冷泉亭（亭内灵璧石移自宝易堂费宅）、涵碧泉。另有碑刻三十二方，古柏、白皮松及移自昆山的"十三太保"茶花等名木。张大千兄弟曾豢虎并葬之园内。事详《网师园志》。

圆通寺

阔家头巷6、7号·清·市保

本名圆通庵,宋淳熙间僧原净建,明初归并东禅寺,清光绪中重建。书法家萧蜕曾寄寓寺中。抗战期间,苏州图书馆馆长蒋吟秋曾一度将该馆善本古籍藏于寺内。

现存三路四进。西路一进山门,将军门形制。二进大殿设梁间牌科,覆盆础承重。三进为法乳堂,鱼龙筒瓦脊,带前后副檐,长窗精雕花卉,今被纳入网师园,辟为云窟别院。四进为藏经楼,与三进皆带观音兜山墙。中路为偏厅四进,局部已改。东路设放生池居中,残存黄石矶岸,前有水榭,后部建楼厅。另见光绪二十九年七宝如来经幢、青石圆井一眼及明清碑刻各一方。

法乳堂庭院

放生池

曲石精庐李宅

十全街275、277号·1921年·市保

原为云南学政姚文倬宅，1921年辛亥革命元老、北洋政府代国务总理李根源于此建庐。原有门屋、客厅、起居楼和书斋、庭院等。现整体为一路四进。一进为三轩连缀式，略呈鸳鸯厅形制，侧墙有1916年《黎元洪题颁碑》。二进分东西两楼，墙嵌张謇题《邺馆碑》，楼前有雕花石凳，青石六角古井题"九保泉"，二石凳亦皆刻"民国十年曲石精庐院"字样。三进起居楼厅前两块垂带石刻1936年李根源书楹语。四进后西南隅为阙园（李母姓阙），有两处太湖石刻"曲石"，一处刻"娲皇石"（1922年），另有1921年《李根沄奉母居苛门新垞碑》（残），皆李根源题。此外原址见《阙园碑》《且住轩碑》《岁松庐碑》等。其余部分碑刻藏苏州碑刻博物馆。

《阙园碑》

《且住轩碑》

织造署大门

0078

苏州织造署旧址

带城桥下塘18号·清、民国·国保、市保

　　清顺治三年在崇祯帝周皇后之父周奎故宅建苏州织造局,又名总织局。康熙十三年改称织造府或织造署,十年后于其西部建行宫,康乾二帝南巡皆曾驻跸于此。原甚宏大,共十一路九进,厅堂、廊宇、园池、机房、吏舍齐备。同治十年重建,1996年重修。今仅存中路一二进建筑及龙井、瑞云峰等。光绪三十二年王谢长达创办振华女子小学堂,后增设中学部。1928年中学部迁入今址,定名苏州振华女学校,现存当时所建之太炎楼、王谢长达太夫人纪念塔、振华堂、来今雨斋、长达图书馆、己巳亭等。今作江苏省苏州第十中学。西三路工字殿遗址后之池中存留园移此的瑞云峰,原属北宋朱勔所进花石纲遗物。事详《苏州织造局志》。

瑞云峰

王谢长达太夫人纪念塔

龙井

振华堂

朴园

高长桥8号・1932年・市保

1932年上海蛋商汪新斋将上海朴园建筑移建于此，仍名朴园。曾为侵华日军军官、国民党军队占用，后作疗养院、防疫站、桃花坞木刻年画博物馆、苏州版画院等。1979年、1985年重修。

东门带水洗芝麻门头。园内设四面厅曰三友堂，山尖施山雾云，枋雕戏文。堂东接曲廊，中设半亭，带落地花罩。园南浚池，中立塔幢。池设汀步，架三曲桥，铁艺栏杆铸"延年益寿"四字。北有筼筜小隐临水，为四角方亭，和合窗原配彩玻，长窗雕戏文、骏马等。东北为二层花厅礼乐堂，带英式风格，内置彩玻。园北有二层青砖洋房，局部带红砖腰线等装饰，二楼带宝瓶栏杆，设观音兜山墙，壁炉烟囱尚存。园中丘耸假山，径迎石笋，并栽有五针松及白皮松、罗汉松等。园周围花岗石墙。另见"汪铭记界"界碑。

曲桥

池景

0080

昆曲传习所

校场桥路9号·民国·市保

1921年士绅张紫东、贝晋眉、徐镜清等发起，纺织实业家穆藕初等资助成立昆曲史上第一所学校苏州昆曲传习所。原址为嘉庆二十年胡宁受捐建的轮香义塾（时称轮香局善堂）的一部分。后作林机厂仓库。2004年重修。倪传钺有画。

现存一路两进。一二进皆带廊，设挂落，长窗裙板增配戏文木雕。一进厅前有倪传钺题"苏州昆曲传习所"门楼。后部有小园，中浚池沼，池周三面设有水榭，一面建扇亭。另见青石八角井一眼。

宝华庵

双荷花池 13 号 · 清至今 · 市保

传为明画家唐寅宅址,弘治十八年(一说正德二年)唐寅于此建宅。据载有读书阁、梦墨亭、学圃堂、蛱蝶斋等。乾隆间僧禅林、道心重修为宝华庵。一说清顺治初名医沈明生得其址,建长宁池(也作让渔池、长鱼池,或即双荷花池)、梦墨楼、六如亭、蓉镜亭等,时人称为唐家园。后或曰光绪间为文昌阁。清末存六如古阁,后毁。

共二路二进。西路一进为临双荷花池而建的水阁。二进为大殿,檐下云头挑梓桁。水阁东侧有青莲桥,单孔梁桥,桥身刻"道光十七年夏月重建"字样,今毁。桥后设大门,内为东路二进。1987年、1991年翻修。2012年、2023年大修,并在其西增建大量园墅建筑及文昌阁。

改造后的双荷花池

准提庵

前新街10号・清至今・市保

大殿轩廊木雕

又名七子庵、桃花庵。明万历十年僧旭小建。天启六年杨大瀄创精舍于此,供奉准提佛像,遂名准提庵。又曾作金公祠、杨公祠,祀知府金绹、复社杨廷枢。因浚池得唐寅诗碑,故建唐寅祠,亦名唐解元祠。代有扩建或重修。

现存两路四进。西路一进山门外带罗马柱。殿后局部门宕呈火焰头式,配罗马柱。二进山墙观音兜做法繁复。大殿墙头堆塑蟹、象。轩梁雕童子、动物等,前设斜撑,雕神仙、瑞兽等。檐下枋抛枋别致,嵌书联语,桁间以花盆代替牌科。殿内梁架带浙派风格,多雕龙头,童柱垂花篮,下设提灯础。三进佛堂前砖砌门楼做法独特。东路三进唐寅祠,原为嘉庆间所建天章阁,内曾有乾隆御书诗碑,现复建为重檐歇山顶楼阁。其北复建有小园。

今原址尚存清碑七种,另有五碑移至唐寅墓,一《准提庵碑》别移他处。又有丰乐泉,今移桃花坞大街。

文山禅寺

文丞相弄30-1号·清至今·市保

明正德十年为纪念组织苏州抗元的文天祥而建,名忠烈祠,又称文山祠或文丞相祠。嘉靖二十年迁至旧学前,今址遂改为文山寺。1925年与邻近的潮音庵、云林庵合并为文山潮音禅院,又名潮音寺。1958年改为尼众丛林。曾作工厂、文化站等。代有重建或重修。

三路三进。中路一进山门为花篮厅,前设照壁。二进大殿檐下列枫拱,檐枋雕花,内外桁梁间列牌科,施山雾云、抱梁云,匾托雕刻仙鹤、人像,颇为精细。三进藏经楼带雀宿檐,楼前有"闻思修"门楼。东路一进文山厅,祀文天祥。二进西方三圣殿前有1998年兴建之千佛铜塔等。三进云山无恙楼前有"得清净悦"门楼。西路设丈室、花圃、如山亭、客房等。局部见观音兜山墙。现存旧青石经幢及清、民国碑刻四种。

《文山潮音禅寺碑记》

鸟瞰

0084

长鎏村

崇安里北 · 1933年 · 市保

扳手状搁架

原为1933年永亨银行经理、长丰面粉厂厂长谢莘如所建，共五排十七幢二层青砖洋房，前三排为新式石库门建筑，顶部有"申"字形装饰，后三排为新式里弄式建筑，院墙低矮。东侧设现代主义风格的巷口，铁门已毁。局部屋顶见扳手状搁架。

中路五进楼厅

0085
陆肯堂故居
阊门内下塘街9、10、11、12号·清·市保

　　原为状元陆肯堂宅,进士陆秉鉴和陆赐书、儒医陆懋修、状元陆润庠、知县陆蓂、法院推事陆琪、教授陆大壮等亦曾住于此。其中陆肯堂宅为西路,后渐扩建至三路,陆润庠宅为东路。宅内有世补斋、怀鸥舫等建筑。曾为发夹社。

　　共三路五进。东路原有花园,现基本为附房。中路为正路。三四进为走马楼,三进前有带"御赐"印、陆润庠书"福禄光明"门楼。四进带砖细楼裙,二楼外廊设竹节撑,垂花篮。五进楼厅上下皆带雕花挂落,亦垂花篮,楼下挂落、花罩雕刻精细。西路四五进亦为走马楼,四进前有状元彭启丰书"珠树联芳"门楼。后园已毁,残存石笋等。另见青石圆井一眼,井圈刻包袱锦。

慎修堂邱宅

马大箓巷10号·明、清·市保

原为医官邱氏及昆曲演员邱凤翔宅,曾悬"不为良相"匾。后为漳绒厂、木桶工场、书场。据太平军曾在此留下之炮弹、地雷、铁炮、军刀等兵器,推断曾作其军械所。1994年、2020年重修。

原有三路六进。中路一进门厅前原有照墙。三进大厅列桁间牌科,厅内施山雾云、抱梁云,荷叶墩简洁,棹木已毁,局部为木础、弦纹石础,后檐带龙凤纹瓦当。四五进楼厅皆带轩廊与副檐。六进为附房。东路原有花园,今存花窗较好。西路一进改为小园,设半亭、月洞门。三进前有白皮松。四至六进为走马楼厅。全宅原有门楼四处,现仅剩大厅前存"壬戌孟春"款传胪张进所题砖雕门楼,"宁静致远"四字后被改为"安静致远"。

"安静致远"门楼

0087

吴梅故居

蒲林巷35-1号·1909年·市保

原为戏曲理论家、词曲作家吴梅宅。

主体一路两进。沿街设戗檐。入门折西为楼厅与厢楼组成的三合院。厅东首小门可至书楼"奢摩他室",另天井有月洞门可通书斋后之天井。二进楼厅夹樘板雕花,楼下设海棠纹横风窗、雀宿檐和一枝香鹤颈轩,局部有大型冰梅纹窗。楼上东部辟为书斋,曰百嘉室。楼前有宣统元年吴梅自题"安居天乐"门楼。楼后一排平屋为厨房。另存井两眼,东西墙角嵌界碑。

楼厅

螺旋楼梯

0088

邹樑臣故居

人民路1547号·1924年·市保

律师、经纬绸庄业主邹樑臣于1924年建成。后为苏州电加工研究所、宋锦文化中心等。

二层(局部三层)洋楼。底层东、南两面设廊,列罗马式圆柱,一楼为混合式柱,二楼为塔斯干柱。二三楼廊前有圆环装饰栏杆。东首有绿色铁皮盔顶方形小楼。室内南向为通间落地玻璃长窗。廊下等处见进口马赛克地坪。楼内设360度螺旋楼梯。20世纪80年代,屋顶曾失火烧毁局部。楼南原中式花园已废。

范氏义庄

范庄前32号·清·省保

原为北宋政治家、文学家范仲淹祖居，皇祐元年范仲淹于此创中国第一所义庄，曰范氏义庄。购置义田千亩作为族产周济族人，并附设义学供族中子弟免费入学。咸淳十年建范文正公祠于义庄东部。元至正六年改祠为文正书院。同治五年重建。后作学校，今为景范中学。

现将军门系重建，后仅存范文正公祠享堂，1985年重修。享堂为筒瓦脊，歇山顶，檐下设桁间牌科，梁与脊檩等处皆施彩绘，直式山雾云雕大型如意云，青石覆盆础、杵头础承重。现存宋代至清代的碑刻十四种，另有光绪二年金砖、青石须弥座及门枕石、杵头础等构件。东侧临街边门有"有唐故址"门楼。沿街有界碑。

彩绘梁架

工字殿

0090
苏州府城隍庙
景德路94号·明至今·省保

又名府庙。祀黄歇。明洪武三年自子城迁至今址。后修建近十次。曾作工厂、公司等。

现主体存一路五进。一进前原有三间四柱木石牌楼,后原有戏台,现皆不存。山门系2004年重建。二进仪门内辟三门。三四进歇山顶大殿及后殿(娘娘殿)间以穿堂相连,形成工字殿。三进前设回顶抱厦,梁桁、牌科、垫拱板等处彩绘游龙、百花包袱锦及人物、亭台等,笔墨生动,檐下出凤头昂,山尖施山雾云。础式多样且罕见。五进原为寝殿,被焚后移建三乐湾宝莲寺大殿至此,今作太岁殿。另见《苏郡城河三横四直图说碑》等清碑六种、四五百余龄银杏等古树及精雕的石构件。

0091

乐知堂俞宅

马医科42号·清·国保

原为躬厚堂潘宅西路,乾隆六年"贵潘"家族之潘暄从谦益堂迁此,同治十三年学者俞樾购入,至光绪元年建成宅,光绪十八年建成园。探花俞陛云、红学家俞平伯等亦曾住此。曾作机关、评弹团、贸易公司等。1982年、1988年重修。

三路六进。中路三进大厅前有"金干玉桢"门楼。四五进内宅间有厢房连接,四进前门楼字额已毁。西路为潘氏家祠,祀潘璜等人,今一进尚存祠堂碑刻。二进称小竹里馆。三进春在堂北接歇山顶抱厦,名认春轩。后有曲尺形小园,名曲园。东垒假山,旁有六角半亭曰回峰阁。中浚凹形池,西架长廊,廊间建曲水亭。北有书房达斋、琴室艮宦。东路为附房。另见青石圆井与八角井各一。

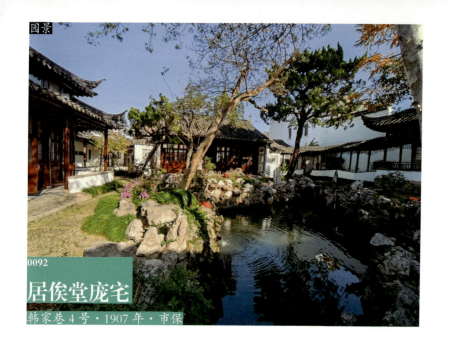

居俟堂庞宅

韩家巷4号・1907年・市保

清光绪三十三年盐捕营统领洪鹭汀建,后归庞庆麟,其孙庞国钧续建。词人朱祖谋曾寓此。曾作银行公会、工厂、政协联谊会等。2007年、2024年重修。

东宅西园。东路五进。三进栖鹤堂前有"藏修息游"门楼。四进西式楼厅局部铺彩色地砖,前有"聿修厥德"门楼。西路宅前设照墙。一进后为园,鹤状水池居中,鹤颈向西南延伸。池南有回顶四面厅。池北携鹤草堂,檐下垂花篮。堂前作鹤形花街铺地,抗战前曾饲一白鹤于此。池东湖石曰"掌云"。旁有曲廊通静寄亭,现名风亭,内有八角穹顶并垂花篮。池西梯形馆,其摆设图案原均为扇形。轩南垒阜,旁栽紫藤,上原有六角松毛小亭。园东北隅建听秋山馆,又名鹤巢。北廊壁嵌碑两方。水池四周环以峰石,配植丁香(有邓邦述题记刻于花坛)等花木。

怡怡堂吴宅

金太史巷4号、庆元坊12号·1864年·省保

听枫园

传为南宋词人吴感红梅阁旧址。清同治三年曾署苏州知府的吴云于此筑宅建园，西及东南为宅，东北为园，其子吴承潞亦居于此。词人朱祖谋曾寓此园。后归陈裕之。曾作学校、宿舍、国画院等。1983年重修园林，2003年重修住宅。

宅原有两路五进，现存东路三进。一进为将军门。三进大厅施山雾云，桁梁间皆设牌科。北部因有古枫而名听枫园，吴昌硕于此课童。主厅听枫仙馆居中，其北为味道居，西为两罍轩（吴氏于此曾藏两件齐侯罍），南为红叶亭（今待霜亭），吴王靠栏杆雕狮。厅前小院西南有适然亭。园东建平斋，长窗精雕。斋前假山下有洞壑，上沿磴道过假山上小桥可至墨香阁，别具巧思，阁内曾绘壁画。园北浚池，池周假山错落。西设旱船，更西侧楼厅前有"听枫读画"门楼。

整体鸟瞰

0094

仁寿堂顾宅

干将西路2号、人民路1265号、怡园里4号、新仁里、庆元坊6号·清·省保、市保

宁绍台道顾文彬光绪间改建的包括住宅、花园（怡园）、义庄（顾氏春荫义庄）、宗祠（顾氏宗祠）的大宅，分布于尚书里（今怡园里）南北。

住宅原为春申君庙旧址，有四路五进，现存三路四进，砖木雕刻精细。东路见花厅艮庵、秋幸石、延龄泉。二进为著名藏书楼过云楼。中路二进系明式轿厅，三进为大厅仁寿堂，四五进走马楼厅。西路三进为春和堂。另见"霞晖渊映""世承有道""和气致祥"门楼或字额。

东北局部属明尚书吴宽之复园旧址，光绪八年建成怡园，由任薰、顾沄等画家设计，顾承主持营造，六度重修。其采苏州众园精华，东西用复廊相隔。东部以建筑为主；西部水池居中，池北筑假山，三面环建筑。主要建筑有藕香榭、湛露堂、碧梧栖凤馆、琴馆、拜石轩、画舫斋（旱船）、面壁亭等。另有白皮松等古树名木十三棵。旧时园中曾放养猴、鹤等动物。园内嵌有《怡园法帖》书条石一百零一方，另有《过云楼集帖》存苏州碑刻博物馆。

北为光绪三年所建顾氏春荫义庄，曾作剧团办公地。坐西朝东，共二路二进。

西北为光绪十八年所建顾氏宗祠，坐北朝南，共两路四进。

详见《怡园志》《过云楼书画记》《顾文彬日记》等。

怡园鸟瞰

颐寿堂任宅

干将西路 32 号、新民里、仁德坊·清·市保

原为徽商汪氏宅，光绪间归山东河道总督任道镕，并进行修缮。

共四路六进。门前原有临河照壁、东西巷门等。西一路一二进为南北对照花厅，一进花厅带扁作贡式梁架。南花园已拆，北花园设假山花木。三至六进为楼厅，局部长窗雕刻极精。西二路为正路，二进轿厅用料粗壮。三进大厅前原有"增荣益誉"门楼。五进楼厅木门宕等做法别致。东二路前部原为小园，廊壁原嵌董其昌书《清晖堂帖碑》。北一进为花厅，厅内原有黄柏木隔扇，双面雕刻李阳冰、郑燮等人之书画，今移建双塔啸轩内。花厅西部另有船厅。二三进为楼厅，二进前有光绪六年任道镕自题"棣萼联辉"门楼。更后有方亭。东一路为藏书楼。

和合窗

山雾云与抱梁云

宣州会馆

吴殿直巷8号·清·市保

0096

乾隆初年安徽宁国府（今宣城一带）旅苏众商（主营烟业）集资创立于阊门外南城下，咸丰十年毁。同治三年于今址购下陶宅，重建为宣州会馆。2015年重修后作为宾馆。原有清碑六种及吴长吉（吴作人祖父）绘壁画，今俱不存。

原有两路五进，现东路一进已毁，三进大厅前新修"勤和瑞隆"门楼，厅内施直式山雾云、抱梁云，荷叶墩内藏鱼。四五进为楼厅。西路恢复有花园，花厅连廊为三轩连缀式。另见清碑、百年广玉兰。

鸟瞰

救国里

养育巷长春巷北·20世纪30年代·市保

0097

张一鹏建于20世纪30年代，时值九一八事变，其兄张一麐因而名之曰救国里。后售与庞世述，曾作日军特务机关、军统局等。

东南角原有水塔。现存五排二层青砖洋房，南北皆设楼厢，局部顶设老虎窗。辟希腊三角式水洗芝麻大门，局部见过街楼、进口地砖铺地。楼梯柱头花式各异，均较简洁。

嘉寿堂陆宅

天官坊8、9、10、11、12、14号，肃封里·明至民国·市保

原为明王鏊宅址。乾隆五十七年归陆义庵（本姓朱）。后大量陆氏名人亦居住于此。局部后作太平天国女馆、工厂、电台、博物馆等。

原主体有七路五进。东一路二进书楼东北有画家陆廉夫设计之花园，假山错落，铺地生动，旁设檐廊通三进西洋花厅。花厅铺彩砖，木制花边吊顶，带西洋灯座，护壁板满做几何造型。东二路二进为清荫堂，楝木、山雾云木雕工巧，厅前"忠慎象贤"门楼砖雕细致。三进楼厅设雀宿檐，前有"光辅龙楼"门楼。东三路二进轿厅带贡式轩，朝北原设戏台，现存双面"履以和行""东吴著系"门楼，下部青石须弥座石雕造型立体，左右墙满贴砖细，塞角雕花。三进大厅嘉寿堂已改，四进为藏书楼。

西四路一进为六轩连缀、内外垂篮的花厅，做法罕见。四进内厅局部铺彩砖，南厢护壁板带垂穗木雕。顶部以描金花瓶、花瓣等作为电灯底座，为苏州孤例。北厢吊顶塑西式花卉，局部见彩玻。五进楼厅地砖、楼裙等处中西合璧。更西三路基本已毁。

假山

描金灯座

荣成堂吴宅

梵门桥弄8号、大众里·明、清·市保

原部分为明大学士王鏊故居。或曰复社名士杨廷枢及其子杨无咎曾居此。后归吴氏。清同治四年曾暂借作紫阳书院,俞樾一度寓此。光绪六年归军门提督吴瑞生。

原有两路五进。正路四进明式楼厅带古镜式础,较少见,内柱均用楠木,并见木制门宕。厅前建大型砖细照壁,分上下两节,塞角精雕花卉,中立"勤朴永绥"砖雕门楼。东路门厅带砖细垛头。后接满堂轩船厅,带冰纹窗、夔式花罩。厅后见宝瓶门宕。三进花厅施山雾云、抱梁云,枋雕细致。厅前有湖石假山。西设攒尖顶方亭,内用搭角梁做八角藻井,檐下节柱做宝瓶状,并带小花,殊为工巧。后楼厅前有"锡兹祉福"门楼。全宅存井多眼。

方亭檐口

塞角

0100

金门

景德路西首·1931年·市保

1922年首次开辟。1926年因认为影射"金"戈铁马,关闭金门并于其南另辟新阊门。1931年因不便交通,关闭新阊门恢复重建金门。沈载兴营造社承建。

城门原有金钉朱门、古铜门灯等,由三座拱门并列而成,上端雉堞仿欧洲古城堡建筑,属罗马纳斯克式。中门较高,花岗石分节并列砌筑,不设龙筋石,移建西城桥、吉利桥龙门石、券石至此,龙门石雕轮回纹,券石有二莲额,一为助银题记,一题"西城桥,大明弘治八年七月吉旦建"字样。两边门以青砖发券,中有眉石,下部用花岗石勒脚,转角处做抹角处理,墙体由下而上略有收分。1947年维修。

"风标棣友"门楼

0101

颐寿堂尤宅

刘家浜39、41、43号·1787年·市保

苏州商会总理尤先甲宅。曾作工厂、托儿所、牛奶公司等。

坐南朝北,原有四路,最东一路为花园,尤氏曾自办自由农场,另有池沼,现已不存,仅剩三路七进。今西路一进为门厅,带竹丝墙门,厅后有"凤羽展辉"门楼,后部已改。中路设爱日堂花篮厅。三进大厅梁头雕吉象,檐下设桁间牌科,檐枋雕刻祥云,厅内施山雾云、抱梁云,棹木雕刻动物、神仙等,扁作梁带抛枋、包袱锦,匾托描金,厅前门楼已毁。四进楼厅前有"风标棣友"门楼。五进楼厅前有"玉海千寻"门楼。六七进为小型走马楼。东路有楼六进,并设更楼。东立五山屏风墙,局部见云纹头风火墙,较少见。

大厅梁架

冰梅纹栏杆

0102
传德堂杨宅
景德路330号·清·市保

原为明申时行宅址，主厅称宝纶堂。清乾隆间属刑部侍郎蒋楫、湖广总督毕沅、大学士孙士毅、富商梁友松，后归汪氏，光绪时属珠宝商杨洪源所有。局部后作百货总公司、中医药博物馆。2001年整修。

原分两路，东路有账房、八角亭、秋声馆、"以介繁祉""丕振家声"门楼等，今仅存"湖山雅寄"字额移至悬桥巷，拜石轩移至双塔。西现存大厅传德堂（讹为春晖堂），连左右抱楼宽二十四米，为"苏州两只半大厅"之一。厅内施山雾云和抱梁云、牌科。后三进楼厅皆面阔五间，其中二进楼厅楼裙雕刻人物。三进楼厅带贡式船篷轩，檐下垂花篮柱，雀宿檐外细雕人物。四进楼厅带冰梅纹栏杆，扁作梁雕暗八仙，前有"维德之基"门楼及花台。

荫庐叶宅

景德路329号·清、民国·市保

彩玻

原为清巡抚慕天颜宅园旧址，后历归席椿、毕沅（东部，小灵岩山馆）、董国华、刘咏台（遂园）、吴涤尘等，多所改建。1934年造纸商叶荫三于西部建洋房，改名荫庐。顾祝同等亦曾居此。曾作伪维持会、日本领事馆、日本秘密监狱、机关等，今为儿童医院。

现西式大门刻"荫庐"字额，旁有二层四坡歇山顶小楼。东楼顶铺琉璃瓦，前廊排列贯通一二层的罗马柱四根，西辟老虎窗，内藏水塔。室内铺水磨石子地坪及马赛克，扇面螺旋形楼梯和壁龛装饰颇精。南楼做法与东楼相似。东楼后有四坡顶小型附楼。楼南紧临花园，园池之东有假山群及水泥舫，精嵌彩玻。池西有六角亭，内部梁架似伞，中垂花篮，做法独特。池底水泵可抽水至假山形成瀑布。

大门

前厅正贴梁架

《王文恪公怡老园记碑》

0104

王文恪公祠

景德路274号·1532年·省保

祀明大学士王鏊。原为景德寺旧址，嘉靖十一年其子、中书舍人王延喆奏建，陶望龄有记。清康熙间、乾隆五十四年、光绪间、1981年重修，王芑孙有记。曾作苏州刺绣研究所、中国苏绣艺术博物馆。

一路三进，以廊庑相连。一进门厅将军门形制，带砖细墙裙，列砷石雕三狮舞绣球，门簪描金，前廊有栅栏、挂落。二进前厅以木础和杵头础、覆盆础承重，正贴包含童柱在内皆圆扁混做，殊为罕见。三进享堂前设轩廊，嵌"留馨""延芳"砖额，廊西存崇祯十七年文震亨撰并书《王文恪公怡老园记碑》。享堂施山雾云、抱梁云，内以覆盆础承重，上雕缠枝牡丹、莲荷婴戏、萱草双鹤等。外有"敕建王文恪公祠"界碑。

环秀山庄

景德路 272 号·清至今·世遗、国保

假山

园景

原为东晋王珉宅,北宋景德寺,明学道书院、王文恪公祠、督粮道署、巡抚行台、中吴书院,清朱鸣虞宅、蒋楫宅、毕沅宅、孙士毅宅址,道光二十六年归汪藻、汪堃叔侄,咸丰元年于此建成汪氏耕荫义庄和汪氏宗祠,并重修花园,名颐园,俗称汪园,堂称环秀山庄。抗战时沦为日寇神社。厅堂1939年被飓风所毁后,火柴厂主李昆松和经理包熙善于此建益善新村。后作小学、苏州刺绣研究所等。1979年起大修,1984年重建恢复有谷堂、环秀山庄(回顶四面厅)、半潭秋水一房山(回顶小轩)、边廊边楼、问泉亭,另移养闲草堂的海棠亭等至此。后又三次大修。园内大型湖石假山为孙士毅之孙孙均请叠山大师戈裕良所作,有洞穴、幽谷、石崖、危径、飞梁、绝壁诸胜,被誉为天然画本。

吴振声故居

西百花巷 23 号·1931 年·市保

原为画家吴振声与妻叶蕙英宅,由吴氏兄弟自行设计,姚琴记营造厂建造,1931 年完工。后作中医院办公楼、托儿所、苏州丝绸服饰陈列馆等。

系二层青砖洋房,四坡顶,局部有抱厦。顶端隔层建有水箱。屋檐设嫩戗发戗,脊中及山墙观音兜带圆形堆塑,局部做出"大吉羊"字样。左右带壁炉,烟囱高耸,顶部设四坡小盖。楼外有戗檐,设八角窗宕。楼内西式护墙板等装饰木雕精细,带拉毛墙面、冰纹门窗。西北侧有附楼。南部之工字平房,园中的球场、池塘、假山等皆不存。局部见琉璃花窗。

门头

"大吉羊"堆塑

远景

燕诒堂程宅

西百花巷 1、3 号·民国·市保

界碑

原为丝商张揆伯宅。系营造商王瑞生建于 20 世纪 30 年代。曾住颜料商蔡少渔、程氏、解放军司令员刘金山。

共三幢二层红砖洋房,其中东宅(1号)左右厢房凸出,外有白色层式窗套。外带柱式大门,临街有"燕诒堂程界"界碑。中宅与西宅并列位于其南,亦有层式窗套。中宅一侧平面带半六角形凸出,一层局部缩进为廊。西宅一侧平面带半六角形凸出,另设弧形阳台,带宝瓶栏杆,下部设罗马柱,以科林斯柱头承托。

东宅

中宅

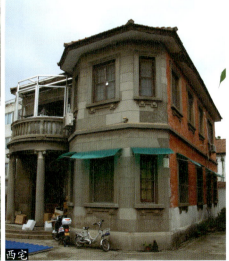
西宅

蔼庆堂万宅

王洗马巷7号·清·省保

光绪五年归河道总督任道镕供其外室所居,民国初归布商、金融业主万履占,其子万振声等亦曾住于此,后为工厂、疗养院等。1980年、2002年重修。

原为四路五进,最西一路已改。现西路四进楼厅前有"受福宜年"门楼。中路一进门厅回顶。二进偏厅础雕包袱锦。三进为四轩连缀花篮厅,飞罩做工殊为精细。东路为园,南部东为水榭,中为书斋,西为半亭。水榭内一根藤花罩中嵌雕动物、戏文等小品,极具匠心。歇山顶回顶书斋尺度得宜,前院内堆叠假山,号曰"林屋",花街铺地作兔鹤等造型。水榭以北有方塘,曰小墨池,更北为花园水池。池周建二亭,池上架双桥。东辟廊,可达琴室,室前庭院内则垒黄石假山以与南部湖石假山庭院区别。廊北有新建之水榭。宅北有半埋之横书"万蔼庆堂"界碑。

园景

书斋

洋楼　走马楼檐口

0109
诒德堂沈宅
三茅观巷26号，宋仙洲巷横街4、6号·1849年·省保

原为宝大裕钱庄业主沈辉及其室赵氏宅。

整体为曲尺形布局，五路七进。最东两路的前两进皆为中西结合的楼厅。东一路置雕花八面柱、础。东二路带砖砌罗马柱，上部配木雕斜撑，木柱雕缠枝纹等。局部石膏吊顶，造型丰富。东三路六进基本为走马楼，局部檐下垂花篮。西二路三进俱为楼厅，一进嘉乐堂前有小园，曰宸园。南设"瓜绵启瑞"门楼。楼内边厢花罩较佳。二三进为走马楼，轩梁、枫拱、垂篮、梁头、栏杆、半窗等处靡不精雕，题材丰富，艺巧罕匹。楼前嵌状元游街砖雕。三进厅内省柱垂花篮。西二路后设两进小型楼厅，檐下垂篮，梁头及长窗等皆遍刻三国等戏文。局部门板镂有联语。

此外西部另有坐东朝西的一路两进建筑，曾设沈氏留韵义庄于内。一进檐内及垛头堆塑仙鹤等。二进留韵堂前有"树德务滋"门楼，局部绦环板雕《西游记》等戏文。另见古井两眼及"沈陂影界"界碑。

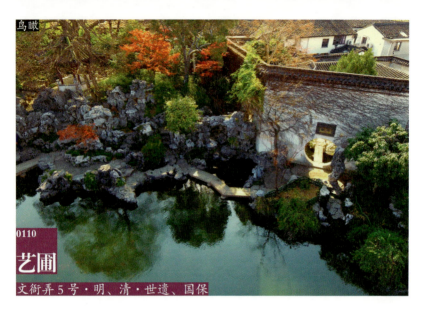

鸟瞰

0110
艺圃
文衙弄5号·明、清·世遗、国保

原为浙江按察司副使袁祖庚明嘉靖三十七年所建醉颖堂,后归名士文震孟(改名药圃)、文乘。清顺治十七年姜埰侨寓药圃,更名颐圃,建东莱草堂,又名敬亭山房。后其子姜实节拓建,易名艺圃。康熙间归商人吴斌。道光十九年商人胡寿康、张如松购园建绸业同人会馆七襄公所。又曾为太平军陈炳文之听王府、伪乡公所、学校、剧团、工厂等。代有重修。

整体东、北宅,西园。东路由七襄公所前厅、两进楼厅(一为花篮楼厅)等构成。另外七襄公所房产还包括今园西南角的多路三进房屋,界碑尚存。中路有楠木厅世纶堂和东莱草堂、后楼厅,东侧为独院小楼傅饦斋。西有博雅堂(念祖堂,带莘荑式木础、楠木)。园内池周有思嗜轩、乳鱼亭(明彩绘八角亭)、爱莲窝、旸谷草堂、延光阁(苏州园林中最大的水榭)、思敬居、响月廊等,池南大型假山青瑶屿与水榭相对,上建朝爽亭可俯览全园,北有渡香桥连通。桥西南通月洞门,自成一区,凿浴鸥池,有香草居、南斋对照花厅。

武安会馆

舒巷38号、天库前10号·1886年·市保

光绪十二年河南武安（今属河北）旅苏绸缎业商人集资购自董氏宅并改建，又名河南会馆。

主体为三路两进。中路一进前设照墙，双面皆砖细贴面，带"夕阳"等字额。门厅为筒瓦鱼龙脊，前有砷石、石狮、香炉座、垂带石，檐下设斗六升桁间牌科，垫拱板雕花，下垂挂落，匾托描金，厅廊带"居仁""由义"字额，并有光绪间碑刻三方。厅后北向设歇山顶戏台。二进大殿带两厢连接门厅，轩廊嵌"光华""道德"字额。檐下设桁间牌科，檐枋雕蝙蝠流云、丹凤朝阳，长窗雕花卉，柱础包袱锦雕仙鹤祥云，局部浮雕凤凰牡丹，扁作梁雕凤描金，椁木雕鹿等。东路一进偏厅轩廊下嵌"形端""表正"字额，二进为楼厅。西路为附房。另见界碑两方。

大殿描金梁架

贻范堂盛宅

天库前 48-1、48-2 号 · 清 · 市保

为盛宣怀与妾盛许氏住所。前为电报局旧址,清光绪间盛宣怀开办的苏州电报局最早即设于此。

共两路四进。西路为两进楼厅。一进楼厅平出两厢。二进楼厅带轩廊,垂挂落,花窗做工较好。东路前有附房三进。第三进回顶,带古钱式长窗及横风窗。厅后花园已毁。四进为楼厅,厅前天井见乱石铺地。楼厅外设轩廊,楼内设前后轩,结子雕花。门楼已毁,尚存六角花岗石古井一眼、嘉庆款金砖一方、石槽一个。

石库门

严良肱故居

德馨里 6 号 · 民国 · 市保

原为富商严良肱产业,其子严家淦(台湾地区前领导人)曾住于此。后作书场,朱姓业主购得后又作旅社。大致为一路三进,侧辟边门,皆为二层洋房。北立水洗芝麻外墙,石库门上方存堆塑的"大中南旅社"字样。窗套及顶部檐下带仔线。楼梯柱头带几何形装饰。二楼设卍川栏杆,顶设天幔。

北门

中国银行苏州分行旧址
德馨里13、14号·民国·市保

鸟瞰

1914年1月4日在此设中国银行苏州分行，1919年改称支行，第一任经理为罗鹏年。1933年7月中国银行迁至观前街新址，德馨里原址设阊门办事处，同年9月阊门办事处再迁西中市。后连同更南处皆归富商严良肱。建筑由陆谦受设计。一进为通排长楼，并与二三进"田"字形楼群有中廊连通。

雷允上诵芬堂药行
西中市127、136号·1935年·市保

北楼

雷大升，字允上，清初制药商人，店随人名，内以"六神丸"等最为脍炙人口。原店位于天库前，1935年在拓宽西中市大街时，雷氏将今址上的店铺翻建成钢混三层楼房，此外路北侧亦建一座四层楼房。南楼设石库门，门上用铆钉饰"雷允上"三字，内设天幔，二三楼有卍川团寿栏杆。北楼外墙带线条，顶部建迷你小屋装饰，内部亦设天幔。

阊门

西中市西·元至今·市保

阊门初为春秋吴王阖闾命伍子胥建造都城时所辟八门之一。象天门通阊阖风，故名。又号破楚门，吴伐楚，大军从此门出。今阊门为元至正十一年重建，明清重修。

门作东西向，水陆并列，陆门城台上原有重檐歇山造楼阁，外有元至正十六年张士诚加筑的瓮城，或称月城。瓮城辟有三门，西门上吊桥越环城河通城外，南门通南码头，北门经探桥通北码头。1927年瓮城被拆，1935年陆门改建为三拱门并列的新式城门，城楼亦被拆除。1958年陆门被拆除。1966年后，附近城墙及水门拱券被拆，仅存水门金刚墙和陆门南段城墙。2004年发现瓮城遗址，水城门带木桩支撑石板。2006年重建阊门城门、城楼。

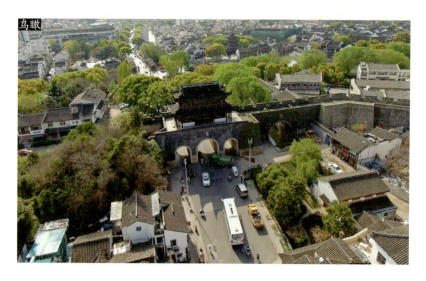

鸟瞰

谢莘如故居

外五泾弄6号·1936年·市保

原属永安别业一部分,为永亨银行经理、长丰面粉厂厂长谢莘如宅,1936—1938年上海陈新记营造厂承建。曾作日军慰安所,1945年重修,后作妇幼保健站、阊门饭店等。

主楼为三层洋楼,南部顶盖琉璃瓦,前有停车台,内贴瓷砖等,窗配彩玻,顶设南向老虎窗,壁炉烟囱尚存。北部呈曲尺形,顶楼为阳台,正间亦带琉璃瓦顶,并设阳台出口。东北侧有抱厦。更东原为小型礼堂,券廊立十字架,堂有花园、水池、曲桥、假山之属。另见雪松、鸡爪槭等。电影《梅花巾》《包氏父子》《陆游》等曾在此取景。

鸟瞰

王玉成故居

外五泾弄6号・20世纪30年代・市保

原为永安别业一部分，曾系王玉成宅。后作企业办公处等。

主楼为三层坡顶青砖洋楼，北有抱厦，内铺进口彩色地砖，带西式门套，石膏吊顶，亦存中式蝠形匾托，楼梯栏板有桃心形装饰。局部带圆顶窗、百叶窗。东北侧与二层平顶附楼连接，附楼顶有小型阁楼。西南为四坡顶佛堂，前有平台，铺进口地砖。佛堂前存百龄瓜子黄杨。

全貌

外五泾弄陆宅

外五泾弄6号・20世纪30年代・市保

原住陆氏。曾作企业办公处等。

中为三层洋楼，南连半六角形的左右厢楼，顶作阳台，皆带"米"字形护栏。北连二层附楼，东门带希腊三角式门头。壁炉烟囱尚存。局部设计有券顶式窗，以阶梯状排列。内部屏门等装饰有圈井式窗户等。楼厅栏杆带方向盘式装饰。

阶梯券窗

志仁里

浒溪仓、仓桥浜北 · 1923年 · 省保

原为画家阙明德家族建于1923年,后作为住宅租售。

现存三排建筑。南为第一排,系六组一路两进的平房。中为第二排,共六组,东西为过街楼,东侧过街楼外辟巷门,青砖砌筑,拱券等处有红砖装饰,中设唐驼题"志仁里"字额。北为四组楼房,设券式巷门,宅后沿河。西部两组已改。东起第一组门后设半亭,天井内见海棠纹花街铺地,后为正厅,下部设茶壶档轩廊,垂罄式挂落,北连歇山顶半亭,周有黄石为主的假山群,下设洞壑,后部池沼已填。东起第二组一进为平房,房后东筑半亭。二进为楼厅,前后各出西厢,带车制楼裙,垂挂落,设团寿栏杆,二楼配进口彩玻,北部外筑带铸铁扶手的"丫"字形楼梯,局部二楼外侧立柱及一楼裙板雕花。另见"阙界"界碑二方。

过街楼

丫字形楼梯

廊庑

0121 至德庙

阊门内下塘街250号・1867年・市保

又名泰伯庙,祀古吴国始祖吴泰伯。东汉永兴二年郡守麋豹建于阊门外,或曰韩整守吴时创建。后梁乾化四年徙庙至今址。宋元祐七年诏泰伯庙号为至德,始称至德庙。曾修建达十多次。清帝康熙、乾隆皆曾赐额。曾作学校、菜场。

现存两路两进。东路为主路,前有至德桥,又称泰伯庙桥、庙桥,现桥为新改建者。北为三间四柱冲天式石坊,柱端雕卷云纹,额镌"至德坊"。一进大门为将军门形制,后有廊庑连接二进享堂。堂前设露台。享堂内列梁间牌科。更北之宗会堂、御书楼及东西侧的思庆堂、育德堂已毁。一二进间的院内恢复有石质碑亭两座。西路恢复有至德书院三进,今作吴门书道馆。事详《至德志》。

0122 五峰园

五峰园弄15号·明至今·省保

原为朱勔养植园旧址，传明嘉靖间画家文伯仁（五峰老人）在此建宅园，实谬。明尚书杨成于此建园，俗称杨家园。清末归宝大裕钱庄业主沈辉。民国初归王永顺木行业主王氏，后为茶馆、煤炭作场、布厂、玻璃厂等。1983年重修，1998年重建园景。

园南高阜上立有湖石五峰，曰丈人峰、观音峰、三老峰、桃坞庆云峰及擎云峰。一说为五亩园（章园）中物，一说为北宋朱勔宅园中物，以喻庐山五老峰。五峰之西有一土墩，传为唐柳毅墓冢，其巅建有六角的柳毅亭。前有古朴树一株。园北由东往西依次为五峰山房（歇山顶四面厅，施山雾云）、柱石舫（旱船），中以葫芦形小池相隔。

桃坞中学

宝城桥街8号·民国·市保

解放楼

鸟瞰

　　清光绪二十八年美籍传教士韩汴明、聂高莱奉美国基督教圣公会之命，在廖家巷附近办学，1903年迁至今址，定名为桃坞中学。1908年前后曾辟出一角成立圣信女中。现为苏州市桃坞高级中学。

　　现存五幢洋楼，建造时间不一。大门东侧为理堂，三层红砖洋楼。理堂东北有梅香楼，原为梅乃魁校长住所，曾名和平楼，二层红砖洋房。更东有钟书楼，原为校政厅，曾名民主楼，三层红砖洋房。梅香楼北为沁芯楼，原为外籍教师宿舍，二层红砖洋房。操场北面另有解放楼，为两幢二层青砖洋房。

鸟瞰

0124
桃坞小学
石幢弄34号·清、民国·市保

  原是美国圣公会创办的私立桃坞中学附属小学,校舍最早在廖家巷,1938年后迁今址。抗战胜利后,改称吴县县立桃坞小学。现名苏州市桃坞中心小学校。

  今校内存两处青砖洋楼。南楼光绪三十一年建,曾作女学道院。主体为二层建筑。北楼1934年建,红瓦四坡顶二层洋楼,曾作显道女子中学。另见圣公会界碑一方。

红楼

绿楼

思杜堂

养育巷 130 号、花街巷 25 号 · 1925 年 · 市保

钟楼

原为美国中华基督教会（长老会）所属教堂。为追思教堂创始人、美籍传教士杜步西夫妇，故名思杜堂。创建于清同治十一年，初在现址对面，因遭郡人反对，官府集款千金赎回。1925 年杜夫人募资建于今址，1952 年改今名，1959 年称耶稣堂。解放战争时期，中共苏州地下党组织曾在此设立职业青年进修会，开展革命宣传教育。后曾作工厂。

主体建筑礼拜堂平面呈长方形，为青砖两层楼房。北为牧师楼，青砖两层楼房，姚天惠牧师等曾住此。另见青石六角井一眼。外有界碑两方，刻"基督教长老会思杜堂界"。

况公祠

西美巷 31 号 · 清 · 市保

原为宋五显庙（五显神祠）、明大觉寺（大觉庵）址。明苏州知府况钟在任上适逢丁忧，曾借寓庙中守孝，构建辟疆馆读书会客。清道光六年苏州知府额腾伊倡建为祠祀之。同治十一年重建并以吴之名宦袝祀。曾设立江西会馆，后为学校、车间、图书馆等。

大致为三路两进。祠门东向，外设"况公祠"门楼。东路前有小院，内设半亭。一进前厅后带抱厦，北向为戏台。二进享堂南向。一二进及前院半亭以廊庑相连。正对半亭的东向大殿内柱础做法特别。中路前为庭院，系原府衙的东花园，南为净渌亭，中为池沼、拱桥、假山，北有延秋舫。西路建走马楼厅两进。

戏台

树德堂吴宅

大石头巷35、36、37号·清·省保

原为沈宅,1940年归永大实业公司总经理吴南浦,曰树德堂。2005年、2022年重修。

三路五进。中路于竹丝大门后筑半亭。二进大厅内施山雾云、抱梁云、棹木,蜂头雕如意,门宕雀替雕鼓点、梅花。厅前"舍龢履中"门楼工细。三进楼厅带砖细楼裙,一楼前设轩廊,后设琵琶撑,楼梯置冰纹栏杆,二楼亦前后设轩。厅前"麟翔凤游"门楼,砖枋精雕"四时读书乐"等题材,精美雅致冠绝苏州。东路二三进为对照花厅,其中三进鸳鸯厅北部为别具匠心的贡式回顶。西路为两进偏厅和两进楼厅。另见局部长窗雕刻书法。

"麟翔凤游"门楼

务本堂史宅

仓米巷24号、大石头巷25号 · 清至今 · 市保

原归陶氏,曾租于俞樾。同治十二年归江苏布政使史杰,建东宅西园。园主不求西邻隙地,甘守其半,遂名半园,亦称史氏半园、南半园,以别城北之半园。曾作陆鸿仪律所、工厂、机关、创业园等,池填树伐。1984年重修,2016年重建西园。

现存两路五进,西路为隐苍堂、进道堂、务本堂(今守半堂,罳托雕"日""月"字样)、知足堂、双贤楼。东路为弘法室、和调馆、溪盎馆(与和调馆为对照花篮厅,后者五轩连缀,殊为精巧)、荫甫斋、五柳斋。西部为园,有荷池、四宜楼、船厅、半园草堂、安乐窝、还读书斋、风廊亭、月榭、君子居。

鸟瞰

学圃奚宅

东善长巷11号4幢·1919年·市保

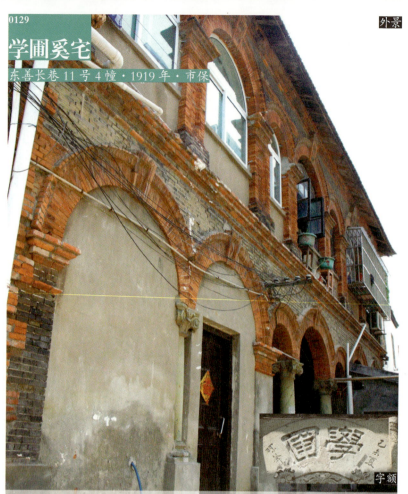

原为颜料行业主奚萼铭所建。

二层洋楼，带歇山，外墙青砖为主，红砖水平线装饰。正面二层皆带红砖发券，一层设罗马柱，带科林斯柱头。二层以砖砌立柱承拱。木楼梯雕刻细腻，局部尚存进口地砖、团寿木雕。天井内有"福"字字额。宅后见八角门宕，下端带装饰，上有"学圃"水泥书卷额。

江苏按察使署旧址

道前街170号·1867年至今·省保

原为江苏水利分司、按察分司、分巡苏松兵备道署旧址。清雍正八年始设江苏按察使署于此,又名臬司、臬台。林则徐等曾在此治事。同治六年重建。后改为提法使司、民国江苏高等法院,于此曾受理救国会"七君子"案及汉奸陈璧君、陈公博案。2004年、2023年重修。

三路四进。西路大门连八字墙门,中辟三门,门簪雕花。前之照壁、后之大堂、两庑皆已毁。今二进为二堂,梁施彩绘。三进后宅,础雕包袱锦,东西及正间皆设廊相连,形成日字殿格局。四进楼厅前廊垂挂落。东路为对照花厅、楼厅。更东之花园有长池、东西半亭、假山群,迤北为楼厅。西路已改建,另见小池上单孔梁桥,近有湖石花坛及玉兰等古树。

假山

苏州文庙

人民路613号、699号·南宋至今·国保

范仲淹建于北宋景祐二年,此后重修、拓建三十余次。曾作州学、府学、紫阳书院、江苏师范学堂等,今为苏州碑刻博物馆与苏州中学。

东庙西学格局。原庙外之棂星门今移至东路一进戟门内,石雕精细。二进大成殿又名宣圣殿,重檐庑殿顶,础式多样,局部有木础,斗拱多为明式。三进崇圣祠,自成一区。西路现存清风堂、泮池、泮桥、廉石、瑞石、七星池、七星桥、明伦堂等,更北近年重建有尊经阁。阁西有土阜曰道山,上构道山亭,南北分别可眺春雨池、碧霞池。另有宋至民国碑刻近千方,多为他处移来。众碑中以《帝王绍运图碑》《平江图碑》《天文图碑》《地理图碑》四大宋代图碑最为著名。另有八百余龄古银杏多株。事详《苏州府学志》等。

棂星门

盘门

盘门景区内·元·世遗、国保

周敬王六年吴王阖闾命伍子胥筑吴国都城,盘门为吴都八门之一,古称蟠门,门上曾悬有木刻蟠龙。现存城门为元至正十一年重修,1976年、1983年又修,由水陆城门、瓮城及两侧城墙组成。

水陆城门皆分内外两重,其中水门外门分节并列砌置,内门则增加纵联。陆门外门为纵联分节并列砌置,内门则为砖砌的三道拱券。另见"品"字形灌水口。瓮城为至正十六年张士诚增建,内门偏于瓮城西南。1986年重建重檐歇山顶城楼。盘门是唯一保存较完整的古水陆城门。城门北复建伍相祠。

盘门三景之夜

瑞光禅寺

东大街49号·北宋至今·国保

初名普济禅寺,三国东吴赤乌四年建,北宋宣和间赐今额,历经近二十次重修或重建。原甚宏敞,清咸丰十年后寺毁塔存,1999年重建牌楼、塔院等。另有唐井、文瑞阁(移自通关坊丁宅)、夹幡石(移自伍相祠)、明至民国碑刻三方、大殿巨础等寺内外旧迹。

塔名瑞光塔,又名瑞光寺塔、天宁万年宝塔。初为赤乌十年(一说四年)孙权所建十三级舍利塔,北宋宣政间朱勔改为七级。今结合实物、外观推为北宋景德元年至天圣八年所建。塔内另见大中祥符三年等助修砖铭。塔为七级八面砖木楼阁式,六层起或为崇祯以后之遗构。塔基设须弥座,浮雕立体,底层外廊设宝装莲花础,塔内局部见堆塑、彩绘。三层天宫、檐内发现有真珠舍利宝幢、佛经、古币等唐、五代、宋时期的实物。

铭文砖

彩绘观音

天宫

全貌

开元寺

东大街11号·1618年·国保

初名通玄寺,原在今人民路报恩寺。唐贞观二年重兴。五代后唐同光三年吴越钱氏迁建于今址。原有三路,内有普同塔等,今仅存建于明万历四十六年的藏经阁。阁内供无量寿佛,又名无量殿。因不用木构梁柱檩椽,故俗称无梁殿。代有重修。曾作吴县文管会等。

阁为歇山顶,腰檐敷琉璃瓦,青砖外墙。阁脊饰游龙花卉,戗角立四大天王。南北立面上下各辟拱门五座。檐下斗拱、垂莲柱、额枋夹樘板、华板、雀替、二楼栏板、倚柱和佛台下的须弥座等,靡不精巧。明间拱门上方嵌额刻"敕赐藏经阁""普密法藏"等。阁内有以砖叠涩收敛形成的斗八藻井,下置券门,四向嵌字额。阁内砖见"敕谕通玄寺"等铭文。事详《开元寺志》。

胥门

万年桥东南·元·省保

又名姑胥门。城门作东西向,为春秋吴国时伍子胥奉吴王阖闾之命建造都城时所辟八门之一,以遥对姑胥山而得名。传伍子胥宅近此,被斩后又悬头于此门。战国时黄歇测知太湖地势高过苏州,为免城内泛滥,遂封水门。五代梁龙德二年钱镠以砖砌苏州城墙,南宋淳熙中、嘉定十六年、绍定二年、宝祐二年、开庆元年重新修建。今胥门为元至正十一年重建。陆门原有至正十六年张士诚增建的瓮城,民国时与城楼同期被拆。城门因另辟新胥门而封堵。门楼后原题"姑胥拥翠"。1999年整修恢复。现存门洞由三道砖砌拱券构成,第二道与第一、三道垂直相交砌筑,原嵌砖雕残存。另有闸孔三眼。墙嵌《凤氏祠堂碑》及八风山海镇等,部分城砖系画像砖,城门西侧新建伍子胥纪念园。

城门

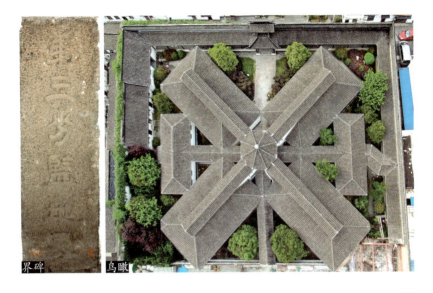

0136

江苏高等法院看守所旧址

西善长巷3号·1910年·市保

宣统时为江苏按察司监和苏州府监,民国时为吴县地方监狱、江苏高等法院看守所,关押未判决的人犯。1935年在原址复建江苏高等检察厅看守所、江苏省第三分监等。"七君子"中史良曾被关于此。1949年后作为市监狱、拘留所、看守所,今为苏州警察博物馆。2005年重修。

所内呈"米"字形的狱道向四面八方伸展,其中四条为交通狱道,四条为关押狱道。关押狱道两侧,两两相对地建有整排的独立牢房,中为八边形看守平台。每间牢房铺设地板,木门上端有长方形小门,为送饭口;下端有圆形空洞,为通风口。此外另存两栋红砖西式楼房。另见古井一眼、清碑三方、第三分监界碑一方及近年复制碑七方。

0137

江苏巡抚署旧址

书院巷20号·清至今·省保

原为南宋魏了翁御赐宅第,元为鹤山书院,明为应天巡抚行馆、巡抚署,清作江宁巡抚治所。乾隆二十五年起为江苏巡抚署,俗称巡抚衙门、抚台衙门。1911年巡抚程德全在此宣布江苏独立,成立军政府。后为公署、医院、学校等。

现存两路四进。东路一进将军门和二进仪门皆施彩绘,列牌科。三进大堂被拆,2001年重修时将后堂和楼厅移建至现址。后堂局部莲瓣础承重,堂内带梁间牌科,施直式山雾云。四进楼厅曰来鹤楼,内祀魏了翁。楼厅上下皆设轩廊,带竹节撑,杵头础承重。外墙施搏风。西路为丰圃旧址,即林则徐创建之衙内栽稻处,今亦多所改建,存小池一方,周有廊,筑读易亭、方亭、鹤山榭,另见明碑一方、金砖多方及盘槐、朴树等古木。

存仁堂洪宅

西支家巷6（边）、8、10、11、13号·清·市保

　　原为酒商洪坦宅，其子洪钧（状元）早年住此，后局部归周氏。曾为府前印刷装订厂。局部改动较大，2018年重修。

　　整体约呈五路五进。西一路为洪钧得中状元后新建之门厅，穿斗式梁架，设竹丝墙门，梁桁间皆设牌科，山尖设云头代替山雾云。二进楼厅带副檐。三至五进为走马楼厅，局部下设轩廊。西二路、西三路为附房、书厅，其中西二路三四进为带有一侧厢楼的楼厅。东二路南部存三进，第三进局部隔扇木雕花卉较精细。北部临瓣莲巷尚存北向平房一进。东一路二进为大厅，厅前门楼已毁。局部见花岗石六角古井及旧时换下的花岗石础，带包袱锦雕刻。

庆庐舒宅

庙堂巷36号、盛家浜5号·民国·市保

原为吴县律师公会会长吴曾善宅。江苏财政厅厅长舒石父购入后于1935年增建第四进民国楼厅。演员舒适与慕容婉儿亦曾住此。

一路四进。二进轿厅边厢前有小园，立石笋，栽天竹，墙嵌"拜石"字额。三进大厅带菱格门窗，前有门楼。四进为白色二层洋房，内设壁炉，进口洁具尚存。护墙板带辫形装饰，楼梯栏杆垂花。楼顶设小型露台，置宝瓶栏杆，局部见进口马赛克与彩色地砖、压花玻璃。二层北向设铁艺栏杆。楼前后皆有石笋。楼南更设小园，立湖石假山群，起琉璃瓦角亭，花街铺地完好。北门连青砖墙，内设"爽垲"字额，外设"庆庐"字额。另见青石六角古井一眼，枇杷等绿植数本，以及"吴界"界碑。

假山

0140

王震百故居

盛家浜4号·清或民国·市保

原为上海邮务公会理事长王震百宅。曾为郊区人委办公地。2003年将初属马宅的王震百宅（东）、张柳桥宅（中）、陶伯渊宅（西）合并重修，称桃园，2020年又修。

一路四进。现仅存四进楼厅，楼前设海棠门，二楼带夔式卍川团寿栏杆。楼前改为小园，立假山，环廊设半亭，名曰清风苑。另见青石六角古井一眼，百年广玉兰一棵。

海棠门

0141

张柳桥故居

盛家浜6号·1795年·市保

原为律师张柳桥宅。一路三进。一进门厅带砖细垛头。二进轿厅前设轩廊，垂挂落。三进大厅设磕头式前后轩，厅前有"盛德日新"门楼，厅后为小园。另见武康石圆井一眼。

"盛德日新"门楼

陶伯渊故居

盛家浜8号·民国·市保

原为东吴织绸厂经理陶伯渊宅。

大致分为东西两路。西路一进为两座歇山亭,中有回顶廊相连,西亭设宅门入口。二进圆作大厅今悬"松迎堂"匾,内四界前后双步。三进为二层洋楼,东向为弧形,顶辟老虎窗,东次间二楼为阳台,下部以方柱承重。四进已毁,改为花园,存青石八角古井一眼,上有"天启五年季冬""井"等字样。东路南部为小园,栽桂花、黄杨等,立湖石假山,浚池沼,架单曲桥,东部湖石下设山洞,上筑六角吟风亭。小园北部为二层楼厅。今东西两路间长廊已拆。

园景

0143 潘承锷故居

庙堂巷22、22-1、22-2、24号·清·省保

传原为清道台王某所建。1918年归律师潘承锷。1988年起陆续复建。

原为三路六进,西宅东园格局。西路三进为书斋,五进为四面厅。中路一进门厅外带砖细。三进为大厅。五进楼厅带车制楼裙,垂西式挂落。楼前花坛须弥座有石雕花卉、动物等。六进楼厅长窗雕戏文。东路为园,曰畅园。东部一进为船厅,又名桂花厅,移自郑竹坡故居。二进四面厅名桐华书屋。更北为花园,中浚池,上架五曲梁桥。东西皆设长廊。东廊通延晖成趣亭、憩闲亭(水香榭)。西廊沿带有洞壑的假山起伏,南见待月亭踞于假山顶部,中为玉延亭。北有涤我尘襟舫。池北系主厅留云山房。廊东及北亦有小园,湖石连绵,设月洞门与延晖成趣亭北相连。今中国园林博物馆仿建有此园。

忠仁祠

庙堂巷 16 号・清・市保

传曰明光禄寺卿徐如珂因得罪魏忠贤而被削职归里,苏州百姓感其恩,一人出一文钱,为其在庙堂巷建宅养老,故俗称"一文厅"。今祠在故居旧址之东,原为唐代张许二公祠址,明崇祯三年御史李懋芳建,张国维有碑。杨荫杭、杨荫榆、杨绛曾住此。

现存主体为一路两进,一进门南设无字砖雕门楼。二进享堂,前设月梁,檐下设斗三升牌科,垫拱板雕花,厅内设船篷轩,椁木已毁。一二进间有厢楼连接。享堂后及东侧尚存附房数间,局部存琉璃花窗,另见八角青石古井一眼。

门楼

德福堂雷宅

庙堂巷8号·民国至今·市保

主楼

初为包山祠址,后建有东西洋房各一所,分别为苏州雷允上诵芬堂经理雷徵明与雷傅铭所有。现西部中式宅园已废,仅存东部原雷徵明所有的二层洋楼一幢,建于1935年前后。1951年雷氏卖与中国人民银行上海分行。后属工商政校、上海外贸疗养院。

二层主楼次间凸出,正间一二层皆有双排红色罗马柱,带科林斯柱头,二层阳台设铁艺栏杆。顶辟老虎窗。二楼起居室内设假三层。1992—1993年,疗养院在西部中式庭院废址复建小庭院,有水池、假山、方亭、笠亭、小桥、喷泉之属,并广种绿植。

金鸡墩遗址

虎丘西·新石器时代至清·市保

全貌

传为元贞姬墓,又名金姬墩。现场为一土丘,高出地面十五米。采集到新石器时代遗物有穿孔石刀、有肩石斧、夹砂粗红陶器足、泥质灰陶豆把、泥质红陶残片等,纹饰有绳纹、席纹、编篾纹等。遗址上叠有西汉、六朝至明清时期的墓葬。

山塘河历史文化街区

阊门外至虎丘西北·约唐至今·世遗

位于古城外西北部,东起阊门外,西至虎丘西北。唐宝历元年苏州刺史白居易率众浚河修路,便利阊门与虎丘间交通,主街山塘街因此又名"白公堤",为"中国历史文化名街"。整体河街并行,为东南—西北走向,亦包含南部渡僧桥片区、中部星桥片区、北部彩云桥片区等。街区内有虎丘云岩寺塔(单独作为世界遗产点)、五人墓、汀州会馆、张忠敏公祠、普济桥、永安龙社、天和药行等各类古迹,吴一鹏、叶天士等名人曾在此生活。

顾得其驳岸

山塘河通贵桥段

虎阜禅寺

虎丘山门内8号·五代至民国·世遗、国保

彩绘（七朱八白等）

秋景

始于东晋司徒王珣、王珉舍宅为东西二寺。唐会昌五年合一。曾名武丘寺、报恩寺、云岩禅寺、虎阜禅寺等，宋至道间改律宗为禅宗。以海涌山为中心，今四周景致逾七十处，前山与寺有关者，南起有河埠、头山门、二山门、憨憨泉、枕石、生公讲台、千人坐、点头石、白莲池、吴越经幢、万历经幢、净土桥、五十三参、大佛殿、云岩寺塔及云岩禅寺遗址等。

其中头山门为1918年改建。二山门建于元至元四年，脊檩为断材，俗称断梁殿。大佛殿为同治十年重建。云岩寺塔，俗称虎丘塔，南朝陈时已建，隋、唐又建，今塔始建于五代后周显德六年至北宋建隆二年，曾七次被焚，代有重修，第七层为明崇祯十一年改建。塔分七级八面，楼阁式，以砖仿木构。塔身整体向北偏东倾斜。塔内堆塑精美，斗拱多施彩绘，塔砖有"己未建造""弥陀塔"等铭文。塔内发现有越窑秘色瓷碗、金涂塔等珍贵文物。

0149

陈去病墓

虎丘山门内8号·1935年·市保

陈去病（1874—1933），吴江人，南社创始人之一，曾任孙中山大元帅大本营秘书长。1935年11月，柳亚子等将其灵柩迁葬于此。墓作覆釜形，青砖围砌，水泥封顶。碑镌"中华民国二十四年十一月，陈佩忍先生讳去病之墓，镇江柳诒徵题"，碑额刻双凤朝阳。供台雕如意、双钱、兽首等纹饰。1982年维修。

全貌

0150

钱近仁墓

虎丘山门内8号·清·市保

钱近仁（1717—1792），苏州人。以皮匠为业，自学成才，热心办学，人称补履先生。殁后无子，众人葬之于虎丘西麓。葬日，四方前来凭吊致哀者数以百计。墓前立椭圆形石碣，镌"乾隆五十七年谷旦，钱处士墓，嘉庆四年三月清明重立，江苏按察使汪志伊题"。

墓冢

拥翠山庄

虎丘山门内8号·1885年·市保

清光绪十年春，状元洪钧与友同游觅得憨憨泉，因集资就势构屋于旁，次年落成，曰拥翠山庄。曾改为小学、餐厅。

整体依山分四个台地构筑。一层台地为庄门，外有门楼及"龙虎豹熊"四字石刻（"龙虎"原在五人墓东蒋参议祠内）。后为抱瓮轩，出小院东边门可至"憨憨泉"。二层台地有问泉亭，西北侧堆叠假山，亭东、西建拥翠阁、月驾轩（不波小艇）。三层台地建灵澜精舍。四层台地建送青簃（原在灵澜精舍东侧），此筑构原为陆文烈公祠，祀殉于辛亥革命的江苏布政使陆钟琦。另见清至民国碑刻六种及精雕青石盆等构件。

大门

虎丘摩崖石刻

虎丘山门内8号·唐至今·省保

虎丘为吴中第一名胜,现存唐代至今的摩崖石刻一百三十五处。尤以登山道两侧、千人石、剑池、白莲池一带最为集中。题字中著名者有唐人颜真卿和李阳冰、宋人贺铸、元人周伯琦、明人王鏊、清人范承勋等。详见《虎阜石刻仅存录》《虎阜金石经眼录》《虎丘摩崖石刻》等。

剑池东壁摩崖

剑池摩崖

应梦观音殿遗址

虎丘山门内8号·宋·市保

原称应梦观音殿。北宋吴兴臧逵侍奉母亲积劳成疾,诵《观音经》后,梦见观音针其耳而病愈。臧逵欲为观音绘像,因梦中未观真切无法作画,乃苦求十年,终再度应梦显相,得愿绘成。其弟臧宁刻就观音立像,复得吴人钟离智先资助,于熙宁七年在此建造石殿供奉。后此殿屡遭火灾,然此画像碑完好如故。宣德间重建,雍正七年重修,咸丰十年后又复建。1966年后又毁,其址曾作茶室、餐厅。

2005年考古发现宋、清等历代殿基变迁,出土残损武康石殿基等石构件、石观音像、《普门品》石刻残件。

大殿遗址

李文忠公祠

山塘街845号 · 清至今 · 市保

塔影园鸟瞰

清乾隆时蒋重光在程氏废墟上构筑，虎丘云岩寺塔倒影现于园中池塘，因名塔影园，又称蒋氏塔影园、蒋园。嘉庆时改建为奉祀白居易之白公祠。光绪二十八年奉敕为李鸿章（文忠公）建祠于此，园曰靖园。侵华日军、虎丘自卫队曾驻此，又曾改作工厂、学校，代有重修。2018年后新恢复西部池园景观。

现为西祠东园格局。祠堂一进大门带八字砖细墙，门厅为将军门形制。二进享堂前设廊。三进寝殿前设回顶抱厦，木雕部分多描金。东部为园，浚塔影池，湖石假山、花木古树点缀园内，北有望山楼。另有三曲梁桥、光绪二十七年《谕旨碑》等。

园后有塔影桥连通虎丘，桥建于嘉庆三年，又名虹桥，单孔拱桥，纵联分节并列砌置。

李氏祗遹义庄

山塘街 814 号 · 清 · 市保

寝殿

原属李氏家族，1949 年后为敦仁小学、虎阜小学、房管所等。一路三进。一进门厅外施砖细，砷石等尚存，厅后天井地面见残碑。二进享堂带桁间牌科及双轩，侧立五山屏风墙。三进寝殿檐下云头挑梓桁做法较有特点，侧墙带观音兜。临街有"李氏祠"界碑。

张忠敏公祠

山塘街 800 号 · 清至今 · 市保

享堂

泽被东南坊

祀张国维（明进士、巡抚，抗清失败后投水殉国）。明崇祯十六年建，清乾隆十年赵锡礼重修。同治十一年起按察使应宝时重建。光绪元年重修，1909 年南社于此举行雅集，宣告成立。曾作香料厂。2009 年辟为中国南社纪念馆。

两路三进。东路前复建三间四柱坊，额"泽被东南""风清江海"。东路一进门厅、二进享堂皆列桁间牌科。西路新建偏厅与两进楼厅，南设园，筑廊连六角亭。祠内存《张公祠堂碑记》，另有碑刻三种藏苏州碑刻博物馆。

鲍传德庄祠

山塘街 787—789 号·1919 年至今·市保

1919年泰来洋行在华经理鲍宗汉建。曾作小学、仓库。2008年重修。现主体存二路二进。南路一进前有1919年徐世昌题、1992年移至今址的宗仁主义坊，两侧石柱镌张一麐书联。一进门厅将军门形制。二进享堂内有山雾云、抱梁云、夹樘板等木雕。堂后楼厅已毁，今见新修的"修德进业"门楼。后辟小园，湖石假山体量较大，上嵌残碑。北路一进为花篮厅，新配门窗雕刻较精。南路更南有附房临河。外见五山屏风墙及界碑，书"鲍传德庄祠界"。另有碑刻两种藏苏州碑刻博物馆。

宗仁主义坊

葛成墓

山塘街775号·明·省保

又名葛贤墓、葛将军墓。葛成(1568—1630),万历二十九年作为苏州丝织工人首领反对太监孙隆增税,事后被关押十三年,卒后葬在五人墓西。1956年、1981年重修。与五人墓共用墓园大门、享堂。方形墓,带花岗石护壁,墓碑镌崇祯三年文震孟书"有吴葛贤之墓"。享堂内有康熙十二年陈继儒撰、周靖书并篆额《吴葛将军墓碑》。

《吴葛将军墓碑》

墓冢

五人墓

山塘街775号·明·省保

明天启六年魏忠贤亲信巡抚毛一鹭勾结织造太监李实仗势剥削苏州人民，诬陷东林君子周顺昌。苏州人民的抗暴斗争被诬为谋反，颜佩韦等五人为保护百姓而投案就义。次年此案平反后，吴默等人将魏忠贤普惠生祠拆毁建墓，营葬颜佩韦、杨念如、周文元、沈扬、马杰五义士。1956年、1981年重修。

今名义风园。园内西有2010年新建的将军门及尚义厅。东路一进门厅设券门，北立杨廷枢所题义风千古坊。二进享堂，中立移自墓道门的崇祯元年韩馨八岁所书的《五人之墓碑》。北为花岗石护壁的矩形墓，旁有精雕石狮。另见明代至民国间碑刻十六种。墓园西北有移自金狮巷陈宅之楠木厅。外见道光廿九年款"五人墓界"界碑。

义风千古坊

墓冢

0160 白公堤石幢
山塘街775号·1612年·市保

明万历三十八年僧木铃倡修被洪水冲塌的白公堤（唐苏州刺史白居易筑），事成范允临、王穉登各写就一篇《重修白公堤记》，前者刻于碑，后者刻于幢。此幢原在韩公祠，1983年迁至五人墓旁，并建亭保护。俗称方碑，作方柱体，基座雕饰须弥山和卷云纹。幢身四面依次镌万历三十九年十二月《重筑白公堤记》；周廷策线描《五百尊者像》；木铃线描《大势至菩萨像》，下有木铃长跋及申时行等捐助修堤人姓名；《寒山拾得像》，上有陈元素和薛明益所书寒山子诗。幢顶中心圆雕弥勒佛坐像，四边各浮雕坐相佛四尊。

普济桥

山塘街744号南·清·省保

始建于清康熙四十九年，乾隆五十八年、嘉庆二年、道光二十年、1925年、1986年重修。三孔拱桥，拱券纵联分节并列砌置。券石刻"奉各大宪清节堂放生官河""奉各大宪二善堂放生官河"字样，莲额刻"普济堂董事师康雄领募劝建造"及助银或募银明细。砷石为双抱鼓连缀并刻轮回纹，千斤石刻轮回纹。今望柱见"道光二十年仲冬""同善堂捐资重修"；"民国乙丑夏重立""男普济堂董捐修"字样。明柱刻"嘉庆二年九月重修""奉宪放生河"及联："东望鸿城，水绕山塘连七里；西瞻虎阜，云藏塔影立孤峰。""北发塘桥，水驿往来通陆墓；南临路轨，云车咫尺到梁溪。"联嵌四面方位。桥畔有普济堂。

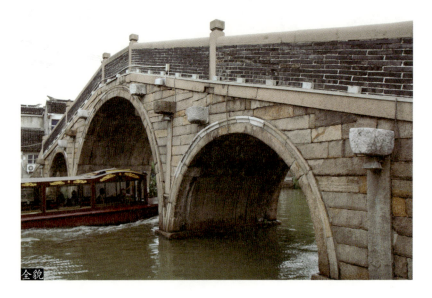
全貌

侵华日军沪宁线司令部旧址
广济路 242 号·民国至今·市保

1937 年侵华日军占领苏州后建，时为日军沪宁线司令部。抗战胜利后为国民党青年军司令部、医院等，今为苏州市立医院北区。现存四幢青砖洋房。主楼为工字楼，主体两层，局部三层，外辟走廊，北阳台设宝瓶栏杆，内部带双分式楼梯，围栏内嵌圆形铁艺装饰。南楼原为一层，后追加为二层。西南有楼两幢，以过街楼相连，其中西楼带彩色水磨石子、马赛克地坪，楼梯柱头带石榴纹等装饰，南阳台设铁艺栏杆。局部铭文砖见"作合售"字样。

楼梯

申氏宗祠

新民桥北 · 清 · 市保

　　今仅存享堂。2021年重修。堂前设双桁鹤颈轩廊,垂挂落,檐口有人物及灵芝木雕,两壁为砖细墙面,新嵌"履雅""趋真"字额。殿内中为五界海棠椽顶,与前后船篷轩呈三轩连缀式,雕有团寿、仙鹤等纹饰之青石础用料硕大,砖细墙裙带夔式勒脚,后檐口单斗承托木雕耍头。全殿桁梁间皆设牌科,蜂头雕花,棹木、垫拱板及边贴梁间皆雕戏文,人物之多、工艺之精,实罕其匹。堂前原有吴清望题门楼,后改为小园,设廊亭之属。

梁雕

棹木与蜂头

汀州会馆

山塘街192号·1905年·市保

原位于上塘街285号,清康熙五十七年福建上杭(旧称汀州)纸业游苏会商集资创建,光绪三十一年起纸烟两商界募资重建。曾作物资局仓库。原门厅外设门楼,立"汀州会馆"界碑,内设戏台,局部砌有"汀州会馆"铭文砖,现皆不存。2003年建筑移建至山塘街192号,并作苏州商会博物馆。原助银碑现存苏州碑刻博物馆。

现存一进门厅带回顶抱厦,将军门形制。二进大厅檐枋雕双龙戏珠、轩梁、步枋雕蝙蝠、暗八仙、树石等,山尖施山雾云。

包袱锦木雕

抱厦

玉涵堂吴宅

东杨安浜2、4、6号·明至今·省保

原为明代嘉靖南京吏部尚书吴一鹏宅址，俗称阁老厅，后改建。民国时为开元茶行业主王子颂宅，后作茶厂车间、药店、苏州生肖邮票博物馆等。2002年起重修。共四路五进。前有河埠。东一路走马楼厅后有花园、沿廊，并筑半亭。东二路为正路，三进大厅石础、山雾云、荷叶墩皆有雕刻，梁垫上新配双道棹木。西二路三四进为走马楼。西一路一进楼厅梁雕鹤鹿、暗八仙等，四进楼厅后为新建之真趣园。

梁雕 / 础雕

鸟瞰

种福堂叶宅

渡僧桥下塘46、48、50、52、54号·清·市保

原为清初名医叶天士医寓种福堂,其孙、戏曲家叶堂亦曾住于此。后金石家张廷济(号曰眉寿堂)、赵氏、金融家倪远甫等陆续住此,其间曾被占为太平天国纳王府、民国谍报机构,局部曾作仓库、宿舍。

原有三路七进,现存三路五进。中路为楼厅五进,一进前有砖雕门楼。三进大厅垫拱板雕灵芝、团寿等,带山雾云和脊檩彩绘,厅前有"庭鹫翔云"门楼。东路家庙、花厅、花园俱毁。西路亦有花厅,五进为仰山房,原有文徵明书碑,现存苏州碑刻博物馆。六进东西分别为拥书阁与船厅。更北之花园亦毁。外墙花岗石墙基较整齐。

"庭鹫翔云"门楼

普安桥

上塘街 · 1814 年 · 市保

明弘治十四年知县邝璠建。清嘉庆十九年重建。单孔拱桥，武康石、花岗石拱券分节并列砌置（局部为纵联分节并列砌置），桥孔由南北两个拱券合并而成。北侧桥面上有清同治五年所建关帝庙一座，壁嵌同治五年碑，2009 年修缮。桥上建庙之做法，为苏州现存古桥所仅见。桥南原有跨河戏台，与庙门相对。

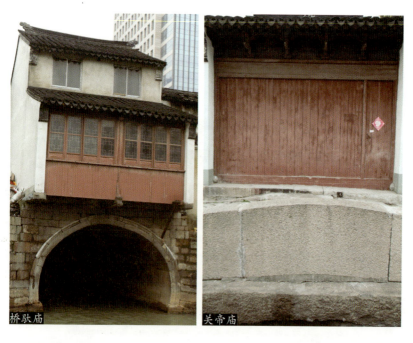

桥驮庙　　关帝庙

潮州会馆

上塘街 277 号西·清·市保

又称潮州天后行宫。为清初潮州旅苏商人集资创建,初在阊门外北濠弄。康熙四十七年购得上塘街许昭远宅址迁入,雍正四年增建楼阁,十一年增建关帝殿。后作驻军地、中学。2005 年重修。

头门设八字外墙,满贴砖细,辟有三门,中为"潮州会馆"门楼,北向正间设歇山顶戏台,木雕狮子、花草、戏文等。内置斗八藻井,中央有彩绘蟠龙,前垂莲柱。东西厢楼今已不存。另见清代碑刻三方及石构件等。原有二碑已毁,拓片分别藏于苏州博物馆、苏州碑刻博物馆。

戏台

萃英中学旧址

义慈巷 15 号·民国至今·市保

光绪十八年美国基督教北长老会传教士海依士博士创办萃英书院（Presbyterian High School）于十全街彭宅内，光绪三十年迁至今址。后改名萃英中学、苏州市第五中学。

现存四幢 1921—1933 年间建造的旧楼。入门北为萃泓楼，也称侨生楼，系歇山顶二层洋房。入门南侧的萃泽楼与校内中北部的萃英楼，为曲尺形二层洋房。校西的萃渊楼，又名思海堂，为纪念海依士而建，系三层红砖洋房。北有礼堂，扩建后与思海堂连成一体。礼堂内设罗马柱承托的观礼台。更西有后期增建的二层青砖楼。校内另见 1954 年所建二层红砖的萃菁楼（教学楼）、旧踹布石、古井、1885 年铸钟、1936 年"与日月争光"三棱方尖碑及香樟等古木。

萃英楼

上津桥

枫桥路·明·国保（京杭大运河点）、市保

郝将军卖药碑亭

初建年代无考，今见金刚墙上刻有"上津桥南北两公埠，丙寅年河道会重建"字样。单孔拱桥，分节并列砌置。千斤石刻轮回纹，砷石刻太极，拱券内刻"放生官河，禁止采捕"，栏杆外向立1984年重修碑。桥西南堍有石亭，立吴县知县李超琼书"故明郝将军卖药处"青石碑。

全貌

冠云峰

0171
留园

留园路338、400号·明、清·世遗、国保

    中国四大名园之一。始于明太仆寺少卿徐泰时所建之东园。清嘉庆初归刘恕，名寒碧庄，又称花步小筑、传经堂刘宅、刘园。同治末年住宅归程氏，旋改为二程夫子祠，园林部分于同治十二年（一说光绪二年）归盛康，称龙溪盛氏义庄、留园，其裔孙盛宣怀等亦曾住此。后作军队驻地、公园、仓库、民居等，代有修缮。

曲溪楼

中区秋景

今门厅花罩移自松风馆席宅。中区即原东园、刘园旧址,其西部以山池为主,有涵碧山房、闻木樨香轩、明瑟楼、古木交柯、曲溪楼等;东部以庭院组合为主,有五峰仙馆、鹤所、石林小院、还我读书处等多自带分隔的小园,其余多为光绪后增辟。南区东为四进的祠堂,西为两进的住宅。东区以峰石称奇,有林泉耆硕之馆(鸳鸯厅)、东园一角、八角亭(移自懿德堂张宅)、冠云楼(内有鱼化石)、待云庵、佳晴喜雨快雪之亭等,其中以江南四大奇石之一的冠云峰最著,部分峰石移自申文定公祠。北区突出田庄景致,有盆景园、小桃坞等。西区多有山林野趣,有射圃、活泼泼地等。

此外原属盛氏永善堂之西宅与二程夫子祠址上所建之东宅(盛宅址)已毁,改为园林档案馆、办公区等。域内散落寒碧庄十二峰及各类碑刻近四百方,古树七种。

中区夏景

0172

戒幢律寺

西园弄18号·清·省保

又名西园寺、西园、归原寺、归源寺、戒幢律院等。元至元间始建，明万历间归太仆寺卿徐泰时，构筑别业称西园，后其子徐溶舍西园为寺。代有重建或重修。

东殿西园格局，外设码头及石柱木顶的牌坊，工艺甚精。东部主路二进天王殿内施彩绘，西有龙寿山房移建至此的元僧继公血书华严经龛。殿后西为五百罗汉堂，平面呈"田"字形，梁枋施彩绘，堂内以四大名山塑座为中心，四周列坐泥塑金身五百罗汉，另供有千手观音、三宝如来、济公诸像，塑技上乘。三进大殿外施彩绘。

西路为园，放生池内原有四百余岁的斑鳖。池中立重檐六角的湖心亭。池西筑爽垲轩。池东建四面厅。厅南叠假山，山顶构云栖亭。山池之间筑复廊，廊北立清凉阁。另见百龄紫藤等古树、经幢及清代至民国碑刻六种。

下津桥

枫桥路610号对面·1478年·国保（京杭大运河点）、市保

下津桥全貌

又名通津桥。明成化间建，清康熙四年、道光二年、光绪三十二年、1984年重修。望柱刻"金阊永善堂重修""光绪三十二年秋立"字样。单孔拱桥，分节并列砌置。拱券内见"放生官河""积功堂奉宪禁止捕网""苏州府正堂周示，发□济堂深镌""放生官河，禁止采捕"字样及"大明成化十四年春三月吉旦"等莲额。长系石雕花卉，千斤石刻轮回纹。

江村桥

寒山寺前·1766年·省保

江村桥全貌

始建年代不详，清康熙四十五年程文焕发起集资重建。今仰天石见"乾隆丙戌仲冬吉旦"字样，望柱刻"同治六年六月重修""仁济堂安仁局董事经办"，栏板刻"一九八四年十月重修"。单孔拱桥，整体纵联分节并列砌置，但靠近顶部处有减少纵联的做法。千斤石刻轮回纹，龙门石刻太极图与二龙戏珠。

寒山寺

寒山寺弄 24 号 · 清至今 · 省保

始建于南朝梁天监年间，旧名妙利普明塔院、枫桥寺。传因唐高僧寒山子曾云游于此，后遂名寒山寺。代有重修或重建。

今寺面西，中轴线有照墙、天王殿、大雄宝殿（移五台山明十八罗汉供此）、藏经楼（寒拾殿）和普明塔（五级四面），北侧有霜钟阁、罗汉堂、寒拾泉、闻钟亭、念佛堂、五观堂、寒拾亭、方丈室和僧寮、放生池、法堂，南侧有多闻榭、枫江楼（静永堂宋宅移此）、弘法堂、碑廊、钟房、钟轩、钟楼。今存古幢两处，宋至民国碑刻（含宝莲寺等处移此者）三十八种，古钟四口，以及常熟慧日寺移此之砖雕造像、肖家巷移此之砖额等。事详多版《寒山寺志》。

枫江楼

古钟

枫桥

铁铃关前 · 1867 年 · 省保

原名封桥,因唐张继《枫桥夜泊》一诗闻名,一说宋乃正式改名枫桥。始建年代不详,明崇祯末年僧法华募修,清康熙四十五年、乾隆三十五年又修。单孔拱桥,纵联分节并列砌置。仰天石重修年款漫漶,明柱刻"同治六年丁卯八月重建,仁济善堂、安仁善局董事募资经办""吉人语善视善行善,三年天必降之福;凶人语恶视恶行恶,三年天必降之祸"。望柱刻"万恶淫为首,百善孝为先""诸恶莫作,众善奉行"。千斤石刻轮回纹,龙门石刻双龙戏珠。有歇坡,桥堍立康熙四十年《严禁盗窃犯科碑》。

枫桥与铁铃关

铁铃关

枫桥大街西·明至今·省保

又名枫桥敌楼。明嘉靖三十六年巡按御史尚维持为御倭而建,初为三层,清道光九年重修,次年巡抚陶澍改建上层为文星阁。1949年4月27日拂晓,这里成为解放苏州城区的首战之地。1963年、1986年、1998年重修。关口原有《严禁私宰耕牛碑》。关台以条石为基,城砖砌墙,局部金砖有"嘉庆肆年"等铭文。中辟拱门。拱门内南北壁面均辟大小拱门各一,有砖阶登关,并设藏军洞、兵器库。关台上歇山顶楼阁为1986年重建,内为回顶,陈设旧时兵器。

鸟瞰

七苦圣母堂

三香路1162号·1893年至今·市保

俗称杨家桥天主堂。原为教友殷某私宅内圣堂,毁于咸丰十年。同治五年由渔民集资重建,俗称网船公所,堂后有河埠。光绪十八年法籍总铎窦可型在其西侧购地,翌年建造今堂。1981年整修,并翻建小堂,新建神父楼、修女楼、圣训亭、圣贤桥、池沼、假山、五曲桥等。曾作社会主义教育学校、小学等。

现存礼拜堂平面呈十字架形,正门东向,设三拱门,上塑诸圣徒、天使,并辟玫瑰窗。内部架人字梁,八角础加圆础承重。神父楼北有廊,檐下置八棱砖柱。

十字形教堂

横塘邮亭

友联村·清·省保

或曰为驿亭,一说为渡亭。据旧影显示,清末周边为殡舍,并无驿站。1961年、1980年、1993年、2006年重修。歇山顶方亭,下有台基,内设回顶,石柱木顶,垂脊塑狮。前后安栅栏,左右砌墙辟窗,窗下置石条凳。石柱有"同治十三年六月吉立"之联,曰:"客到烹茶,旅舍权当东道;灯悬待月,邮亭远映胥江。"因联中带"邮亭"二字,故权称横塘邮亭。山花堆塑牧童骑牛。墙嵌光绪元年《浙宁酒业福禄寿会公助碑》、光绪二年《重修驿亭事略碑》及五方《重修驿亭助银碑》,另有1960年、1989年、2020年重修碑。1985年亭后出土乾隆十五年、乾隆三十一年《永禁阻扰杭绍旅榇棺骨收埋悯乡园义冢碑》。

全貌

彩云桥

友联村·1925年至今·市保

又名踩云桥。唐元和年间建。明洪武中、万历间重建,嘉靖十八年修,清康熙二年、1925年又建。1992年因京杭大运河改道拓宽迁建于现址。2004年重修。今仰天石桥名两侧及桥联上下款均见"(民国十四年)岁次乙丑孟夏之月吉日,上海中国济生会重建,伊立勋书"字样,并有印章三方。三孔拱桥,纵联分节并列砌置。前后引桥作单孔梁桥与双孔梁桥。千斤石刻太极轮回纹,长系石雕花。明柱一为篆书,一为隶书,联曰:"采鹢漾中流,双楫回环通范墓;云虹连曲岸,一帆平浪涉胥江。""彩色焕虹腰,水曲堤平资利济;云容排雁齿,流长源远阜民生。"

全貌

唐寅墓

解放西路146号·明·省保

唐寅（1470—1524），字伯虎，号六如居士。解元。为"明四家"之一。明崇祯十六年文人雷起剑、毛子晋等重修。清嘉庆六年知县唐仲冕再修。1957年、1985年、1999年又修，今名唐寅园。祝允明为撰墓志铭，今制仿刻碑于园内。

现墓前新立名传万口坊，后有碑亭。墓冢带石护壁。外有1986年移建至此的五处古建筑，曰六如堂（原位于留耕堂周宗华宅，带山雾云）、梦墨堂（原位于颜家巷赵宅，带轩廊）、闲来草堂（原位于西北街宝光寺，带前后轩、山雾云）、禅仙居（原位于大儒巷纺织器材厂，带三轩并垂花篮）、桃花仙馆（原位于因果巷消防大队，攒金造），以及移至此处的八角古井、郝将军等人的墓构件。另见桃花坞天章阁移来之明清碑刻五种等。

墓亭

禅仙居

嘉应会馆

枣市街 9 号 · 清 · 市保

清嘉庆十四年始建，道光二十七年重建，光绪二十七年起重修。会馆由主营烟叶的广东嘉应州（今梅州市）所属五县商贾王仰莲、李钧等集资建造。原为一路五进，前有河埠。民国时部分房屋被借用为作坊、小学校舍。中华人民共和国成立后作为仓库、宿舍。2003 年东移至今址。2007 年重修后作为美术馆使用。

今存一路三进。大门有"嘉应会馆"砖额，带砖细墙裙，后连卷棚歇山顶戏台。二进大殿前有廊，桁梁间皆设牌科。三进楼厅前有无字门楼。原有碑刻共十七方，今存清碑六方。另有碑拓七种藏于苏州博物馆，碑拓两种存于苏州碑刻博物馆。

戏台

吴门桥

盘门外·1872年·国保（京杭大运河点）、省保

　　北宋元丰七年石氏出资兴建，由北段两座相连的木桥与南段一座石桥组成，始称新桥，又名三条桥。南宋绍定中重建为三孔石桥，改名吴门桥。明正统间知府况钟再建，弘治十一年、清顺治三年、雍正十二年重修，同治十一年重建为单孔石拱桥。1963年、1985年、1989年又修。《盛世滋生图》实绘。现存单孔拱桥，花岗石为主，局部存武康石，纵联分节并列砌置。石凳式栏杆，千斤石刻轮回纹，明柱刻"同治十一年壬申夏四月""苏省水利工程总局重建"。桥名为顾元昌所书。桥堍存望柱，柱头雕刻覆莲。吴门桥与瑞光塔、盘门合称"盘门三景"，与水关桥成双桥。碧野有《吴门桥》散文曾入选初中语文教科书。

古桥夕照

苏纶纱厂旧址

人民路239号·
1897年至今·市保

洋房

锯齿形厂房

宿舍楼

清光绪二十一年两江总督张之洞奏准成立苏纶股份有限公司，陆润庠任总董，光绪二十三年投产。后改官督商办为纯商办。1919年，绝卖于上海洽记公司严裕棠。1954年公私合营，后改名人民纺织厂。2005年破产。苏纶纱厂是苏州较早的近代工厂之一，是苏州最早的机器纺织企业。旧址现存民国时所建部分厂房、办公用房，以及20世纪50年代所建宿舍、70年代起扩建的单坡连缀式厂房等。主要有宿舍楼群，共四幢二层青砖楼，经平移靠拢，以廊相连，部分楼有"苏纶第一宿舍""1951"字样。另有单层平面呈F形的青砖楼、三层青砖楼与红砖楼，以及三层青砖洋楼（带半六角形凸出，壁炉、烟囱尚存）等。

日本领事馆旧址

南门路94号·1925年·市保

中日甲午之战后,辟苏州为通商口岸之一,划盘门外青旸地为日本租界。1939年领事馆从城内移此。现存馆舍建于1925年,1943年改称总领事馆,1945年撤销。后作丝厂等。

现存主楼整体呈"匚"字形,为两层西式建筑,顶部带曲线形老虎窗。东有停车台,上层为阳台,其余三面各有门出入,局部见爱奥尼亚式罗马柱。楼内中为前厅,办公室环列四周,门多作券顶式,内嵌彩玻,厅西侧设转角楼梯,多处壁炉、烟囱尚存。南面带半圆形凸出,顶作阳台。西门内有小型地下室。楼北"丁"字形平房及多排长"一"字形平房尚存,曾作警卫室和禁闭室等。

主楼东侧与北侧

苏州关税务司署旧址

南门路8号·1908年·省保

甲午战争中国战败,苏州被辟为通商口岸,光绪二十二年设置苏州海关,简称苏州关,俗称洋关。光绪二十三年建公馆、大公事房及沿运河的验货房、仓库、码头和职员宿舍。后作高级住宅、国民党炮兵16团、测绘局、华东军政大学、外贸局办公处及青少年活动中心等。

现存红砖洋房四幢。北为司署,系两层公馆大楼,四周设回廊,近年略向西南移建。南有三处独立的建筑。东为二层楼,中部南北皆设抱厦,北出两"丁"字形厢房,壁炉烟囱高耸。中为平房,中部带抱厦。西为三层楼,中部带南北抱厦,壁炉烟囱亦高耸,局部屋面坡度极陡。另见西文石碑一方。

东南楼

灭渡桥

莫邪路杨枝塘路西·元、明·国保（京杭大运河点）、省保

又名觅渡桥。元大德二年至四年间僧敬修募建。明正统间知府况钟重建，清同治间重修，1985年又修。今局部存武康石，仰天石刻"灭渡桥"字样，局部乳钉纹尚存。单孔拱桥，分节并列砌置，顶部桥孔甚薄。明柱刻"藩宪示禁止捕鱼"等字样，阶石刻"奉"等字样。长系石雕吸水兽、如意，千斤石雕轮回纹。拱券内见助银莲额六方。

青石长系石

武康石长系石

全貌

0188

琼姬墩遗址

金姬墩公园·新石器时代、宋·市保

原有高约五米的土墩，传为吴王夫差之女琼姬葬地，一说为元末吴王张士诚之女墓地，墩上原有万寿禅院，今俱不存。出土有新石器时代的穿孔石斧及印纹硬陶罐等，推为人工祭天的土坛。现场另发现一座砖石结构长方形双室墓，发掘出菱花形铜镜、铜质鎏金发簪和影青粉盒等。据墓志知为南宋景定三年入葬的陆孺人墓。

出土的印纹硬陶罐
（苏州博物馆西馆藏）

0189

张士诚墓

南施公园·明·市保

张士诚（1321—1367），元末盐贩。至正十三年在泰州起义，次年称王，国号大周。十六年攻占平江（苏州）并定都于此，翌年降元。二十三年自立为吴王。四年后败于朱元璋，自缢而亡。朱元璋赐棺葬于今址。民国间吴荫培等重新立碑保护。附近原有张王庙、布告碑，节庆时民间多有绕庙舞龙之俗。2007年将张王庙、张士诚墓迁至镇区东，原张王庙更名为玉皇宫。

修缮后的墓冢

绕庙舞龙

斜塘土地庙

仁爱路188号北·南宋·省保

传为宋金议和之后南下避乱的北方民众所建,庙门朝北寄托乡思,俗称朝北土地堂。现存宋式歇山顶大殿,北有抱厦。大殿带抹角石柱,下设八角连磉础、覆盆础,脊檩下设丁华抹额拱,梁上置蜀柱及十字拱承檩,第一跳在随檩枋上隐刻而成。柱头铺作设一跳华拱承梁头及枋头。大殿及抱厦叉手尚存。外施搏风、悬鱼。另见八角青石古井一眼。1998年重修。

八角连磉础

梁架

全貌

永安桥

仁爱路188号北·宋至清·省保

初建年代无考,三孔梁桥,响板、托木尚存。石梁、排柱、长系石多为武康石,余为花岗石等。排柱内见莲额,框内刻"大明癸亥正统八年季春重建",框外刻"嘉庆丁丑二十二年正月吉日复建"。另有一莲额,框内刻李氏等干办人姓名,框外刻舍银者姓名。桥堍有雕刻覆莲的武康石望柱一根。

萧特义士殉难纪念碑

高垫村·1932年至今·市保

罗伯特·萧特(1905—1932),美国飞行员。1932年2月22日协助中方作战时因寡不敌众,被敌机击落牺牲。当年7月在殉难处立花岗石方尖碑。碑阳刻"美飞行家萧特义士殉难处""中华民国二十一年七月立,吴县吴曾善谨书",碑右刻"苏州桃坞朱林石铺承造",碑左刻"吴县建设局打样"。原碑后被一剖为四,1985年仿建新碑,并设萧特纪念室。1999年雕刻花岗石人像。2009年选址移建,并将花岗石人像移入四面厅内。

草鞋山遗址

东港河、西港河、阳澄湖大道、面店河间 · 新石器时代 · 国保

发掘面积达上千平方米,其内原有草鞋山、夷陵山,今仅存后者。遗址中发现约六千年前的木构建筑遗址、炭化粳籼稻谷、炭化纺织品残片及各文化层出土的制作精美的玉器、陶器等,其中有中华第一玉琮、最早有人工灌溉系统的古水稻田、最早发现的葛纺织品实物等,至今发现新石器时代墓葬二百四十三座。遗址涉及十个文化层,出土文物包含马家浜文化、崧泽文化、良渚文化、马桥文化等,是江南地区迄今发现的文化发展序列最完整的遗址,被称为"江南史前文化标尺"。2022年建成草鞋山考古遗址公园。

草鞋山考古遗址博物馆

出土的炭化稻谷（吴文化博物馆藏）

鸟瞰

0194

乙未亭

老街中段·1980年·市保

全貌

北宋至和二年（乙未年）昆山主簿邱与权始建，亭内原置《浚理至和塘记事碑》，后毁。清道光十五年（乙未年）重建于唯亭东上塘街东大桥（阜民霖雨桥）北堍。1980年移建于今址。现为歇山顶四方半亭，亭内立道光十五年《重建至和塘乙未亭记》等。另有他处移此的《永禁恶棍嘱盗扳诈碑》及《霖雨桥助银碑》。

牌坊

0195

苏州革命烈士陵园

青石路5号·1956年至今·市保

虎丘区
——狮山

　　1954年动工，1956年落成，随即将相门外、虎丘等处的烈士墓迁入。2000年整修扩建。

　　陵园依山而建，甬道设上跨荷池的缅怀桥、三间四柱坊、广场、纪念碑。陵园甬道两侧建有火炬雕塑及仿中式的二层革命烈士事迹陈列室、电教馆。平台后部立幢式纪念碑，上刻陈毅题词"为人民事业而牺牲是最光荣的"，下部为渡江战役、沙家浜烽火、铁铃关大捷浮雕及重建陵园碑文。平台以北排列着三坛五区烈士墓，安葬中国共产党成立以后各个时期牺牲、病故的革命烈士。墓后有金刚潭及木构六角亭两座。

0196

范文穆公祠

石湖茶磨屿下·清至今·市保

又名范成大祠、范公祠。南宋文学家、参知政事范成大曾在石湖之滨越城故址及其附近营建石湖别墅,又名石湖精舍。明正德十四年起于今址建祠祀之,次年将其手书《四时田园杂兴》刻碑嵌置祠壁,又于祠内设石湖书院。代有重建或重修。曾作蛇医医院、仓库。旧有宋孝宗《石湖碑》,今藏南京博物院。

一路两进。原门因筑路被拆,现外设新做双面门楼,额"石湖书院""越城旧隐",北为庭院。一进为新建的前厅,二进为享堂,皆圆作,以廊相通。享堂内悬"寿栎堂"匾,壁嵌《四时田园杂兴六十首》诗碑七方(原有八方,现缺一方)。另见古碑三种及近年新补之碑四十余方。又有四面《佛说阿弥陀经》石刻、八面兽首石刻、宠光奕世坊残件等。

山门

0197

治平寺

石湖西 · 新石器时代至今 · 市保

越公井

摩崖石刻

现场出土、采集到铜镞和红衣陶、细泥红陶、印纹硬陶片等新石器时代晚期遗物。址上于南朝梁天监二年由法镜和尚创建楞伽寺,隋杨素曾移吴县县治于此。北宋时改名治平寺。明嘉靖元年僧智晓增构石湖草堂、竹亭,清康熙、乾隆南巡曾驻跸于此。

今存1997年重建的山门、天王殿、大雄宝殿,另见青石八角井、李根源题字的越公井、古银杏、古黄杨、清碑二方、旧石础、摩崖石刻等。

上方寺

石湖村上方山顶·北宋至今·省保

上方山下东部治平寺、中部宝积寺及山顶上方寺皆曾名楞伽寺,而山顶之楞伽寺,始建年代不详,宋咸淳间改为五显灵顺庙,又名五通庙、五通神祠、五圣祠、五显祠,祀奉五通神(又称五路神、五显神、五圣,或曰为顾野王五子)。清及民国曾多次毁庙,然屡禁不止。1984年重修寺庙。

现存正殿、后殿,另见明清碑刻三种。隋大业四年吴郡太守李显建七级塔于山巅,名舍利灵塔,唐咸通九年重建。今存八面七级砖塔,塔壁见"太平兴国三年""戊寅岁重建""楞伽宝塔"等铭文砖,后历六次重修。塔中木构于明万历二十二年被焚。自第三层起均有腰檐、平座。塔室一二层为小八角形,更上为方形,无塔心。塔座新刻助银明细,塔下台阶上刻有"民国十五年""上方山座"等。

鸟瞰

申时行墓

石湖吴山东麓·明·省保

申时行(1535—1614),明万历内阁首辅,谥文定。墓原规模甚大,今华表、牌坊、石狮、石旗杆、石虎、碑亭等被毁,1998年、2008年重修。

今墓道头门与后之享堂皆设栅栏,带象头搏风。头门内立神道碑,碑阴刻致祭官员明细,下有龟趺。享堂为明式,歇山顶,柱下承青石鼓础和杵头础,施山雾云雕大型云头。内立万历四十二年至四十四年的碑八方,下以云纹座承重。享堂后墓道现存文臣一人及武将、石羊、石马各一对,后为月牙形照池。池西即墓冢,系与夫人吴氏合葬。前有拜坛,配宝瓶栏杆。墓门雕一鹭莲荷、牡丹等,下部须弥座雕双狮舞绣球,望柱头雕麒麟,罗城后雕南极仙翁等。

顾野王墓

苏州职业技术大学内顾公路西·南朝·市保

顾野王（519—581），苏州人，南朝梁陈间官黄门侍郎。虞世南曾为墓书碑，宋绍兴初为风吹断，端平时又为醉汉推仆至佚。明初苏州府卢熊重刻，嘉靖三十四年被水部沈某取去。清光绪三年顾曾寿再立碑，王凤意刻。墓前原还有单间双柱坊，1966年毁，古松后亦为斫。因墓前有误传之五块陨石，故又称落星坟。其一仰天刻："大清嘉庆八年岁次癸亥三月己未朔，陈黄门侍郎顾公之墓，赐进士出身、大清晋赠中宪大夫、侍讲起居注官、詹事府少詹事、尚书房行走、提督广东全省学政、嘉定钱大昕敬题，元和三十六世裔孙文炳、文邮同嘉定三十九世裔孙枧摹勒。"原墓志铭已佚，2011年重修后新立人像及高福民撰文、马伯乐书之重修碑。

全貌

石刻

全貌

0201

行春桥

石湖北·1957年·省保

御书亭

望柱

又名九环洞桥、杏春桥。始建年代无考，传早期为十八孔桥。宋淳熙十六年（一说十四年）知县赵彦贞重建，宋范成大有记。明洪武八年至十一年、成化、万历、崇祯间重修。1949年国民党军拆去桥东四孔，1953年修复。1956年至次年修筑苏越公路而拓宽桥面。1985年修复石雕、石狮。2005年又修。

九孔拱桥，纵联分节并列砌置，薄拱。望柱雕刻石狮，下设包袱锦。武康石长系石雕兽头，形象各异。明柱刻"公元一九五七年二月""苏州市建设局重建"。桥东有1989年重建碑及歇山顶石柱木顶御书亭，中回顶，周围弓形轩。乾隆帝南巡有诗，诗碑今存石佛寺内。传农历八月十八，桥洞有串月奇观。

越城桥

石湖北 · 1869年 · 市保

又名吞月桥、月亮桥、越来溪桥。初建年代无考，宋淳熙中居民薛氏以奁具钱复立。志载元至正间、明永乐十三年、成化十五年、清康熙四十四年重建。清乾隆五十八年、道光十二年及1970年重修。今望柱见"同治八年九月""吴县汪会同郡绅程□、里董□□□□"，栏板刻"苏州市政养护管理处一九九二年翻建"。单孔拱桥，纵联分节并列砌置。长系石雕龙头。千斤石刻轮回纹。联曰："碧草半湖，青山一画；波光万顷，月色千秋。"（重修时"半"误作"平"）"十里荷花香连水，一堤杨柳影接行。"旧明柱已作为石阶。与侧之新郭桥成双桥。

全貌

前厅

福寿堂余宅

石湖渔家村越城桥南·1934年至今·市保

传为宋范成大天镜阁故址,清乾隆间建湖心亭于此。1933年画家吴子深向毛氏购地基赠予书法家余觉,余觉建屋曰觉庵,俗称余庄、渔庄、石湖别墅。曾作外宾接待点。后四次重修。1993年在其西侧建锦绣坡等。

东宅西园。大门朝北,题额"觉庵",后有余觉自题"宋天镜阁故址"字额。主体为两路两进。东路前有院落临水,中设渔亭。一进前厅福寿堂,厅前轩廊垂挂落。厅内悬"懿旨嘉奖"匾,楝木雕鹿、鹤等,次间用作书斋、卧室,门上题有二联,堂后有"爱吾庐"砖额。二进后厅悬"天镜飞来"匾。前后厅以廊贯通,廊内嵌《天冠山诗碑》等。廊腰有方形半亭相对,西亭背面亦有半亭。西路平房曾为针神沈寿之享堂。内墙设观音兜,外墙带弧形,又见百年石榴等。

越城遗址

新郭村 · 新石器时代至春秋 · 省保

地面尚存春秋时越王勾践进攻吴国所筑的屯兵土城的城垣遗迹,俗称黄璧山。土城下留下大量马家浜文化、良渚文化至西周的遗存,清理出马家浜文化、良渚文化时期的墓葬十座。发现了印纹陶、夹砂陶、泥质红陶,以及有肩穿孔石斧、有段石锛、耘田器、石镰、鱼鳍形足罐形鼎、宽流阔把杯、贯耳壶、竹节把豆、钵形豆、玉玦、折腹罐、动物头像俑等。

动物头像俑
(苏州博物馆西馆藏)

章钰墓

梅湾村 · 1937年 · 市保

章钰(1865—1937),苏州人,民国藏书家、校勘学家。1937年葬于此。后叶圣陶、俞平伯、顾颉刚、王伯祥等吁请保护。1993年重修,墓前立1993年顾廷龙所书《校勘学家章钰先生墓碑》。墓前立原配胡玉、继配王丹芬(衣冠冢)墓碑。

0206
章元善墓
梅湾村·1987年·市保

章元善（1892—1987），苏州人，章钰长子。社会活动家。与夫人张绍玑同穴，并有供台、供桌。

墓冢

0207
寒山摩崖石刻
寒山岭·明、清·市保

枫桥

寒山为天平山之阴，从明万历年间高士赵宧光始，即于此勒石。清乾隆帝七次来此，题诗极多。今分布在乾隆御道两侧山上（含支硎山）的明清为主的摩崖石刻尚有八十七处，内容除各类书法外，尚有图画或图文结合者。

摩崖石刻

虎丘区 / 197

0208

章焕墓

法螺寺北·明·市保

章焕（1505—?），一作章涣，苏州人，明嘉靖进士，官至都察院右副都御史。共五级拜坛，神道旁现存石羊、石虎、石马、文翁仲依次各一对，其中翁仲、石羊已残。翁仲旁见"本山后土福神""宝藏"二碑。墓门雕曹国舅。道左有疑似祔葬墓。另见碑额、六角形幢盖、罗城顶等构件。

翁仲

0209

魏了翁墓

陆家湾东南·宋·市保

近景

魏了翁（1178—1237），南宋四川蒲江人，官礼部尚书。原规模宏大，有神道、碑坊、翁仲、石兽等，史绳祖撰神道碑。后屡经毁修。清咸丰元年江苏布政使倪良用曾为魏墓补立七尺墓碑，上刻"先儒宋资政殿大学士参知政事赠太师秦国公谥文靖魏了翁墓"。民国初期吴荫培重立"宋魏文靖公了翁墓"碑。今俱不存，仅剩封土。一说真墓在华山路北，非今日立文保碑之所在。

茶店头遗址

高景山东北 · 新石器时代至商周 · 市保

文保碑

现场曾采集到穿孔石斧、石锛、石镰及夹砂红陶罐、印纹硬陶罐残片等遗物。从器物的器形来看,主要为商周时期的马桥文化遗存,但也有早到马家浜文化时期的器物。

十里亭

长亭村射渎口 · 1786年 · 国保(京杭大运河点)、市保

全貌

因离浒墅关、枫桥皆十里而得名,俗名碑亭。始建于明代,清乾隆四十八年六月毁于暴风雨。乾隆五十一年,里人朱崙发、朱高潜、徐秉钧、吴宗华等发起,浒墅关榷署总书王字燦、如金、字震助银三百余两重建。1993年西移建于今址。单檐歇山式花岗石方亭,鱼龙脊,坡脊雕兽头,檐下设仿木牌科,立四方柱。内立明万历丁酉年款,中极殿大学士申时行撰、江西巡抚杨成书、翰林院侍读学士韩世能篆额之《浒墅关修堤记碑》。

三里亭

兴贤村董公堤·1997年·市(?)

又名於止亭、蒯公亭（纪念西汉蒯通），清乾隆年间陈玉林始建，供纤夫、行人歇脚。同治六年重建。1987年向西移建。1997年倒塌，后按原状重建于原址。单檐歇山式花岗石方亭，立四方柱，四面皆设踏步，檐下置仿木牌科，脊雕三枚海棠花，下设坐槛。额枋上题刻"三里亭"，柱联曰："树爱棠甘，人思召伯；桥垂柳荫，名继苏公。"并有"同治六年""里人公建"款。

全貌

鸟瞰

0213
文昌阁
兴贤桥南·清·市保

明万历二十三年张宏德兄弟以浒墅河水直泻,人文不盛,遂开放生河以纡水势,并取土筑基建阁,阁顶道院称太微律院。清建文星书院、闵四二公祠(祀闵鹗元、四德)于内。后作太平军行辕,放生河拓宽,北首沿月牙河砌成形似月城的砖垒,东南角辟门。营垒配有瞭望口和洞穴多处。河上建吊桥。1958年砖墙营垒被拆,20世纪90年代重修殿宇,辟为文昌公园。

现正路设山门、文昌殿,西有殿宇三进,东有观音殿、弘文阁。其南建三层六面砖塔、六角亭,西建四角亭。山门施直式山雾云。文昌殿为重檐歇山式。东厢观音殿内扁作梁抛枋雕花,施山雾云。弘文阁实为歇山顶小轩。西路为偏殿。另见清代碑刻三方、石构件及四百余龄银杏等。

0214

观山摩崖石刻

观山村观山 · 明、清 · 市保

观山系阳山的一支,现存明清为主的摩崖石刻七处。

摩崖石刻

0215

众缘桥

青灯村 · 宋 · 市保

初建年代无考,现存武康石梁。单孔梁桥。有排柱,长系石带托木槽孔。

全貌

0216

通安

大石山摩崖石刻

树山村 · 元至今 · 市保

大石山,又名大石峰。山下有云泉寺。山中尚存天然石桥及明清为主的摩崖石刻十九处,另有青石雕刻的云龙一条。

摩崖石刻

0217

华山遗址

苏钢集团内·新石器时代至汉代·市保

出土的原始青瓷提梁盉
（苏州博物馆西馆藏）

现场出土有马家浜文化的泥质红衣陶豆、夹砂红陶釜，良渚文化的泥质灰陶豆、夹砂红陶鱼鳍形鼎足、石刀、石镞、打磨得很细的穿孔石斧，商周时期的几何印纹硬陶、玉璧，战国时期的"道"字印纹玉带钩、白玉龙纹桃心佩、凤首龙身佩、陶郢爰、青瓷提梁盉，以及汉代的釉陶熏炉等。山上有土墩石室十四座。另于山南出土有元代釉里红云龙纹盖罐。

0218

真山吴楚贵族墓葬群

真山、小真山、华山一带·春秋战国·市保

出土的"上相邦玺"铜印
（苏州博物馆西馆藏）

共有五十七处墓葬土墩。其中真山顶峰大墓系七棺二椁，玉敛葬，出土器物包括"上相邦玺"铜印、玉石器、陶瓷器、贝币、漆器等，属春秋中晚期贵族墓，很可能为王陵。小真山出土鼎、盉、戈、剑、玉器等，属战国晚期墓。事详《真山东周墓地》。

0219

阳抱山遗址

二图村北·西周至东晋·市保

山名阳抱山,现场采集到磨光石锛、刃口磨光的斜柄石钺等石器。陶器有夹砂红陶罐、印纹硬陶罐、原始瓷器等。硬陶拍印纹有云雷纹、弦纹、席纹、方格纹、曲折纹、叶脉纹等,带有商周至春秋时期的地方特征。又称宝山遗址。此外发现东晋墓葬,平面呈"凸"字形,出土有顾叔声六面铜印、铜弩机、铜三足炉、青瓷羊形插座等。又发现春秋时古墓,出土青瓷器等。复在山之獾墩一墓葬内发现陶纺轮、玛瑙管、绿松石珠等。

出土的青瓷羊形插座
(吴文化博物馆藏)

0220

窑墩遗址

淹马村范家里村北·
新石器时代至汉代·市保

出土的硬陶盘口壶
(吴文化博物馆藏)

原有高出地面三四米的土墩,曾采集到磨制光滑的双孔石斧、石凿、石锛,以及夹砂红陶釜、鼎足、泥质灰陶罐等。出土器物的特点同草鞋山、张陵山遗址的早期良渚文化接近,是苏州西部山区发现的第一处新石器时代良渚文化遗址。此外底部另有汉墓,圹周砌砖,墓室分南北两间,出土有铜洗、铜壶、甑、硬陶盘口壶等。

万佛石塔

万佛寺路1号·元·国保

全貌

内部

万佛寺，又名澄觉精舍，曾作小学等，2008年重建。

寺内有禅师塔，又名万佛石塔，始建于南宋绍兴年间，元大德十年高僧昕日重建，赵孟頫有碑（今为新仿）。明成化间、1978年、1996年重修。石塔属于仿印度窣堵波式单层方塔，下设高台，系石匠吴德谦兄弟造。塔内设下大上小的圆筒形塔室，雕刻佛像共一万余尊，下部须弥座上环筑武康石。底层因民间迷信佛头可入药而多被毁。塔檐下刻有"古塔重兴""阿弥陀佛"横额，并有"甲子冬月吉旦"款。火焰状尖拱塔门两侧刻有"造塔功德普愿众生，发菩提心同成佛道"。塔刹由青石束腰、须弥座、莲座、四方佛、宝盖、覆莲、相轮等组成。另见古银杏、万历及光绪款金砖、秀峰岫云禅师塔铭及漫漶石碑一方。

0222 五龙桥

五龙桥公园 · 1871年 · 市保

又名五泓桥。南宋淳熙中薛元鼎始建,明弘治十一年傅潮重建。崇祯六年桥圮,崇祯十五年知县牛若麟修建。清顺治十八年、同治十二年、1979年重修。明柱刻:"建初在赵宋淳熙中岁,议复于皇清同治十年。"五孔拱桥,纵联分节并列砌置,局部采用柔性墩。千斤石刻双龙戏珠,龙门石刻轮回纹。联曰:"锁钥镇三吴,下饮长虹规半月;支条钟五水,远通飞骑扼全湖。"

0223 蠡墅桥

蠡墅港中 · 1878年 · 市保

初建年代无考,今梁见"大清光绪四年戊寅九月谷旦""阖里重建"字样。单孔拱桥,纵联分节并列砌置。千斤石刻轮回纹。望柱雕覆莲及石狮。

太平桥

蠡墅中港·1843年·市保

初建年代无考,今梁见"道光癸卯""六月吉旦"字样。单孔梁桥,有铸铁栏杆。金刚墙带揽船石。长系石雕花。

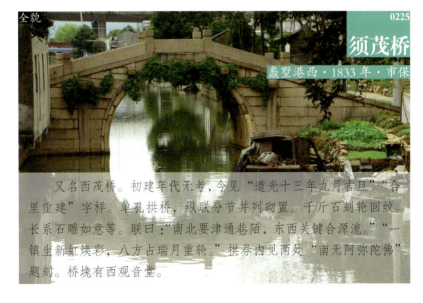

须茂桥

蠡墅港西·1833年·市保

又名西茂桥。初建年代无考,今见"道光十三年九月吉旦""合里重建"字样。单孔拱桥,纵联分节并列砌置。千斤石刻轮回纹。长系石雕如意等。联曰:"南北要津通巷陌,东西关键合源流。""一镇生新虹焕彩,八方占瑞月重轮。"拱券内见两处"南无阿弥陀佛"题刻。桥堍有西观音堂。

0226 永兴桥

蠡墅栈郎浜北·1816年·市保

全貌

又名马良桥。初建年代无考，今金刚墙见嘉庆二十一年十二月青石助银碑。今梁见"大清嘉庆丙子""菊月吉旦里人重建"字样。单孔梁桥。长系石雕如意云纹。桥堍有石狮。

0227 泂溪摩崖石刻

张桥村松毛坞·清·市保

原为清乾隆时名医徐大椿晚年隐居地。尚存其结庐遗址，近有画眉泉。山坞内尚存摩崖石刻三十处。

摩崖石刻

宝带桥

京杭大运河西岸·清·世遗、国保

中国十大名桥之一。唐元和十一年苏州刺史王仲舒献宝带倡捐始建，南宋绍定五年重建。明正统七年重建为五十三孔桥。清康熙十二年、道光十一年重修。因战火，咸丰十年毁三孔，同治二年毁二十六孔，抗战时毁六孔，后又重修近十次。今中孔仰天石见"同治十年孟冬之月，水利工程总局重建"字样。

今桥为五十三孔联缀的拱桥，长度为国内同类古桥之最。纵联分节并列砌置，北起第二十七、二十八孔间的拱脚宽于它处，系可防全桥连坍的刚性墩。千斤石雕轮回纹，龙门石雕双龙戏珠。原栏杆槽孔尚存。桥南有青石狮一对，桥中西侧立五级八面青石塔一，北端存青石狮、五级八面青石塔、方亭各一。石塔各面皆雕仿木斗拱、佛龛、佛像，基座等处雕云龙、人物等。

石狮

石亭与石塔

全貌

0229

郭新河遗址

郭新河两岸 · 新石器时代至汉代 · 市保

河两岸可看到暴露的文化层堆积，采集到斧、凿等石器，鼎、壶、罐、钵、盘、盆、杯等陶器。根据出土文物分析，文化层堆积的时代分别为崧泽文化、马桥文化、周至汉代。

出土的陶鼎（吴文化博物馆藏）

0230

泰安桥

老街西段 · 1876年 · 市保

初建年代无考，今仰天石刻"光绪二年闰五月吉旦""光绪丙子闰月吉旦""里人重建"字样。初为三孔木桥，今为单孔拱桥，分节并列砌置。千斤石刻轮回纹。有腰铁。联曰："东接尹湖，渔人网集；西连笠泽，估客船来。""物阜民康，受之以泰；山青水秀，静而能安。"嵌有桥名。金刚墙嵌清光绪二年《重建泰安桥碑记》及助银碑。

全貌

张墓村遗址

龙翔社区吴山岭东 · 新石器时代至春秋 · 市保

文保碑

现场采集到大量陶片、红烧土及少量木炭、兽骨。以夹砂陶最多,其次是泥质陶,还有少量印纹陶、原始瓷及残石器、兽骨。既有具有良渚文化特征的新石器时代晚期遗存,又有具有马桥文化和早期湖熟文化特征的遗存,还有部分遗存属商周至春秋时期。

七子山土墩石室

七子山 · 西周至春秋 · 市保

石室内部

土墩石室密集分布于吴中各山,以七子山巅者最为典型。内以自然石块垒成窄弄,断面多为梯形,顶覆大石,外部堆土成墩。墩内出土印纹硬陶罐、原始青瓷碗、豆、盅、玉器等。关于其功能,有军事设施说、墓葬说、居住遗址说等。

0233

钱元璙墓

七子山九龙坞·十国·市保

钱元璙（887—942），五代十国吴越王钱镠之子，曾任苏州刺史、中吴军节度使，镇守苏州，又受封广陵郡王等。九龙坞是钱元璙的家族墓地，其子钱文奉亦葬于此。清潘奕隽曾对钱元璙墓进行修葺。嘉庆十六年江苏巡抚章煦及钱氏裔孙（礼部侍郎钱樾、安徽巡抚钱楷、布政司经历钱泳）等人曾重立碑碣。原翁仲、石兽及清代碑碣都已废毁。墓旁见云纹柱头。

云纹柱头

0234

西津桥

西街·1874年·市保

明万历年间里人茅郊建。清康熙二十年吴序商重建，改名永平桥。今明柱见"同治十三年四月谷旦，渎镇济善堂募捐重建"字样。今栏板有林森题"西津桥"名。单孔拱桥，纵联分节并列砌置。千斤石刻轮回纹。联曰："立马望苏台，山翠万重拱虎阜；扬帆来震泽，风涛千古泣鸱夷。""西津望月"为木渎十景之一。

全貌

安义堂严宅

西街108、110、112、114号·清、民国·市保

原为富商严国馨宅。原有四路四进,现格局已改。后作保健站、涵海楼收藏馆等。

东一路三进楼厅楼裙雕刻缠枝葫芦纹,横风窗带车字纹,二楼楼柱及栏杆柱头亦雕刻西式花卉。厅内东西设木制券门,楼梯栏杆雕垂穗等。另见青石六角古井一眼及若干新垒湖石假山。东二路有花厅,后设门楼。西二路一进楼厅枋雕戏文,蜂头雕狮等,颇为精细。西一路为楼厅两进,后有花岗石圆井一眼。全宅除西二路二进前存雕刻较佳的旧门楼外,另见五处新修的砖雕门楼。

门楼

0236
廊桥
南街市河上·清末民初·市保

全貌

又名河桥,建于清末民初。由四根木梁纵向搁于两驳岸之上,梁上横向平铺木条,两侧带木质栏板。

0237

礼安堂徐宅
下塘街29、31、32号·清至今·省保、三普点、新发现

原为乾隆间苎麻商徐维撰宅,举人徐毓骏、经魁徐筠心、诸生徐志同等皆曾住此。曾作宿舍、客房、乡公所、工厂等。

现存四路四进。最东两路间更楼已毁。东一路二进楼厅前有"奂轮并美"门楼。东二路三进偏厅施椊木等,山界梁直接弯架于大梁上,做法特别。中路及西路等今辟为"冯桂芬故居"景区。中路前隔街河房改为照壁。一进将军门形制。二进大厅施山雾云等,窗雕书法。前

有"鸣凤在林"门楼。三进芙蓉楼上下皆设翻轩。前有"通德高风"门楼,砖雕精细。西路一二进书房为对照花篮厅。一进今托冯氏而额校邠庐,三轩连缀,带贡式梁架,隔扇、内枋、大梁、花篮柱皆颇为工巧。二进楼下垂柱精雕花卉,梁雕宝物,隔扇雕书法。1998年重修并增建后园。

偏厅樟木

大厅

"通德高风"门楼

西路一进枋雕

志德堂蔡宅

山塘街 25 号·清至今·省保

原为颜料商蔡少渔宅。曾作政府、信用社、工厂等。1998年重修并恢复后园，内设各类艺术馆。

主体为一路三进。一进门厅为鸳鸯厅形制。二进大厅轩梁与大梁、棹木皆精雕戏文、暗八仙等，山尖施山雾云、抱梁云。厅前有"明德惟馨"门楼。三进楼厅双层檐下皆垂挂落、花篮柱，楼裙雕暗八仙，抛枋内雕仕女并描金。二楼轩梁雕凤凰牡丹，外置夔式栏杆，嵌瓶笙三戟。楼梯立柱雕西式花卉。东路原为石料商陆益卿宅，今局部并入古松园景区，有五百余龄罗汉松，因名古松园。内浚曲池，架三曲桥，设单层与双层的回廊，通达剪波纳漪榭、湖石假山、古银杏、仿古厅等景观。

楼厅栏杆

棹木

古松

怡泉亭

香水溪北岸 · 1704年 · 市保

里人冯怡泉存银于好友殷心抑处,明崇祯二年冯故后无嗣,殷心抑遂以遗金并助私银开井造亭。清康熙四十三年重建,原址在东街殷家弄北首,2002年迁建至今址。

花岗石四方井亭,单檐歇山式。四块盖顶石上刻有"大清康熙肆拾叁年岁次甲申仲夏,镇乡各善信捐资重建"及"爱愚公创建"等明细若干。石柱上部抹角。北面石梁雕有缠枝纹和锭胜。南面石梁内侧阴刻亭名。内施石栏。亭内花岗石圆井一眼,井上有"井"字。

全貌

0240

永安桥

山塘街北·明·市保

又名王家桥。志载明弘治十年傅潮建。今桥内莲额见"岁次□□二十三年建造"字样。单孔拱桥，分节并列砌置。千斤石刻轮回纹。青石长系石雕一把莲，颇为立体。有碑石、栏杆。拱券另有"奉宪放生官河""禁止捕捉"字样。桥堍有小香房、古币形大石。

全貌

0241

张永夫墓

灵岩山下院东侧·清·市保

墓家

张锡祚（1673—1724），字永夫，以字行。清初诗人，以教书卖卜为生，穷饿而死。因无妻室儿女，由诗人盛青嵝出资将其安葬于现址。后几经修葺。今见围栏内立1957年苏州市文管会重修碑，栏外立碑题："雍正三年二月谷旦同学公立，诗人张永夫之墓，湖北陆稹书。"传其死后十余年，又来寻盛青嵝，出金百两，还清旧日所欠乃去，谓之"再来人"。原有吴中保墓会吴荫培书"再来人之墓"碑，已佚。

灵岩山寺

灵岩山顶·宋至民国·市保

传为吴王夫差为西施所建馆娃宫址。东晋司空陆玩于此舍宅为寺。后名秀峰寺、灵岩寺、秀峰禅院、显亲崇报禅院、报国永祚禅寺、崇报禅寺、灵岩山寺等,为东南著名丛林。现建筑多为同治后建。

分中、东、西三区,中为殿宇,东为塔院,西为寺园。中区以弥勒楼阁、砚池、界清桥、大殿(内有藻井、民国壁画)、藏经楼为轴,东有丈室、客寮、库房等,西有客堂、净念轩、企归轩等。东区以多宝佛塔为中心,南有移自财帛司庙的智积殿,北建遍施彩绘的香光厅,东系息虑堂、斋堂,东南的钟楼悬挂清钟,西南见香岩厅。佛塔原称灵岩寺塔、永祚塔,始建于梁天监间,北宋重建。现塔七级八面,为南宋绍兴十七年募建,1989年在原残构上修建。寺园内存吴王井、玩花池、玩月池等古迹。另见宋至民国间碑刻五十八种。半山有塔院。

鸟瞰

0243

韩世忠墓

灵岩山西南麓·宋·省保

碑亭

韩世忠(1089—1151),抗金名将,官至镇南、武安、宁国节度使,追封蕲王。原墓甚大。现主要由墓冢、神道碑、韩蕲王祠、摩崖石刻等组成。

南为南宋敕建的韩蕲王祠,清道光年间重建,1989年重修。外设将军门,享堂旁有夹幡石、古樟等。祠内原有清碑四种。祠后更北山崖上见"韩蕲王墓"等摩崖石刻三方。山下有宋淳熙四年《中兴佐命定国元勋之碑》,原通高十米多,号为"天下第一碑"。1939年为飓风所仆,后以水泥胶合,分两段并列砌置。龟趺亦甚大。近年建碑亭保护。西北为墓冢,系与白氏、梁氏、郑氏、周氏合葬。设"人"字形神道抵墓前平台。花岗石罗城,冢前立"宋韩蕲王墓"碑。

0244

大休墓

天马山·20世纪30年代·市保

大休(1870—1932),法名演章,四川仁寿人。不拘戒律,曾为寒山寺等寺住持,能诗善画工琴。初营生圹于西山包山寺后,后移于

摩崖石刻

此。墓前有1934年孙季渊刻《苏州寒山寺前住持大休大师塔志铭碑》，后有李根源等人题摩崖石刻五处。2010年重修，并重立"大休息处"塔幢，上镌刻："无大无小无挂碍，自休自了自安埋。""是自大名大之大也，抑无休可休之休乎？"

0245

范隋墓

天平山麓·宋·省保

原有范仲淹高、曾、祖、考四世墓葬及历代其他范氏墓葬多处，今仅存范仲淹高祖范隋墓及范仲淹十八世孙范必英墓，1989年重修。

范隋墓，又称丽水府君墓。墓道沿桃花涧蜿蜒，前有单间双柱坊，双向刻"范氏迁吴始祖唐朝柱国丽水府君神道""祥发中吴"，上有"赐诰"牌，坊

墓坊

侧墙嵌《范氏迁吴始祖唐柱国丽水府君墓门碑》。中有石桥两座，名庆源桥（单孔梁桥）、剑沙桥（单孔拱桥，分节并列砌置）。墓前有供桌，后立清雍正七年范兴禾书墓碑。另见道旁存石马、石虎、石羊各一对，传原为清初范氏翰林某公墓前物。

范文正公祠

天平山麓·明至今·省保

又名忠烈庙,祀北宋范仲淹及其族中名贤。南宋绍兴间在范仲淹所建祖祠及子孙增建的文正公祠基础上改建,并题忠烈之名。代有重建或扩建。今为范仲淹纪念馆。

现存三进。1989年立先忧后乐坊于祠前。一二进皆周立石柱。一进将军门形制,次间立碑。后设方池,上架单孔花岗石拱桥,分节并列砌置,缀宝瓶栏杆,中置雕刻如意云纹及卷草纹的栏板。二进享堂,明间宋式方础雕麒麟、狻猊、马、鹿,四角镌饰兽头,极罕见。次间置直棂窗。三进为1997年重建的纪念范仲淹曾、祖、父三代祖先的三太师祠。前有石狮及古柏。东建碑廊。廊西淳熙甲辰款摩崖移至白云精舍。西南见藏书拈花寺移来之井圈。

础雕

十景塘秋景

0247

高义园

天平山麓·明至民国·省保

为范仲淹家族之园墅，包括白云禅寺、天平山庄、赐山旧庐、范参议公祠等。园内遍栽枫树，为苏州赏秋胜地。

白云禅寺，初为唐宝历二年始建的白云庵，又名天平寺。东侧附属建筑称白云深处。西南建乾隆御碑亭。

天平山庄，又名范园，始建于明万历四十三年。入口处立高义园坊，后有接驾亭。北引泉为十景塘，架宛转桥。桥西北亦称高义园，依次为大门、仪门、乐天楼（御书楼）、轻清池、重浊池、恩纶亭、逍遥亭、正殿。

桥北依山建赐山旧庐，包括芝房、来燕榭、寤言堂、翻经台、咒钵庵等。桥东北复建有听莺阁，前临鱼乐国。

范参议公祠，祀范允临，清康熙二十九年建，1921年重建。二进享堂曰岁寒堂。全园今存明至民国碑刻十二种。

贺九岭石关

天池村贺九岭·明·市保

贺九岭地处天池山北坡,相传因春秋吴王曾在此贺重九而得名。岭上原有建于明正统二年的贺九岭庙,庙前跨古道设东西两座石关。现庙宇已废,仅存石关。西石关拱券为青石分节并列砌置,券石多为阳刻莲额,上勒助银题记,最早有"隆庆二年"者,内容多为吴县二十一都、长洲道仪乡信士祷"寿命延长、吉祥如意、老年亲泰、家门吉庆、聪明智惠、人口平安、生意称心、官非消散、早生子嗣、子孙兴旺",花岗石长系石雕龙。东石关拱券为花岗石分节砌置,券石多为阴刻或平刻莲额,上勒助银题记,并配有青石长系石。金刚墙均为花岗岩、黄石叠砌。

东石关

华山天池山摩崖石刻

藏书·元至今·市保

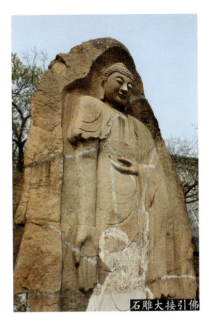

石雕大接引佛

华山、天池山实为一山。东坡为华山,又名花山,西坡名天池山。山间尚存明清为主的摩崖石刻145处,主要集中在华山鸟道及天池附近。鸟道北面半山尚存一尊8.3米高的花岗石雕大接引佛,方面大耳,体态雄健,据考为元代遗物,1998年拼接修复,2013年恢复其外之石阁。

天池

三世佛殿

寂鉴禅寺

天池山·元至清·国保

原为六朝刘宋时太守张裕、南宋乾道间秘书监张廷杰宅址。元至正十七年僧道在建天池寂鉴禅庵。明弘治初修拓,曾名华山天池院。1980年整修。

寺临天池,山门内洗心池后有寒枯泉、三世佛殿、旱船(洗心山房)、大殿、还愿殿遗址。三世佛殿,又名西天寺石殿,单檐歇山式。阑额刻殿名,外柱刻联,内柱刻偈语,旁有"神祐殿"题刻,顶施藻井,雕龙、莲等。佛龛及供案为须弥座式。大殿原为东山庙渎某堂,施彩绘,山尖及柱础工细。南有天影楼、四面厅、钵盂泉、地雷泉等。山门外紧邻极乐园石龛,重檐歇山式,内有阿弥陀佛立像。天池后山上有兜率宫石龛,单檐歇山抱厦式,内有弥勒佛立像及助银莲额。石殿石屋为江苏元代石造仿木建筑之孤例。

毛珵墓

天池山天池畔 · 明 · 市保

墓道

毛珵（1452—1533），苏州人。明都察院右副都御使，在平定宁王朱宸濠叛乱中起过重要作用。现墓冢、神道分处"天池"东西，似以"天池"为照池。尚存翁仲、石马各一对。左右有碑亭遗址，见龟驮二，谕祭碑额雕刻极精，并有石坊、砷石残件散落。墓冢青石罗城环抱，望柱头雕莲瓣，并有狮舞绣球砷石。墓门为近年新修。

冯桂芬墓

天池山北竹坞鸡窠岭 · 清 · 市保

罗城

冯桂芬（1809—1874），苏州人，清末榜眼，官至詹事府右春坊右中允。墓原有石坊、五重拜坛，有冯及妻妾墓，共三堆封土，作横向并列。今罗城已毁，墓前花岗石级尚存。近年重修。

0253

金圣叹墓

五峰村博士坞·清·市保

金圣叹(1608—1661),苏州人,文学评论家,因"抗粮哭庙案"被清廷冤杀。侵华日军建防空洞时遭破坏。山下有水塘,或曰为墓照池。原有吴中保墓会会长吴荫培书"文学家金人瑞墓"碑,或曰弃于林场水池内。

侵华日军军事设施遗址

0254

一·二八抗日阵亡将士墓

善人桥村马岗山北坡·1934年·市保

文保碑

又名伤兵坟。1932年"一·二八"淞沪抗战,国民革命军第十九路军和第五军与日军鏖战一个月。1934年李根源等捐款献地,将在战斗中负伤后于苏抢救无效殉难的七十八名将士安葬在此。20世纪60年代被夷为平地,开垦为桑园。1981年收集忠骨并重修。

现存圆形墓,围以花岗石,前立"一·二八抗日阵亡将士墓"碑,有石祭台、石狮望柱、围栏。左右立二碑。左碑刻1933年李根源隶书"英雄冢"三大字并题记,碑阴刻郑伟业所书阵亡将士英名。右碑刻张治中楷书"气作山河"四大字并碑文,碑阴镌俞济时篆书和顾翯楷书的陆军师长王敬久题记。因年久失修,2004年迁葬于其后,筑方冢,并立花岗石"无名英雄纪念碑",方尖碑式,前有石狮望柱、围栏。2023年又修。

0255

小王山摩崖石刻

藏书小王山·1927—1937年·省保

摩崖石刻

李根源于1927年将其母安葬小王山,庐墓十年间,前来拜谒、游访之名流达二百余人,留下题词六百余条,李根源请人摹刻于山石上。后因开山遭到破坏。现尚存一百零八方,著名题者有章太炎、黎元洪、章士钊、于右任、李烈钧、叶恭绰、张仲仁、蔡锷、吴昌硕、谭延闿、沈钧儒、郑孝胥、马相伯、张大千等。

0256

李根源墓

藏书小王山·1965年、1980年·市保

全貌

李根源(1879—1965),腾冲人,爱国名士。为李根源与夫人马树兰(1894—1980)合葬墓,水泥造,覆釜形,外以花岗石护壁。前树1986年重立之墓碑。罗城嵌夫妇二人籍贯、生卒年、简介,望柱有楚图南题"有为有守切时望,亦武亦文胜匹俦"联。此处邻近李氏松海别墅及其母阙观贞墓。

0257

穹窿山摩崖石刻

藏书穹窿山风景区·清至今·市保

现存清代及民国为主的摩崖石刻一百零七处,主要集中在茅蓬坞和乾隆御道。较著名者有"朱买臣读书台"等。

摩崖石刻

朱买臣读书台

0258

上真观

穹窿山·清至今·市保

原名上真道院,又称句曲行宫。传汉平帝元始间建祠,宋天禧五年改建,清顺治七年法师施道渊重兴,顺治十五年敕赐"上真观"匾。康熙五十四年建长兴书院于内。清帝康熙、乾隆临幸至此,多有敕题。清代重修或扩建、重建十多次。原有三茅殿、玉皇殿、三清殿、天将殿、天妃殿、玄帝殿、雷祖殿、星宿殿、文昌殿、神农殿等。后废。1993年起主路复建山门、三茅殿、三清阁,东路复建祖师殿(建于施亮生墓基础上)、药王殿等,西路复建天师殿、文昌殿、财神殿、天香阁等。另有紫薇等古木。观内多摩崖石刻。

望湖亭

宁邦寺

穹窿山宁邦坞·明至今·市保

原名海云禅院,传始建于南梁。传宋绍兴十二年韩世忠部将战还剃发隐此学禅,赐额"宁邦禅院"。嘉熙元年毁,淳祐三年重葺。元末毁。明永乐间重建,奏为寺。万历间重修。文震孟有记。后屡历兴废。20世纪90年代起重建。

现依山而建,主路有天王殿、念佛堂、海云禅洞、大雄宝殿,东有地藏殿、财神殿、讲经台、蕲王殿,西有诵经亭、卧佛殿、观音殿。寺内见青石狮碑座,天启元年《重修穹窿山宁邦寺记碑》,明徐枋书、1926年李根源跋《山辉川媚碑》。寺外有"宁邦寺界"摩崖石刻两处。寺西有玩月台,传为韩世忠赏月处,亦多摩崖石刻。另见银杏、圆柏等古木。寺内原有童子面罗汉石雕造像,现移至西山罗汉寺。

古柏

光福寺

下街38号 · 宋至民国 · 省保

又名光福讲寺、光福贤首教寺。寺后有龟山,汉顾融隐此,名顾氏家山。至十四世孙、画家顾野王舍宅为寺。因寺内有宋康定元年张惠掘得的唐铜观音像,又称铜观音寺,对之祷雨甚验。寺创建于南朝梁大同间(一说梁天监二年),后经重建或重修十多次。曾作光福中学。寺前高处新建三间四柱坊。坊后有光福寺桥跨河,系单孔梁桥,又名香花桥,元至正二十四年、明嘉靖间、清康熙十八年重修,一侧武康石梁精雕二龙戏珠等,金刚墙嵌施主功德碑及"十五都五图西界"碑,另有《寺桥碑记》藏于寺内。

鸟瞰

寺主体为一路四进,依山而建。一进山门(天王殿)前原有尊胜陀罗尼经幢一对,为大中五年、大中六年建,今存其一。山门为1996年重建。后有钟鼓楼,其东为顾野王祠。祠始建于唐末,清乾隆五十三年重建。二进为大雄宝殿。前有六百余龄古樟,西有西方殿。三进为铜观音殿,2000年重建,内供奉铜观音。四进为送子阁。

寺后龟山山麓有墨沼,又名墨池、洗砚池、墨泉,传为顾野王临池处。山顶建有方塔,塔内原藏有本寺开山祖师悟彻的舍利和《华严经》,故称舍利佛塔,又作光福寺塔、光福塔、光福方塔。今塔四面七级,塔顶铜盘带至正十八年款。塔后亦有池,池中及附近的龟趺、文臣、马、虎、羊等石像生,移自徐乾学墓。

顾野王祠

经幢

东崦草堂徐宅

花园弄 · 清 · 市保

又名徐家花园、吴家花园。初为光福人徐鉴湖别墅,其五世孙、《光福志》作者徐傅于清道光年间重建。此宅园后递归画家吴似兰、教授陈友旺等,也曾作光福区(乡、镇)政府、招待所。2021年重修。

草堂布局特别,先园后宅,便于流水入园。南部为园,原有丛桂榭、读书堂、看云处、艺圃别墅等,已毁。现存旧构荷花池,围筑黄石矶岸。池南为延翠轩,东西设月满廊,有月洞、小溪、曲桥之什。另有欣怀亭于1990年烧毁,近年复建。北部存楼厅两进。园后楼厅前南向有廊,北向设"耕读承家"门楼。草堂内多百年古树,局部缀有湖石假山。另存明清古碑四种七通,其中草堂图碑以刀代笔,刻工极精,冠绝苏州。

花园

0262

虎山遗址

迁里村虎山·新石器时代·省保

山体发现东西向裂隙二条,在北裂隙发现崧泽文化时期的墓葬四座。在其他探沟中出土有石斧、一面刃的石犁等石器。今上建岱真道院,内藏石碑、石础等大量石构件。

出土的红陶坩埚
(苏州博物馆西馆藏)

0263

吴中区烈士陵园

香雪村青峰山麓·1959年·市保

1959年3月,吴县人民政府在此辟烈士陵园,将周志敏、林晓洛、秦大刚、仇金男等十七位太湖游击队烈士的遗骨迁葬于此。1983年整修。1998年扩建,次年竣工。

陵园依山坐西面东,甬道起点设三间四柱式木石牌坊,墓前台基上立碑,下部为花岗石人物浮雕,上书"革命烈士永垂不朽"。碑后两侧为对称的两幢仿古建筑,作为革命烈士事迹陈列室等。更后为墓区,安置八百一十五个墓穴。

鸟瞰

香雪海

吾家山·清、民国·市保

清康熙三十五年江苏巡抚宋荦登山赏梅,冠名以"香雪海"。清帝康熙、乾隆南巡均至此。

今吾家山下依旧梅林成片,栽有红梅、绿梅、白梅、墨梅等诸多品种。半山东有闻梅馆,西有梅花亭。闻梅馆为1940年修复,歇山顶四面厅,周以轩廊,立石柱,上刻陈福民撰、陈子清书联。檐下列牌科,出昂之凤头雕刻逼真,枫拱作凤翅状,蜂头等皆雕刻梅花,山花堆塑仙鹤。梅花亭作五瓣梅花状,1923年由香山帮著名匠师姚承祖设计建造,细节多作梅形,以铜鹤结顶,象征梅妻鹤子。亭下有宋荦"香雪海"等摩崖石刻及乾隆诗碑。

鸟瞰

司徒庙

香雪村涧廊·清至今·省保、市保

清奇古怪

《楞严经碑》

《金刚经碑》

传为祭祀东汉邓禹的祠庙,然其未曾踏足光福,此说存疑。一说祀东汉将军冯异。又名土地堂、柏因精舍、柏因社、古柏庵。始建无考,明宣德十年重建。代有重建。后作中学。1976年重修。现为天寿圣恩寺别院。

主体寺庙建筑存两进。一进天王殿。二进大殿移自圣恩禅寺还元阁,西有藏经楼、大悲殿、三圣殿。其中东部的司徒殿为旧构。东有碑廊,另存闻钟亭和假山等。2000年新建邓禹草堂于庙北。东侧院内栽有"清奇古怪"古柏四株。

碑廊内有《楞严经碑》,现存八十四方,由涿州房山云居寺方丈在苏州预定镌刻,亦称《房山石经》,于明崇祯元年至十年刻成,并留于吴地。1976年从光福狮林寺移此。又有《金刚经碑》,明万历二十七年刻于天池山麓,以字构成塔形,设计巧妙。

0266

董份墓

香雪村青芝山北麓 · 明 · 市保

董份（1510—1595），乌程（今属湖州）人，明代礼部尚书。

系石灰浇浆墓。今墓前翁仲、石兽等石构件已毁，仅见牌坊残件、石虎头等青石构件。冢前新立墓碑。

石虎头

石构件

0267

惠栋墓

香雪村倪巷土桥头 · 清 · 市保

墓冢

惠栋（1697—1758），苏州人，清代经学家。

花岗石罗城，望柱带包袱锦雕。立青石碑书："中华民国十五年十二月，腾冲后学李根源敬书，清经师惠定宇先生墓，五世孙惠善恩率子而丰、而溶、而洪、而增、而成谨立。"前有供台。墓旁植有盘槐等。

0268

徐枋墓

香雪村青芝山珍珠坞 · 清 · 市保

墓冢

徐枋（1622—1694），苏州人，明代举人，工书善画。

叶燮撰墓志铭。民国间乡人掘地得古碑知为徐枋墓，乡公所乃于墓前建亭纪念，已毁。今墓前有供台，立碑为李根源书"明孝廉俟斋徐公之墓"。

大雄宝殿

0269

圣恩禅寺

玄墓山 · 明至今 · 市保

唐天宝间建天寿禅寺，宋宝祐间建圣恩禅院，明正统八年赐额天寿圣恩禅寺。后多修拓，为临济宗名刹。

建筑依山而起。今中路外设五间六柱坊。一进为明式天王殿，斜撑特别。二进为明式大殿，叠础古朴。东路伽蓝殿、西路祖师殿皆清时所建。其余证心室、五观堂、藏经阁、塔院、还元阁（原阁移司徒庙）、白衣阁、钟楼等建筑多为20世纪90年代后新建。寺中有古柏，传为晋代之物。塔院内存清及民国僧幢，寺后立王时敏题的宗门砥柱坊。另见大型天然湖石，为明地震时露出，形如人工堆叠，被称作"真假山"，上存摩崖石刻五方。

吴中区 / 239

石楼庵

香雪村潭山半腰·清至今·市保

又名石楼精舍、石嵝精舍。始建无考,明嘉靖间僧养素重修,清初名僧无声曾卓锡于此。民国时僧脱尘重修。20世纪80年代又修。

现存山门、正殿。正殿名放大光明殿,附房内有清碑两方。庵西存青石八角古井,名龙泉,旁建四角龙泉亭,立吴荫培题《龙泉碑》。竹间有养素墓、启宗墓、妙融墓、喻莲墓、清机墓、念初胜墓,局部带狮子望柱。庵后存清僧塔幢,花岗石八仙石刻四方,另有仙鹤祥云和双龙戏珠花枋、云纹柱头等牌坊构件。山崖旁有留余泉。庵前高处为万峰台,由数百块黄石堆成,传系明南派高僧万峰所筑,存清代为主的摩崖石刻六方。

龙泉

0271

徐学谟墓

潭山上天井·明·市保

石马

徐学谟（1522—1593），嘉定人，明代进士，官至礼部尚书。墓规模宏大，今自山脚至半山依次有照池、石马四匹、翁仲二人，均残。青石罗城完好，后有高浮雕南极仙翁图案，下设须弥座，墓门雕梅花鹿，侧柱雕仙鹤，旁有后土之神连帽碑。另见雕花碑亭柱一。

墓冢

0272

虚谷墓

潭东村蟢蟧山西麓·民国·市保

虚谷（1823—1896），俗名朱怀仁，曾任清军参将，后出家为僧，以诗画自娱，晚清"海上画派"画家。墓朝太湖，设黄石罗城，前有碑书："富华、蔡耕凤慕虚谷法绘，五下光福石壁，承融宗和尚赞助，访得上人墓址。爰立此碑，以志敬仰。虚谷上人墓。一九八二年夏日顾廷龙题并记。"1983年春，富华、蔡耕、苏渊雷等各地文艺界、宗教界人士重修，增植红梅、绿梅各一。2015年又修，僧灵根撰墓志。

墓碑

吴中区 / 241

永慧禅寺

潭东村蟠螭山巅·清至今·市保

也称石壁精舍,始建于明嘉靖间。隆庆三年僧憨山复创,王穉登题额。天启四年僧性德重修。清顺治十六年增建大悲殿。嘉庆二十二年重修,道光间重建。同治八年、光绪十三年又修。20世纪80年代再修,2008年新建大悲殿等。

现存山门、天王殿、三圣殿等建筑,多为新修。寺壁嵌有清代至民国碑刻四种等。寺旁、寺后及附近憨山台等处山石多摩崖石刻。另存石楠、镶金碧玉竹等古树,前者造型如龙。山腰有高僧塔林,内见大休(宗珏)墓、明旭墓、慧圆墓、慧海墓等六墓,共计四幢塔、二碑。另有量如等当代高僧墓。

秋景

憨山胜蹟

摩崖石刻

0274 承德堂薛宅

横泾

新路村石路浜122号·清·市保

为薛氏宅。原有两路,现仅存西路花厅。檐下云头挑梓桁,垫拱板、枋川雕花。蠡式长窗嵌有梅花。内设一枝香鹤颈轩,垂花篮雕刻梅花,后双步,花机雕刻如意等。匾托雕刻和合二仙,较为少见。后穿堂保留有刻花彩玻。厅前见石狮、青石圆井、石榴树,厅后栽枇杷树。

花厅垂篮

0275 荣富桥

临湖

灵湖村黄墅·1498年·市保

全貌

又名里尺桥。单孔拱桥,分节并列砌置。今仰天石见"大清乾隆庚戌岁次""仲秋桂月"字样,拱券内有"大明弘治十一年岁在戊午八月吉日立"莲额。桥堍原有小庙。

启庐席宅

启园路39号·1933年至今·市保

东山旅沪钱庄巨子席启荪为纪念先祖迎驾康熙，1933年在御舟泊岸处建别墅，画家蔡铣、范少云、朱竹云等参照明王鏊的招隐园静观楼设计，名启园，俗称席家花园。后转售东山旅沪棉商徐介启。曾为日占，后作疗养院。1987年重修并增建。1995年新建门厅、敞轩及庭院。

园林借莫厘峰和太湖，得湖山之胜。西南设将军门。西北为楼厅启庐，局部雕花提灯础承重，轩雕双凤，梁、窗雕戏文，楼前设"紫气东来"门楼。园中有镜湖，湖心建鉴湖堂，又引太湖水为溪，上架小飞虹、七曲桥、环翠桥、挹波桥等桥。东北即御码头、光焰万丈坊，东南建晓澹亭，南见撷银亭，西筑翠微榭、融春堂（楟木厅）、阅波阁、镜湖楼，北有座金亭。另辟柳毅小院，内之柳毅井原在古橘社牌坊旁，1987年移此，系青石八角井，井后碑刻"柳毅井""正德五年四月六日""少傅王鏊题"。园内栽有古杨梅树等名木。

柳毅井

四面厅与廊桥

瑞霭堂席宅

翁巷殿新村20号·明·省保

原为沪商席永年宅,后归宋氏。曾作太平军马厩。

原有两路三进,现边路花园等已毁,仅存正路。一进门厅已毁。二进大厅残存覆盆轮回纹础。前设双面门楼,门楣有石雕,南向门楼较简洁,下部青石镂刻五鹤,北向门楼精雕鱼化龙等题材,下脚设砖雕代替须弥座。左右墙以砖仿木,满铺砖细,塞角等处透雕精细,下部青石须弥座雕动物等。三进楼厅内以木础、八角杵头础承重,檐柱工艺较有特色。二楼不施望砖,脊檩施彩绘,川梁下做法特别。厅前门楣雕笔锭胜。北向下设门楼,上部为斜铺砖细、以砖仿木的大型照墙,局部透雕各类动物或几何造型等,下部施圭脚,工艺精湛绝伦,为苏州明代砖雕之代表。旁置雕刻仙鹤的青石门枕石。

门楼

尊德堂严宅

翁巷三号桥70号·明至民国·市保

原为始建于明代的严氏祖传宅第。乾隆间祖孙三代进士严福、知府严荣、巡抚严良训等皆曾住于此。

现存两路四进。东路一进门厅垛头堆塑花卉。二进轿厅夹樘板雕花，云头挑梓桁。三进大厅施直式山雾云、抱梁云，斗下设荷叶墩。脊檩施彩绘，梁头微刻曲线，局部木础承重。长窗裙板雕博古架、花卉等。厅前设"惟怀永图"门楼。四进楼厅带副檐，设雀宿檐，檐下垂花篮。厢房通风口砖雕卍纹、如意等，侧窗上部堆塑花卉。厅前有1927年"作述相承"门楼。西路一进为花厅，二进为书楼。东设备弄通花园。

檐口

"作述相承"门楼

松风馆

翁巷三茅弄西·清至今·市保

原为清画家席璞宅。曾作农校、民兵训练基地，今易主为私宅。

原有门厅、大厅、书楼、主楼、四面厅（雕有《西厢记》等戏文）、西楼、花园等，后大厅门窗移至拙政园，落地花罩移至留园门厅。现仅存主楼与西楼等旧构。主楼歇山造，次间缩进，带车制楼裙。一楼外立木制微型罗马柱，带爱奥尼亚式柱头，上部有描金狮斜撑。二楼外设描金挂落，栏杆雕刻聚宝盆、诸色结子。楼内悬1911年汪洵题"松风馆"匾。长窗雕刻戏文。两侧各设月洞门，额"随月""映雪"。楼前建平台临水，东亭西榭相对。南有歇山顶四面厅及新建之双面门楼。西楼坐西面东，做法与主楼相似，檐下斜撑凤凰。楼下内设菱角轩，垂挂落，铺几何纹地坪。局部廊径小门堆塑西式花卉。另见湖石假山群等。

狮子斜撑与罗马柱

修德堂严宅

翁巷三号桥37号·明至民国·市保

砖雕门楼

原为上海轮船招商局职员严良弼宅，医学教授严佩贞、工程师严家辉等亦曾居于此。

现存两路三进。一进门厅合两路，带五蝠捧寿垛头，设须弥座，山尖斗下荷叶墩硕大，脊檩施彩绘，以木础承重。西路二进大厅前有将军门，南向满贴砖细，内为弓形轩，檐下设牌科、垛头、垫拱板雕花，北向有"作述相承"门楼。大厅内斜铺方砖，施山雾云、抱梁云，棹木已毁。前设船篷轩，后正间设船篷轩，次间设一枝香鹤颈轩，较为特别。三进楼厅前有"慈竹春晖"门楼。后有朝西明式楼厅，带杵头础。二楼四界梁以坐斗下接金童柱承重，与后期做法不同。东路设对照花厅，其中一进船厅中为回顶，前轩后双步。二进为回顶花篮厅，铺设进口地砖，带砖细墙裙。三进为偏厅。

大厅梁架

0281

凝德堂严宅

建新村 25 号·明·国保

清季归严氏，民国时严泮庭、严良谱曾住此。宅内曾发现有"康熙二十四年"铭文砖。1981年、1984年重修。

原有三路四进，宅前带有辕门。西路书楼等已毁，东路花园尚存银杏、方池及古井。中路一进门厅带浓厚明式特征，重修时参照怀荫堂做法。门后连楹有"福""寿"字样。门枕石与窗上戗檐雕、塑精细。二进将军门侧壁圭脚雕蝙蝠等。垛头上部砖雕、砷石石雕、连楹木雕各擅胜场。抹角柱出丁头拱架麻叶云耍头，下部斜撑做法至为繁复。脊檩下施牌科，垫拱板雕几何纹。三进大厅外有抹角檐柱，以木质鼓础、皿础及青石八角杵头础等承重，施山雾云，双重棹木雕刻内容多样。宅内遍施彩绘，式样百变，色彩明快，运用了沥粉堆金、朱线平金、朱金结合等手法，尤以大厅工艺水准为最。

敦裕堂席宅

东新街·明、清·市保

原为金氏兰言馆旧址,道光、咸丰间为东山旅沪商人席元莹改建为今之格局。后作供销社、花果厂仓库、茶叶车间、东山历史文化研究会等,藏碑较多。

原有一路七进,现存一路三进。一进前栽千年紫藤,并在街对面置八字"鸿禧"照墙。门厅为将军门形制,夹樘板雕花,前设一枝香弓形轩,并列精工满雕的砷石一对,左右座石带万年青等雕塑。二进轿厅局部设木础,正间八角杵头础接抹角木柱。三进大厅带廊,次间设栏杆。厅内施山雾云、抱梁云,脊檩施笔锭胜彩绘,荷叶墩藏莲蓬。坐斗加工有海棠曲线,柱下亦设木础。厅前有道光甲辰健庵元亨题"华萼增辉"门楼,厅后存素面门楼。局部见彩玻。

照壁

0283

兰云堂万祠

东万巷南口·1865年至今·市保

同治间商人万履占所建,曾作工厂、仓库、油漆车间等。

原至少有四进,现一进已毁。二进享堂前有"承先启后"门楼。享堂外设轩廊,檐下列牌科,檐枋雕三星及花草,垫拱板雕灵芝,东西带"敦宗""睦族"字额。堂内扁作梁及棹木精雕戏文、灵芝纹等,施山雾云、抱梁云,脊檩有彩绘。两厢为双轩连缀式。三进起分作南北两路。南路三进为边楼,四进翻建为双轩连缀的小厅。北路三进为寝殿,前设轩廊,殿内施山雾云、抱梁云,脊檩有彩绘,扁作梁精雕戏文,侧嵌"敬梓"字额。近年新修时在殿前浚池,加嵌陈昌遂题"竹苞松茂"字额。

承德堂周宅

古石巷、新乐路26号·清至今·市保

原为光绪间天津大沽口船坞总办周传经宅。

三路四进。东路外设将军门,后有小院。一进门厅长窗雕戏文等。二进大厅施山雾云,扁作梁抛枋雕吉磬有鱼,荷叶形匾托施彩绘。三四进为走马楼。二至四进前有门楼。中路一进前小院内有假山,后设对照花厅。一进同乐轩为三轩连缀式。二进省心书屋,内施山雾云,带鼓点础。北接微型走马楼厅,上有暗室,以西备弄带暗门连通楼梯,做法别出心裁。后有小园,浚池架桥,东、南设半亭,北建小榭,以廊连通。西路亦有新建之花园,前立照壁,东辟月门连通中路前院。园池内立塔幢,围以湖石假山,东、北、西三面设半亭及小榭,面西另有"介尔景福"门楼。宅内藏碑刻多方,外有五山屏风墙。

省心书屋

裕德堂叶宅

人民街金嘉巷西南·1815—1837年·市保

原为周氏（传为盐官）、叶氏宅，后归席氏。局部曾作居委会。

原有三路五进，现存三路二进。中路建"怀德维宁""树德务滋"双面门楼。内设小院，南立砖石精雕的照墙。一进大厅前有"厘峰春满""垂裕后昆"双面题刻。厅内施山雾云，匾托颇为工细。二进尚德阁后设半亭。东路前院有花街铺地，假山后嵌"作述葆光"字额。备弄内存"容膝"等字额。西路一进为三轩连缀的花厅，海棠轩童柱作花篮状，极具匠心。厅后柱上方钉有宝瓶形木雕，甚是罕见。厅南北皆有假山。二进楼厅带垂花篮的雀宿檐。楼内梁雕草龙，垂挂落。外廊内见砖雕"守朴"字额、木雕"适所"字额。天井内见带如意提襻的方井。另见五山屏风墙、界碑。

海棠花厅

大厅梁架

0286

念勤堂朱宅

人民街莫厘北路西侧·明·省保

　　原住朱氏。曾作吴县工艺雕刻厂展示厅、文化站民乐队演奏厅、三轮车公司、家具店等。

　　原有一路五进。现存第三进的明式楠木大厅，提栈较缓，前有廊，上以川梁联结，次间设卍川栏杆，前立八角柱，下设八角杵头础。厅内棹木已毁。山尖施直式山雾云、抱梁云，雕祥云凤凰，脊檩施笔锭胜包袱锦彩绘。梁上置荷叶墩、彩绘匾托，下以平磉上设扁鼓弦纹等形式的木础承重。四进楼厅带副檐，前设廊，木础承重。厅内原有青石、汉白玉、花岗石雕刻的石盘、石狮、石圆台、石案、祭台、花盆座、莲花柱础、绣凳、门枕石等三十六件石构件，现已散至启园等处。

楼厅内部

0287

文德堂叶宅

人民街 46 号·1905 年·市保

原为茶商叶翰甫宅,富商叶昭铮、严家淦妻叶淑英亦曾住此。建于光绪三十一年。曾作县机关、疗养院、招待所、陈列馆,后归于氏,东路作东山状元馆。

主体两路四进。西路隔街照墙已毁。一进将军门,枋雕大幅戏文。二进大厅施山雾云、抱梁云,扁作梁抛枋雕人物,窗配彩玻。三进后厅脊塑三星,厅内施直式山雾云,梁上抛枋雕人物。四进楼厅檐枋精雕戏文,带缠枝纹楼裙,檐下垂花篮,立双狮撑。一楼轩梁雕戏文,抛枋、梁底、蜂头、隔扇亦精雕不苟。楼前栽瓜子黄杨。东路一进今改为将军门,二进楼前有"致和为贵"门楼等。三四进为楼厅,其中四进楼厅做法与西路四进楼厅做法相似,形成对照楼厅。

0288

亲德堂金宅

紫金路58号·明、民国·国保

小园

"聿修厥德"门楼

原为明状元施槃宅址，今存西路大厅，后归武师金叶传，其孙、旅沪富商金锡之复于1922年购施、朱、叶三家之地，在厅东斥黄金三千七百余两建楼、园两路，其与弟金植之等亦短住于此。曾作太湖剿匪指挥部、震泽县委等机关、餐厅等，1990年重修。

西路大厅为明式，棹木等木雕古朴，局部描金，带覆盆础。中路现存走马楼厅两进，统称仰蘧精舍，由陈桂芳设计，楼前有照壁及"天锡纯嘏""聿修厥德"双面门楼。前楼曰春在楼，连迎香仙馆（下层花篮厅）、三知轩两厢。后楼隐蔽地建为三层，层间有墨绘，连颐养居、业勤室两厢。西路为小园，有慈云佛阁与中路相连，下层曰萱寿居。园中栽孩儿莲、紫薇等古木，假山肖百兽。复有池桥连属围廊，可达慕云小榭及仰云楼。更北小楼之天台建有方亭。全宅中路砖雕、木雕、石雕、金雕、堆塑至为精细繁缛，世称雕刻大楼、东山雕花楼，以梁头之三国戏文、长窗之二十四孝、梁侧之《西厢记》、轩梁之凤凰、橱门之书法等雕刻为代表。全楼设复壁、地下室、暗室、暗道共八处。外立涂黑的五山屏风墙。

东楼厅

0289 务本堂严宅

光明村22、28—30号·明·省保、三普点

原为明弘治进士、刑部郎中严经宅,又名秋官第,作家严庆澍(唐人)亦曾居此。原规模较大,有花墙门、白墙门两部分。今存朝向不同、各自独立的西部楼厅与东部楼厅。

西部一进瑞云楼,以八角柎头础、木础、鼓础承重,前设抹角柱,脊檩施彩绘。厢房配形制特殊的丁头拱斜撑。门楣雕古钱方胜。二进厢房檐下有蜂窝格夹樘板。楼前建门楼及大型砖细照壁,下设青石须弥座。更西的花厅、花园已毁。壁间另有1918年重修记碑。外施搏风墙。

东部楼厅一层见实腹夹樘板,镂哑铃形孔,楼前石阶下设圭脚,做法罕见。楼内以木础、青石柎头础承重,正间隔扇亦设圭脚。二楼

西楼照壁局部

配砖钉窗,檐下嵌蜂窝格夹樘板,施山雾云,斗下置荷叶墩。樟木形似抱梁云,雕云纹、凤凰并描金。脊檩施彩绘。槛窗雕夔龙等。柱上、屏门上皆存旧联。楼前有明式门楼,门楣雕方胜。楼外有八角井。

0290

诸公井亭

西街响水涧西端·明、清·省保

传明嘉靖二十四年大旱,由诸公(众人)捐金开凿,故名。1975年重修。

系歇山顶四方敞亭,脊塑和合等神仙,外间两侧设石栏凳,顶作船篷轩,内间设八角青石井,左右围弓形轩,中置藻井。檐下设牌科,出凤头昂,垫拱板透雕牡丹。立青石抹角柱,柱头有卷杀,下有鼓础接八角磉石。更后连回顶的猛将堂一间,名曰"诸公井老会"。前有栅门,内供元代驱蝗能手刘承忠将军。侧面施搏风。

全貌

大厅与壁画

0291

绍德堂叶宅

新义村·明至今·省保

原为叶宅,后归画家亚明,号曰近水山庄。

现存两路四进。西路一进将军门设枫拱,内外皆精雕各类动物,连楹雕古钱、云纹,斜撑工艺较繁复。内向连照壁,以砖仿木,下部青石须弥座雕动物、力士等。二进大厅以覆盆础、弦纹木础承重。山雾云、抱梁云、荷叶墩工细,檩施彩绘。墙上亚明绘有名山壁画,厅后墙嵌《书人雅集图碑》。东偏间前为"近水山庄""东田集云"双面门楼。三进楼厅正间带抹角方柱,外贴牌科,做法特别。二楼顶铺木板,内四界下设抹角方柱及连体夹底,檩施彩绘。楼前有"垂裕后昆"门楼。四进楼前建有方亭。东路南之"芝兰毓秀"门楼仅存砖额。内为花园,曰逸园。中浚池,架梁桥连接乐亭。西有廊,北部建过云亭,亭内即亚明墓。

0292

渡水桥
渡桥村·1837年·市保

全貌

又名具区风月桥。初建年代无考,原为木桥,元至正间里人周富七郎易木为石,明弘治九年吴天襘重建。今拱券见"弘治九年秋□金吴氏八世祖天襘公独建,道光十七年合族捐修,十八世孙□□□记""宣统三年春二十一世孙吴□经、二十二世孙吴伦鉴重建"题刻。三孔拱桥,纵联分节并列砌置。龙门石刻双龙戏珠。与连璧桥成双桥。

大殿

0293

法海寺
法海坞·民国·市保

传为隋义宁间莫厘将军舍宅创建,五代后梁乾化年间改称祇园,北宋大中祥符五年齐禅师断臂请额,真宗赐名法海寺。明永乐间建大雄宝殿。正统间建四大天王殿、观音殿。天顺间建祖师殿、弥陀殿等。万历间又建,崇祯间大修,后清乾隆间毁于大火。民国年间再建。原有天顺六年吴惠撰、史昱书《重建法海寺记碑》。曾为华侨公墓办公室。

今门前列础石一对。后殿础雕婴戏缠枝牡丹纹,造型甚古。殿前亦有础石一对。寺前存香花桥和两处大井,其中一处带六角井圈,分别曰青泉、白泉。

莳山禅院

涧桥村龙头山·明、清·市保

初名真武行宫,又名北极行宫,祀真武大帝。后称莳山寺,又称莳山禅院,建于明嘉靖年间。明末清初右佥都御史路振飞葬母于东山,值湖寇犯境,彼御寇有功,殁后里人于寺旁建祠祀之,曰路文贞公祠。旧俗六月廿四于此赏荷聚会,"莳山芰荷"为东山十景之一。

今大殿设桁间牌科,出凤头昂,带枫拱。殿内施山雾云,下有夹底两道。外墙施搏风,带象头堆塑。十二生肖殿(星宿殿)覆盆础上叠加木础,局部带杵头础,施山雾云。菱花长窗裙板雕一鹭莲荷、渔樵耕读等。另见古井一眼、古樟两株。寺外前有蛇王庙。寺旁另有石龙,雕刻逼真。

石龙

紫金庵

碧螺村153号·明、清·国保

又名金庵、金庵寺。创始年代待考。代有重修。

山门后主体现存三路。北路楠木大殿檩施彩绘,莲座供横三世佛。佛像背后洞内曾发现清雍正九年木牒。左右列十六罗汉,主佛后壁塑观音。塑艺高超,向有南宋雷潮夫妇塑之传说及实为明代塑之考证。据塑身之米颠拜石等图绘风格,或近代亦曾重妆,今仍色泽鲜亮。另见传为明邱弥陀增塑的贯休、梁武帝等像。殿后有清乾隆十一年增建的净因堂,施山雾云、彩绘,前有"香林花雨"门楼。中路建白云居、晴川轩(有亚明《寒拾图》壁画),南路存听松堂。另见明万历古鼎、清嘉庆古钟、紫金庵僧界碑和《唐示寂和尚诸位觉灵之墓》碑石等碑刻六种及牌坊等残件,银杏、黄杨等古木。

观音彩塑

刘猛将庙

杨湾湖沙里·清·市保

又名刘公堂,为祭祀元代驱蝗能手刘承忠将军所建。曾作华侨公墓办事处。

一路两进,逐级抬升。一进山门将军门形制。二进享堂鱼龙筒瓦脊,前设双桁鹤颈轩廊,次间带卍川栏杆。檐下列桁间牌科,垫拱板、枫拱雕花,出凤头昂。享堂内四界圆作,后双步。外墙施搏风。堂前有五百余龄银杏,刘海粟曾为之作画。天井内有古桂树两株。

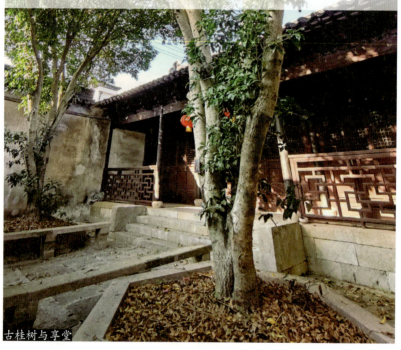

古桂树与享堂

斜撑

怀荫堂周宅

杨湾村南·明·国保

原住周氏。原东侧大厅、花厅已毁，现存西路两进。曾作书场，2002年重修。

边门设门枕石，雕刻瑞兽。一进门厅前亦设门枕石，下部较宽大。门厅做法类似将军门，次间上部设满天星格窗，周围六块透雕花卉与几何纹格的夹樘板，下部雕刻如意纹。门后连楹精雕花纹，并有"福""寿"字样。屋面提栈较缓，坐斗偏大，边贴川梁带及夹底雕刻海棠仔线，川梁下设蒲鞋头。厅内局部设木础承重，后部穿堂上设抹角柱等。二进楼厅正间设八角柱、雀宿檐。斜撑做法繁复，极具明代苏州民居特色。楼下以木础、杵头础承重，密施桁条。楼上施山雾云、抱梁云，荷叶墩藏鱼等水族。楼前照壁带砖仿柱、础，正间下有主脚。天井内见席纹铺地，台基转角处带青石塞角。外墙带搏风。

熙庆堂叶宅

杨湾村99号·明、清·省保

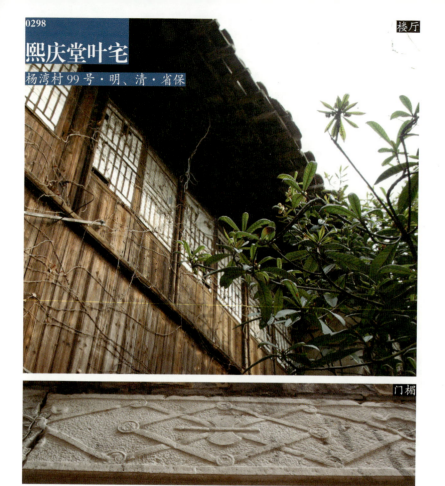

楼厅

门楣

　　原住叶氏。原有两路四进,现存主路上的门楼、后楼厅等建筑。现存门楼为清光绪二年款,题"克昌厥后"四字。楼厅前门楼已毁,青石门楣雕笔锭胜,天井内席纹铺地完好。侧有"凝香"字额。楼厅带木础、八角杵头础。二楼抬梁造,施山雾云,脊檩有笔锭胜彩绘,椁木雕花,次间带屏门。另见青石平井一眼。

0299

明善堂张宅

杨湾上湾村91、92号·明·国保

传为清顺治进士、知县张延基宅,称明善堂。后归绸商朱炯,称三德堂,并于宅内创办鉴塘小学。抗战时曾藏古籍于内。2014年重修。

主体共三进。一进分东西两路,东路为花厅,西路为门厅。门厅为将军门形制,满贴砖细,设砖、石两种须弥座,八角柱、础承重,连楹雕"福"字。二进前有双面砖雕门楼,下置化石做成的门槛,北向扩及三面塞口墙,皆雕仿木牌科等,工艺冠绝吴中。大厅前轩后廊,以轮回纹石础接木础等承重。厅内普施彩绘,棹木、山雾云、荷叶墩、夹樘板等雕刻精细,又浅刻仿宋的七朱八白。厅后门楣上浮雕花鸟。三进楼厅已毁,存左右厢楼。西路存耳房、客堂、佛楼,局部亦有彩绘。另存花园,叠黄石,栽黄杨、蜡梅等古木。外墙嵌八风山海镇。

轩辕宫

杨湾上湾村1号·1338年·国保

原名杨湾庙,又名胥王庙、显灵庙、灵顺宫等。初祀伍子胥,民国时改祀东岳大帝、轩辕黄帝,因名轩辕宫。始建甚早,刘宋元嘉二年重建。代有修建。

原有山门、碧霞元君祠、火神庙等,今仅存下临城隍庙(祀汤斌)的大殿。系单檐歇山造,建于月台上,平面近方形,山花板比搏风板收进颇多,殿顶出檐甚深。檐下设五铺作双下昂式斗拱,内施上下两层斜撑,外有起结构作用的真昂。角柱带生起,金柱为梭形,青石覆盆础叠木础承重。殿内彻上明造,檩彩绘双龙戏珠等,下金檩为断材,俗称断梁殿。建筑多处带唐宋做法,今据梁枋题字等考订殿为元后至元四年所建。梁枋等处今尚可见清顺治乙未席本桢助银重修等四处题记。殿内外见石鹤、石虎、石马等,部分移自古墓。

全貌

久大堂张宅

杨湾张巷129号·清·市保

原为富商张氏宅。曾作铁箱厂。

东路厢房、附房已改，现存二路四进。中路一进两侧原有券门，宅前沿河有席纹铺地。门厅垛头砖雕蝠寿，下部须弥座雕刻极精。二进大厅置如意踏跺，檐下列牌科，垫拱板雕蝠寿纹。厅内山雾云雕凤凰，抱梁云雕鹿鹊等。正贴与边贴斗下皆置荷叶墩，上雕鹭鸶等。脊檩施笔锭胜等彩绘，笔尾藏"世掌丝纶"四字。桿木雕骏马图与戏文，技法甚为高超。蜂头雕花及古钱，上有满文及"太平通宝"字样。局部弦纹鼓础、提灯础承重。厅前有素面及"诒谋燕翼"双面门楼。三进楼厅夹樘板雕夔龙，配灵芝纹匾托。二楼设槛窗，配夔式栏杆。厅前建素面门楼。备弄旁有石桥相通。四进为后楼。西路存楼厅。另有花园，湖石假山众多。山墙施搏风。

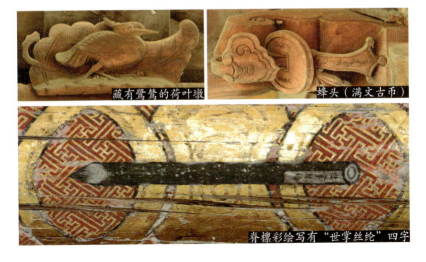

藏有鹭鸶的荷叶墩　　蜂头（满文古币）

脊檩彩绘写有"世掌丝纶"四字

纯德堂朱宅

杨湾张巷80号 · 明、清 · 市保

原为朱澣、朱竹垞宅。

三路三进。原门前立石狮,已残。中路一进轿厅施山雾云。二进大厅外设垂带石,前廊垂花篮挂落,两壁嵌字额。厅内施山雾云,棹木已毁,脊檩有彩绘,长窗精雕花卉等,局部设提灯础。厅前立素面、"树德务滋"双面门楼。三进楼厅前置垂带石,设琵琶撑雀宿檐,次间为和合窗。二楼脊檩亦施彩绘。厅前有"勤俭忍和"门楼,并附乙卯年朱竹垞自题长跋,殊为罕见。东路外设墙门,外向有素面门楼。内以或明或暗的备弄连通各进。一进花厅施山雾云,并存"环秀"字额,蜂头雕寿纹如意。后有书楼。西路亦有书楼,底楼为四轩连缀式花篮厅,前墙有墨绘。局部长窗精雕各式动物。楼侧存明嘉靖三十八年朱澣置立的青石八角井。另见五山屏风墙。

"勤俭忍和"门楼

中区小菜场

杨湾上湾村16号西侧·1931年·市保

原为刘公堂,履平公司助款兴建。现存歇山顶平房两幢,圆作穿斗式梁架,檐柱及中柱均砌砖包裹。外有西式门楼,设拱券、堆塑,上为1929年施澂书"中区小菜场"。外有界碑。另见碑载小菜场建于1931年,较之门楼年款略晚。前有青石梁桥(香花桥)与水泥拱桥各一。

大门

0304

敦大堂席祠

山址150号、朱巷48号·清·市保

　　光绪二十二年席裕康于此营葬先祖,并于其东建祠。曾作村部。
　　现存三路二进。大门朝东,内设庭院。东路一进为三轩连缀式门厅,檐下设牌科,檐枋雕芝鹿。南墙与西墙立祠图、生圹等五碑。二进享堂轩廊东壁嵌新建始末碑。檐下枋雕渔樵耕读。堂内施直式山雾云,脊檩施彩绘。大梁抛枋雕仙翁,描金匾托雕和合,长窗雕花卉清供。堂前有双面门楼,南向刻"席氏支祠"。外墙施搏风,山花堆塑云头。中路为花厅,带夔式雕花长窗,内设双轩,屏门浅刻凤石图等。西路坐东朝西,楼厅长窗雕花。楼东设门楼。楼西墙嵌"福"字砖雕,带琉璃花窗,下有黄石假山小景。天井内花街铺地杂以不同材质石料,做工精细。中路北有古井"通泉"。宅内留有标语墙画,另见界碑。

王鏊墓

陆巷梁家山麓·明·市保

王鏊（1450—1524），明代武英殿大学士。墓原极大，依山而建，东有照池，拾级而上，神道两旁依次为石狮墩、石羊、石虎、石马各一对，石栏望柱，文武翁仲各一对，上达石墙，左右设花板、望柱，中立三间四柱坊，中枋题"王文恪公之墓"，坊柱有唐寅书"海内文章第一，山中宰相无双"联。左右各设碑亭，有龟驮碑。更后为拜垫、拜坛、罗城。罗城内有三冢并列，前有陆公墓，罗城外另有吴宜人墓。徐缙撰行状，邵宝撰墓志铭。墓门为五山屏风式，精雕瑞兽。

现仅存墓冢、照池、石羊一对、龟驮和翁仲头部、谕祭碑。另有大量石构件，局部雕有"案外专朝秀可餐""百岁遐龄膺上寿""厘峰衍派""土地之神"等字。

龟驮局部

石构件

陆巷古村

陆巷村 · 明至今 · 市保

解元坊

陆巷古村三面临山,西面临湖,于南宋时渐成村落,在明清时发展到顶峰,与明代大学士王鏊渊源深厚。现存明清古宅五十余处,除会老堂王宅、遂高堂王宅、桃树里邱宅、粹和堂叶宅、尊德堂王宅五处单独列保外,其余以惠和堂叶宅、鉴山堂叶宅、春卿第叶宅、承德堂周宅、玉罪堂姜宅、王德堂王宅等特色尤具。村内旧石板街保存完好,近年修复"解元""会元""探花"三座牌坊。

遂高堂王宅

陆巷村 90 号 · 明 · 省保

传为隐士王铨宅，堂名取自其兄、大学士王鏊写给他的词中"输与伊人一著高"之句。后归严氏，2016 年重修，改作洞庭商帮陈列馆。

原规模较大，现东望楼、远喧堂等已毁。现存一路三进。一进大厅悬文徵明题"遂高堂"匾，厅为扁作攒金造，童柱扁小，施描金云龙纹山雾云、抱梁云。檩条、垫板施彩绘。棹木雕蝙蝠。厅内前有磕头轩，局部平磉上设木础承重或以青石提灯础承重。厅前墙带塞口砖雕。二进楼厅前有砖仿变形牌科门楼。三进楼厅带副檐，外以八角杵头础承托八角柱，内以平磉上设的木础承重。楼前有带砖仿变形牌科的大型照壁。门楣雕刻方胜。另见八角青石古井一眼。外墙施搏风。

大厅

山雾云与抱梁云

垫板彩绘

檩绘

会老堂王宅

陆巷含山63号·明至民国·省保

原住王氏。现主体存两路三进。

东路一进将军门已毁。二进大厅仅存台基。三进楼厅带副檐，用料粗大，外以八角柱接杵头础承重。柱头有卷杀，外贴带仰覆莲柱头的抹角短柱装饰。楼内设木础承重，二楼施山雾云、抱梁云，荷叶墩藏鱼。槛窗外有砖细窗台，下设活络裙板。西次间带木质隔断，较为特别。另有砖钉门可通西楼。楼前三面设砖细照壁，体量颇大，分上

照壁

楼厅

山雾云与抱梁云

下两层,局部带圭脚、砖仿变形牌科,立砖柱。厅后小园已毁。西路一进偏厅,局部见木础。二进楼厅二层童柱下雕垂花,三进附房为民国期间新建。另见青石八角古井等。

0309

桃树里邱宅

陆巷含山 107 号·明、清·市保

原住少将邱培泉家族。2020 年重修。

一路两进。一进门厅前有门枕石,雕鹿。二进明式楼厅较大,设西厢楼。二楼存满天星明瓦窗,内四界扁作,童柱下雕垂花。山墙施搏风。

门枕石

鸟瞰

三山岛遗址及哺乳动物化石地点

三山岛三山村·旧石器时代晚期·省保

三山岛旧石器时代遗址位于岛上东泊小山青峰岭下。此处出土了大量的刮削器、尖状器、砍砸器、石核及使用石片。哺乳动物化石堆积分布在岛上大、小姑山及大山的石炭系上统船山组灰岩的裂隙层中，出土的化石标本共有六目二十种左右，主要有棕熊、黑熊、最后鬣狗、虎、狼、鹿、牛、犀、猕猴、豪猪、獾等。其时代属更新世晚期。该遗址的发现把太湖流域人类的历史推前到了一万年前的旧石器时代，填补了我国旧石器时代遗址和更新世哺乳动物分布上的空白。

遗址景观

旧石器时代遗址

出土的各类哺乳动物化石（吴文化博物馆藏）

师俭堂潘宅

三山岛山东村湖滨·1801年·市保

原为米商潘尔丰宅。宅内旧有潘氏施粥救灾后受表彰之"宜敦周急"匾。

北路有东花厅凝香书屋,原有"兰言""玉质"字额,厅前后皆有小园。更后有附房三间。南路门厅外有无字门楼。大厅前见砷石构件,带弓形轩廊、挂落,砖细门宕雕蝠云,上有"背山""临水"字额。厅内悬闵桂题"师俭堂"匾,脊檩施彩绘。檐下之兽头如意,与夹樘板卷草花纹、花机、绦环板花卉、裙板清供、蜂头花卉等皆雕刻工细。侧立五山屏风墙。后之楼厅带副檐,二楼设栏杆,边厢明瓦窗尚存。前有"职思其居"门楼,兜肚、抛枋人物雕刻极精。墙面标语尚存。

门楼兜肚

檐口

旧匾

脊檩彩绘

吴中区 / 279

0312

后塘桥

水桥村·清、民国·市保

南宫塘上现存古桥三座,分别为吕浦桥(明代始建,清同治十二年重修)、后塘桥、福馨桥(又名南塘桥、永福桥,清道光元年重建)。近塘尚有鸳鸯桥(清咸丰三年重建,已移建)、过氏家祠等古迹。其中后塘桥已列入市保,今拱券内见"大明永乐八年始建,成化八年重建,大清康熙癸丑重建,乾隆八年修,道光九年重建""□□助建"等题刻。明柱题"道光己丑,合山众姓重建""愿天常生好人,愿人常行好事"。志载1929年重建。水台石见武康石,刻有"普济"等字。单孔拱桥,纵联分节并列砌置。千斤石刻轮回纹,龙门石雕双龙戏珠。

吕浦桥

福馨桥

后塘桥龙门石

后塘桥

蒯祥墓

渔帆村·明·省保

蒯祥(1398—1481),"香山帮"匠人之代表。参加北京城九门、两宫、三大殿、五府、六部衙署、景陵、裕陵等工程。1964年、1992年重修。

墓园为其祖茔,内葬蒯祥,妻室甄氏、顾氏、陆氏,以及父蒯福能、母陆氏、祖父蒯明思、祖母顾氏等,又称蒯鲁班园。

甬道前有三间四柱坊,额"蒯侍郎墓"。中设享堂,带观音兜,前有廊。甬道两旁列石羊、石马、翁仲各一对,后有花岗石罗城,墓前设拜坛,立"明工部侍郎蒯祥之墓"碑。原青石墓门置于一侧。右有一新建的六角石碑亭,内立双面碑。一为明天顺二年《奉天诰命碑》,敕封蒯祥祖父蒯明思、祖母顾氏;一为《明嘉议大夫工部右侍郎蒯公合葬墓表》,即《蒯祥墓表》。

神道

0314

姚承祖墓

渔帆村蒯祥墓西侧·1992年·市保

姚承祖（1866—1939），苏州人，香山帮建筑大师。墓原在法华山南麓涧桥旁，1982年移葬阴山南麓，立有"姚氏墓"碑。1992年又迁至今址。墓前有供桌，新立"姚承祖之墓"碑。

墓冢

0315

昙花庵

墅里村渔洋里19号·清至今·市保

始建年代无考，传明初为姚广孝别业。1987年起重修。

现存山门、大雄宝殿、附房等。大雄宝殿长窗裙板雕刻戏文，殿内原有尤侗书"青莲现法"匾。另藏民国十八罗汉绣品等。今见明隆庆皇后李彩凤绘《鱼篮观音像赞碑》及清康熙间碑刻三种等。另有他处移来之墓前石虎一。寺内银杏、桂花亦甚古。

《鱼篮观音像赞碑》

石像生

0316
董其昌墓
渔洋山湾里村·明·市保

董其昌（1555—1636），华亭（今上海松江）人，明书法家，官至南京礼部尚书。真墓在渔洋山坞，原有翁仲及马虎羊等石像生，现龟趺、石马、翁仲等石构件移至昙花庵门口。另于阳家场保留有民国时误认之董氏墓，尚存碑刻"己未冬吴中保墓会立，明董文敏公墓，后学吴荫培拜书"。

0317
后埠井亭
蒋东村后埠·元至清·市保

石槽

全貌

始建于元大德年间，明代重修，清同治九年、1998年又修。井亭系单檐歇山式方亭，四根六角青石柱及圆形覆盆础系明代旧物，上承扒角梁。亭中有两眼圆井。井台局部雕有棋盘。亭旁还有一具双眼青石贮水槽。

承志堂费宅

后埠井亭南·1805年·市保

原为清嘉庆间孝子费孝友故居。

现存四路三进。中路隔街设八字照墙。一进门厅前设素面、"俭崇家风"双面门楼。二进大厅施山雾云、抱梁云,厅前有"守以博辨"门楼,人物雕刻精细。三进楼厅正间垂挂落,楼前立"乐达能安""和气常存"双面门楼。南路一进为鸿鹤山房,前有假山、天竹。二进楼厅檐下带实心卷云撑,楼前外向有"有德则乐"字额,内向有"色思其柔"门楼,上有墨书"福"字。北路一进为菊有黄花斋,厅前设湖石,上刻严其焜铭语。二进楼厅前有"古训是式"门楼。三进附房后有更楼。更北为前后附楼。局部墙基为青石叠砌,外嵌"石敢当",巷门为砖钉门。另见青石古井一眼。

假山

0319

燕贻堂费宅

辛村96号·明、清·市保

山雾云与荷叶墩

原住费氏。一路三进。一进门厅圆作穿斗式。二进大厅平出厢楼,前有廊,施直式山雾云,雕刻仙鹤祥云,下部有荷叶墩,厅前门楼已毁。三进楼厅带副檐,局部见杵头础。

0320

林屋洞

林屋路158号·历代·省保

摩崖石刻

又名包山石穴、洞庭、龙洞等,是太湖中最大的天然石灰岩古溶洞。顶平如屋、立石成林,故名林屋洞。传大禹藏治水之书于内。道教号为天下第九洞天。唐乾符二年(一说唐玄宗时)建神景宫于洞口,后名灵祐观。历代曾在洞内投放金龙玉简,今洞顶尚见金龙两条。1979年起洞中清理出南梁至五代十国的大量文物。

梅海

洞内分雨洞、隔凡洞、丙洞、卧龙洞、旸谷洞，奇观众多，以石灶、石床、石凫、象形石最具特色。洞内顶部有墨书题记。山之东，乱石如犀象牛羊，曰"齐物观"。又有下部自然形成蜿蜒小径的大石，曰"曲岩"。洞内外见有历代摩崖石刻四十四处，另有造像三躯。洞西有明抗倭英雄丛葬墓、移自包山寺前的香花桥（拱桥），更西为梅海。山上建碧螺亭、九龙亭、驾浮阁等。另见移自东蔡的《文星楼记碑》。

造像

洞顶

高定子墓

包山寺后·宋·市保

高定子（1177—1247），四川蒲江人，寓苏。南宋嘉泰间进士，官参知政事。前立青石墓碑，书"民国十四年二月，宋少保高公定子墓，吴中保墓会会长吴荫培、吴县西山行政委员刘澍谨立"。花岗石罗城，新做供台。

高斯道墓

包山寺后·宋·市保

高斯道（1207—1273），四川蒲江人，寓苏。高定子之侄，官参知政事。前立青石墓碑，书"民国十四年二月，宋朝议大夫高公斯道墓，吴中保墓会会长吴荫培、吴县西山行政委员刘澍谨立"。花岗石罗城，新做供台。

罗汉寺

秉常村罗汉坞 · 清 · 市保、控保

后晋天福二年始建,为妙道法师演天台教观之地。明永乐间重建,天启二年又修。清康熙间再次重建。

现存牌坊、古木及一路二进古建筑等。牌坊为单间双柱坊,上刻1937年李根源书"古罗汉寺"四字,为1994年新建。寺前藤樟交柯,俱为古树。寺庙东路一进为将军门形制。二进大殿原为明月湾瞻绿堂吴宅大厅,1984年移此。西路有可乐堂,内藏康熙十六年《洞庭游稿诗碑》及康熙三十三年《重兴罗汉寺古花果场碑记》。

寺内的童子面罗汉石雕造像出土于穹窿山宁邦寺,计十八尊,头、手皆无,1985年迁至罗汉寺,将其中十六尊加以修复,分两排供于大殿内两侧须弥座上。雕像为花岗岩罗汉坐像,矮小圆胖,富有童趣,因被称为童子面石像。另见六角香炉须弥座,束腰雕马、鱼等,较精。

罗汉

凤允论墓

石公村樟坞里小亭坞·1789年·市保

凤允论（1716—1793），字鲁经，号杏村，苏州西山人，清太学生，曾率族重修族谱。诰封朝议大夫等。原配蔡氏（1718—1742），继室殷氏（1721—1786）。

墓道两侧原有六角亭与方亭等，今仅剩右侧方亭及亭侧石龟、石虎（残），亭前方形照池。亭为歇山造，嫩戗发戗，青石台基。四角设花岗石方形角柱，余则外为木方柱、石方础，内为木圆柱、石圆础。亭内回顶，周围以弓形轩，带回纹雀替。亭前左右角柱镌隶书楹联："善积于身，教子著义方之训；祥开厥后，传家裕堂构之遗。"檐檩与檐枋间设斗三升牌科，垫拱板雕团寿纹。亭内立清乾隆五十四年诰命碑，敕封随州候补同知凤汝仲之父凤允论、前母蔡氏、生母殷氏。

石公山

石公村 · 明至今 · 市保

　　景区三面环水，山以有奇石如老翁而得名。原有石公、石婆、联云嶂、剑楼、风弄、飞来峰、穿云洞、飞霞洞、明月坡、云梯、夕光洞、落照台、归云洞、蟠龙洞、花冠洞、隐身岩、石琴、石梁、十三折、石圆堂、丹梯、翠屏、龙床石、一线天、断层崖等自然景观，今部分已毁，另有石公禅寺（部分建筑为甪里郑氏宗祠移此，海灯法师曾卓锡并葬此）、节烈祠、漱石居、翠屏轩、浮玉北堂、来鹤亭、断山亭、御墨亭、接驾亭、映月廊、柏舟、关庙、石公胜迹坊、蔡沈氏节孝坊等建筑。农历九月十三于此可见"日月双照"。"石公秋月"为"西山十景"之一。曾作采石场，1981年起重建部分建筑。现存明清为主的摩崖石刻共三十九方，造像六躯，另有清至民国碑刻八方。

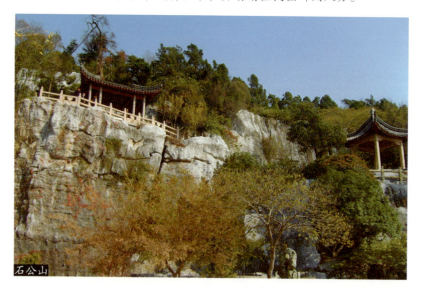

石公山

0326

明月禅寺

明月湾东南 · 清至今 · 市保

又称明月寺、明月庵、城隍殿、关圣帝君会。传为明正德年间移自明月湾西侧庙山嘴。据寺内碑刻记述，寺应始建于清乾隆六年前。1922年增建楼房，1925年落成。曾作仓库。

内设弥勒、观音、城隍、关帝、猛将、蚕花等神殿。共两路四进。山门前有新立观音像。大门前置砷石。入门两侧嵌"聚宝""藏珍"字额，2009年起陆续新增钟鼓半亭等。一进为楼厅，前设踏跺，山墙带搏风、云纹头。西路二进大殿带桁间牌科，施山雾云，纵横各向皆设蜂头。局部为石柱。殿侧有碑廊。东路二进为城隍殿，三进为后殿，四进为附房。另见有如意相接式斜撑，较有特色。今存旧石香炉，以及清代、民国碑刻六种。

瞻瑞堂吴宅

大明湾 27 号、27 号东 · 清 · 市保

"锡兹祉福"门楼

中路二进绦环板

　　原为抗金名将吴璘次子吴挺裔孙所建。旧匾尚存。2007 年重修。
　　原有四路，外墙内嵌砖刻"石敢当"两处，转弯处作抹角设计。东路为小楼和附房，中路大门偏置于两路备弄旁，对面设照墙。门枕石雕仙鹤牡丹。中路西侧立"兰蕙流芳"门楼，一进楼厅前设轩廊。厅前见须弥座式垂带石。长窗雕瑞兽等。楼内梁枋皆配蜂头，局部在古镜础上叠石鼓墩。二进楼下设琵琶撑，础雕牡丹，窗雕吉祥图案，前有"春陵芳范"门楼。附房内灶画保存较好。

匾托

四向蜂头

瞻瑞堂之西侧两路太平天国时局部被烧毁,后重修。1943年售与富商邓石卿,称裕耕堂。今西二路仍有备弄与瞻瑞堂相连。一进前院东侧立有"锡兹祉福"门楼,雕刻甚精。一进楼厅整体与瞻瑞堂中路一进相似,并与西一路之楼厅长窗、隔扇、栏杆结子皆细雕山水、动物、花卉等。后亦为楼厅。西一路前院堆叠假山,植种花木。一进为书楼昉楠轩,底楼系花篮厅,前设贡式双桁鹤颈轩,垂花篮柱。楼厅上下、内外皆设挂落。础雕包袱锦。匾托雕成花篮,殊为别致。长窗雕刻以二楼为最佳,有羲之爱鹅、司马砸缸等内容。二进为附房。天井铺地雕有八卦图。

拐弯抹角做法

中路二进础雕

0328

黄氏宗祠

明月湾村·清·市保

　　始建年代不详,清乾隆四十九年重建。2004年重修后作村史馆。祀黄氏迁山祖、宋明经博士黄明善。

三路二进，逐步抬升。东路前有八字砖雕照壁。一进将军门形制，列多道牌科，枫拱雕鹤、灵芝等，垫拱板、檐枋雕花，出双凤头昂。夔纹挑梓桁，垂挂落。墙面满贴砖细。后廊嵌"施善""济美"字额。二进享堂前设"敬宗睦族""奉先思孝"双面门楼，享堂廊下垂挂落，左右有"思敬""怀仁"字额。堂内前后设轩，带荷叶墩，施山雾云、枫拱式抱梁云。础雕花式较多，有回纹、方宕、百花包袱锦、五蝠捧寿等。长窗雕缠枝纹等。山墙带观音兜。东西路各有一边厅。西路永思轩前见湖石假山，前廊有"适安""清和"字额。另见清碑两方。

0329
诸稽郢墓
东汇村诸家河头·清·市保

诸稽郢，春秋时越国大夫，吴王夫差战胜越国后，陪同越王勾践来吴求和。清初陆家河村民秦存古营造别墅，开凿池塘时掘得石碣一方，刻有"越大夫诸稽郢之墓"字样，字体古朴苍健似秦汉时所书。秦存古即于此封土树碣。光绪十一年用头巡检司暴式昭重修，并请俞樾重书墓碣。今封土周围植有银杏树三株，树碑曰："大清光绪十一年仲冬月，越大夫诸稽郢之墓，德清俞樾书，滑县暴式昭树石。"

0330

畣庆堂蔡宅

里村186号·1769年·市保

原住蔡氏。

东路门厅回顶,带桁间牌科,前有光禄寺卿王鸣盛题"文采清门"门楼。书房称得时斋,内五界回顶,与前弓形轩、后船篷轩成三轩连缀式,配冰纹窗,后有挂落及书画隔扇。西路大厅棹木雕戏文,施山雾云、抱梁云,与荷叶墩、蜂头、绦环板、裙板、檐枋等皆雕刻至为精美。厅前见花街铺地,有湖石假山及各色花卉,并立王鸣盛题"俭德永图"门楼,砖雕亦佳。后有楼厅。局部花窗细部堆塑石榴、葡萄。

春熙堂蔡宅

东蔡村·清·市保

原为蔡氏宅。四路三进。

东一路为附房,局部为建造年代较早的扁作偏厅,斗下设荷叶墩。后设平屋,后墙有"秀毓兰阶"字额,更后为楼厅。东二路大厅已毁,厅前存"箕裘钟鼎"门楼。更后楼厅前有"职思其居"门楼,砖雕甚精。西二路原有四面厅、曲桥之属,今毁。现存木雕甚佳的缀锦书屋,系花篮厅,内以三轩连缀,其中海棠轩童柱作聚宝盆形。厅南堆黄石假山。厅北花园栽白皮松、牡丹等古木,并有湖石假山,立老人峰、

湖石假山

少师峰、太师峰三处孤峰，见冰梅纹花街铺地。东偏设小厅两间，半窗雕园景等。园北楼厅木雕工细。楼前有"棣萼联辉"门楼，楼后有"紫荆荣秀"字额。东一路建筑已毁，仅存"养和以泰"门楼、古井、瓜子黄杨。局部屏风墙垂古钱纹山花。

聚宝盆式童柱

黄石假山

"职思其居"门楼

0332

秦仪墓·娥明公主墓

秦家堡飞仙山下·宋·市保

秦仪（1229—1273），西山秦家堡人，宋词人秦观八世孙。进士。传说后尚宋理宗之女娥明公主（1229—1270），历授金紫光禄大夫、宝文阁直学士。

墓地俗称"王坟"。前有供台，青石碑刻："故宋翰林驸马都尉元德秦公、娥明公主合葬墓，康熙四十二年岁次昭阳协洽之桂月谷旦立。"

秦家墓

0333

秦氏宗祠

秦家堡 · 清 · 市保

始建年代不详,清乾隆五十六年起重修,祀南宋词人秦观,又名秦淮海先生祠。后局部为秦奎元宅。曾作小学。

原有五路四进,东二路为正路,前有照壁,设门厅、享堂、寝殿、后楼,今仅存中路一进芥舟园及西二路之边厅等。芥舟园,亦称秦家花园,入园之东门上有顾光旭题"芥舟"砖额。园内南设黄石假山,洞桥毕备,四周配罗汉松等。园东以水缸为基,辟小池。西有石垒琴案,前立湖石刻"洞庭波静明秋水,楚甸林稀见远山。丙戌夏日书"。冰梅花街铺地较好。园北为微云小筑,系三轩连缀的花篮厅。屏门长窗雕有花卉及博古图案。墙嵌《重修秦氏宗祠碑》《重修秦氏宗祠助银碑》。西二路有边厅两间,并见八角青石古井一眼。

爱日堂蔡宅

西蔡里村47号 · 1765年 · 市保

传为蔡光渭所建，后归倪氏。

宅前照墙半毁。正路门厅、大厅亦毁。现存第三进楼厅前有"斯干苞茂""和气致祥"双面门楼，雕刻工细。西路南花园设有盆景。花厅晚香书屋带前后轩，隔扇木刻极精。面南曰蔗庵。寝室面花园，曰"拜石"。北花园假山盘曲，中有洞可登邀月亭览园景，原亭已毁。亭南水池极小。黄石假山旁见象形的心肺石。园内植百年老桂等，另有山茶两本，均开多色重瓣花，有"十八学士"之美称。花坛带砖雕。花廊设吴王靠，与书房南北走廊相通。墙上绘有杭州西湖风景，称"西湖沿"，以纪念蔡氏祖先蔡源南宋时先到临安为官、后到西山定居的历史。

西湖风景墨绘

心肺石

禹王庙

甪里北端 · 1809年至今 · 市保

始建年代不详,清乾隆三十三年郑氏、沈氏重修。1983年重建山门,开挖卫庙河,移建梁式石桥,沿太湖砌筑块石护坡。1994年扩建。

今庙四面环水,临湖而建。新建牌坊式大门,带八字墙。一进山门为将军门形制,次间带直棂窗,前有砷石。二进大殿系清嘉庆十四年重建。歇山造,檐下设桁间牌科,殿前有青石浮雕二龙戏珠御路一方。殿内大梁原有"梁大同三年"重修之墨书题记,现为圆作穿斗式梁架,前后双步,下有扁作夹底,以覆盆础叠加石鼓墩承重。二进前为天妃宫、财神殿。庙东南存明代石码头,1983年曾维修加固。另见太平军土城遗址、石人像一尊、青石圆井一眼、界碑一方,以及清嘉庆十四年《重修禹王庙记碑》、光绪二十五年《甪里梨云碑》。

大殿

心远堂徐宅

堂里花园街5号·1767年·市保

原为清乾隆间文士徐维则宅,诗人袁枚曾到此访友。曾作供销社。

两路三进。南路有照壁,原黄石假山亦移此。一进为将军门形制的鸳鸯厅,青石须弥座雕山水、龙、亭等。前厅带轩,枋雕包袱锦,列牌科,后厅施山雾云。门厅后折北见"慎修克永"门楼。二三进为书楼、楼厅,局部有挂落,桁雕包袱锦。内山墙三面皆方砖贴面,有砖雕垂篮及"涵光挹翠"字额。近有回顶花厅。北路二进大厅前设双轩,施山雾云、抱梁云,原楠木已毁,梁枋、长窗等雕人物、山水等,极为精美。础雕细格包袱锦。两壁嵌"揽晖""绳武"字额。厅前立砖细塞口墙,下有雕花青石须弥座,正中门楼字额已毁。三进为楼厅。左右起五山屏风墙。

"涵光挹翠"字额

八字照壁

大厅双桁鹤颈轩

仁本堂徐宅

0337

堂里河西巷21号·清至今·省保

卧云戴雪轩

东为清乾隆四十四年徐尚益等重建之祖宅，西为咸丰三年起徐谨所建之新宅。曾作乡政府、工厂等。

东宅原有三路五进，现存中路及西路楼厅。2007年在楼前建池桥假山、将军门等。中路楼厅前有"礼为教本"门楼。西路有抱峰楼，楼下为三轩连缀花篮厅。

西宅亦三路五进。东路一进已改，后为楼厅四进。五进上下皆三轩连缀，楼下卧云戴雪轩为花篮厅。楼前有湖石卧云峰，旁栽五色山茶，号曰"十八学士"，前墙上嵌"采焕尊彝"字额。中路一进已改，二三进为走马楼。西路一进已毁，二三进为楼厅，其中三进与东路形成对照花篮楼厅。楼前有湖石及埋缸，前墙嵌"花竹怡情"字额。全宅遍布木雕、砖雕，极为精细，世称西山雕花楼。

涵村店铺

堂里涵村 59 号 · 明 · 省保

原为前店后宅格局,今宅院已毁,仅存门楼残迹及宅院屋基。铺面曾作杂货店、肉店、茶馆、箍桶店等。2001 年重修。

店铺西向,外墙叠涩砌置,正间与南次间缩进为廊,局部以杵头础、木础承重。正间为铺面,连设矮闼式可内翻的短扉四扇,形成四个营业窗口。南次间设将军门,连楹雕刻卷纹。室内一侧上部筑搁层,以贮货物,地面铺地板。梁上隐约有彩绘痕迹。南侧正贴扁作,带荷叶墩,山雾云素洁不雕,童柱下垂雕花。北侧正贴圆作,山雾云做法与南侧相同。

连楹

内景

永丰桥

植里村南·1702年·市保

龙门石

初建年代无考,明柱刻"康熙肆拾壹年重建",拱券莲额内书"大清康熙肆拾壹年岁在壬午又六月,大圣堂头陀慧圆募缘,众姓捐赀鼎新重建",另见"光绪庚子""仲春重修"字样。单孔拱桥,纵联分节并列砌置。千斤石刻轮回纹,龙门石刻太极。有砷石、栏杆、望柱。

桥前有花岗石铺就的石板街一条,下部中空。原于路南建有环翠亭,并有清道光间《植里古道修筑记事碑》,记录里人张炳男募捐修路等情。桥堍有古樟一株。

古道与永丰桥

0340

仁寿堂金宅

植里下泾 77 号·明、清·市保

原住金氏。2023 年重修。

原有一路三进,现存两进。大门带砷石。一进门厅穿斗造,月梁素洁,边贴施抱梁云。二进大厅面阔四间,逢柱见斗,施直式山雾云,雕刻简明。斗下有驼峰,柱下见木鼓墩、杵头础。荷叶墩、梁垫等皆带较多明代特征。一二进皆不设望砖,直接置冷摊瓦。另见六角井一眼。

抱梁云

山雾云

0341

徐氏宗祠

东村西上·1748 年·省保

清乾隆十三年徐联习创建,祀南宋宝祐二年迁山祖徐万一。曾作小学。2008 年重修。

一路三进,皆带牌科。前院原旗杆已毁,辟东西券门,南墙上有砖雕戏文,下设青石须弥座。祠堂内外塞口墙等处皆满贴砖细。一进为八字将军门形制,内作鸳鸯厅,础雕包袱锦。檐下出凤头昂,枫拱雕如意云,垫拱板及垛头、檐枋、轩梁皆精刻戏文,遍施彩绘,做工极细。二进享堂前有"湖山世泽""奉先思孝"双面门楼,下部须弥座雕瑞兽。享堂轩梁出头雕刻云鹤。堂内梁雕花卉,棹木雕人物,边贴夹底及枋中皆雕团龙。叠础承重,上雕鱼跃龙门。三进寝殿次间为楼厅,枋雕团龙,局部叠础承重。前有"世德清芬""尊祖敬宗"(今改题"佑启后人")双面门楼。另见清碑六方。

彩绘局部

包袱锦

凤起楼

0342

敬修堂徐宅

东村西上60、61号·1751年·省保

原为富商徐伦滋宅,其子、儒医徐明理亦居于此。

现存二路四进。东路一进为偏楼。西设将军门。西路一进回顶轿厅局部带抹角枊头础。二进中厅内楟木已毁,内带有圭脚的木屏风尚存。厅前有"列缋连云"门楼,山墙略施墨绘。三进大厅木雕最为繁复。两壁满贴砖细,圭脚雕花果。天井东侧大型花窗完好,墙角施墨绘,厅前有

蜂头

"世德作求"门楼。四进楼厅原悬"凤起楼"匾,长窗精雕龙、鱼、鹿、马等。楼前有"功崇业广""美哉轮奂"双面门楼。全宅四向皆设屏风墙,外部青石墙基用料硕大。宅内遍布砖木石三雕及墨绘、彩绘,皆技艺超群,将军门上四季花卉门簪、大厅蜂头上的描金麒麟、樟木上的戏文、楼厅长窗上的山水人物及四处门楼等为个中代表。

"列缋连云"门楼

风火墙

0343

栖贤巷门

东村105号·明·省保

全貌

传为汉初秦遗民"商山四皓"之一东园公隐居处而得名。

巷门四根立柱下置扁平青石础,上置栌斗。前柱柱头带卷杀,下施雀替,柱前出一担梁及丁头拱挑檐檩,左右带麻叶云枫拱。中以月梁、夹底和穿插枋联结,檐枋、夹底隐刻类似"七朱八白"的图案。下设木坐板。后柱旁原有石门臼和木门可供启闭。巷门前有青石须弥座构件,精雕双狮舞绣球等。

萃秀堂徐宅

东村东上62号·1736年·市保

洞庭商人徐明珍建,其弟徐明匡等亦曾居此。

原有三路七进,现存三路五进。中路门厅、轿厅已毁,仅剩黄杨及彩石花街铺地。现一进大厅前立"龙门标峻"门楼,侧墙见大型花窗,垂带石雕鹤。前廊柱础浅刻吉祥图案。厅内列牌科两重,外重垫拱板雕团寿纹,内重垫拱板和山雾云等皆雕凤凰、仙鹤。荷叶墩内藏蟾蜍等雕饰。边贴山垫板做成半通透的宫式结构。厅内柱础浮雕花卉。脊檩彩绘笔锭胜等,且笔尾写有"文章毫笔"四字。屏门上尚存旧联。二进楼前有"凤翔虹指"门楼,楼内设双向楼梯,与一进长窗皆雕夔龙。三至五进亦为楼厅。东西两路因地制宜,另设有东西朝向的住屋两进,西路楼厅前见"兰桂芬芳"门楼。宅外转角处嵌置多方青石"山海镇"。

础雕

荷叶墩内藏有蟾蜍

垫拱板

庆馀堂李宅

东村阴山38号·1756年·市保

垂带石

花窗

梁头

原住李氏。

现存门厅、楼厅及附房。门厅面南，做法甚为考究。大门为将军门形制，前列雕刻精细的门枕石，外设砖细墙，桁间施牌科，设如意头挑梓桁，内部双轩连缀。旁有花窗，做工亦称上乘。楼厅面西，垂带石雕鹤鹿。楼前有廊，设如意龙头挑梓桁，做法罕见。廊间栏杆柱头雕仰覆莲。檐下置桁间牌科，垫拱板雕草龙、团寿，夹樘板雕海棠纹。厅内轩梁设蝙蝠流云包袱锦，扁作梁亦带半月形团龙抛枋。楼下两壁为砖细墙面，柱础浮雕缠枝牡丹、宝相花等。满天星长窗雕刻花草、团寿。东侧有"世济其美"砖雕门楼，下部设须弥座。后为附楼。外见搏风墙。

甪直古镇驳岸

甪直古镇·明、清·市保

由西市河、东市河、中市河、南市河和西汇河五段驳岸组成，河埠样式繁多，数量达一百九十二处。上有雕刻如意、寿桃、蝙蝠等各类吉祥图案的揽船石和排水口。

揽船石

鸟瞰

正阳桥

0347

进利桥

兴隆桥券额

甪直古桥群

甪直古镇·1485年至清末·市保

古镇区被称为"古桥博物馆",现存古桥"二十五座半",分别为华阳桥、正阳桥、通裕桥、凤阳桥、交会桥、东美桥、太平桥、广济桥、中美桥、金安桥、环璧桥、寿仁桥、大通桥、众安桥、万安桥、三元桥、进利桥、金鼎桥、永宁桥、兴隆桥、南昌桥、永福桥、福民桥、寿康桥、依仁桥、寿昌桥,因永宁桥古桥仅剩一侧桥墩和石阶,故言半座。这些古桥现存主体的建筑时间从明成化二十一年至清末不等。此外另有环玉桥、凤凰桥等近年改造之仿古桥。古桥中有拱桥八处(中美桥为全圆拱),双桥景观五处。另有寿昌桥、正阳桥的重修碑记,现存于保圣寺碑廊。部分古桥雕刻精细,桥联出彩,并保留了大量记录助建明细的石刻。

沈同孚故居

东市下塘街沈家弄·清、民国·市保

原住米商、竹商沈同孚,曾为太平天国听王府(陈焕文公馆)、甪直镇政府驻地。

原有两路四进,现改动较大,仅存东路第三进的大厅及西路部分建筑。大厅内四界前单步后双步,前部平出两厢。顶部北向设两个老虎窗,西次间带阁楼,局部见进口压花玻璃。厅前门楼已毁。西路备弄二进入口设罗马柱式券门,带混合式柱头。三进入口为月洞门,内建单层青砖洋房,局部以红砖砌菱形及拱券、腰线。南向正间为抱厦,上有廊棚。北向亦设廊,廊下置挂落。另见琉璃花窗。原假山移至保圣寺。

洋房

赵受庭故居

东市上塘街 207 号·清、民国·市保

原为甪直乡乡佐、教师赵受庭宅,其妻范承安(镇长范氏之姊)等皆曾住于此。后作供销社等。

原为一路七进,现存四进较完整。沿街有专用河埠。一进楼厅原为店铺,雀宿檐带麻叶云耍头。二进正厅山雾云精雕鱼化龙、凤凰,抱梁云雕蝙蝠,厅中以海棠长窗屏隔。西梢间前天井内有古井。东梢原为备弄,井已填没。厅前探花、尚书梁诗正所题清乾隆乙亥款"永锡祚胤"门楼,雕刻精细罕匹。三进圆作女厅前门楼已毁。四进为西式平房,四围有廊,现存嘉庆十二年古碑一方。

"永锡祚胤"门楼

制律堂萧宅

中市上塘街8号·1889年·市保

传为清杨姓武举人所建,后归士绅萧钧,其子萧乃震、媳成丰慧、孙女萧芳芳(影星)亦曾住于此。

一路四进。一进楼厅带竹节撑雀宿檐,垂花篮。二进大厅设一枝香鹤颈轩,施直式山雾云,扁作梁雕花,前有"积善余庆"门楼。三进楼厅下设双轩,轩梁雕刻麒麟等,次间带卍川团寿栏杆。厅内存方井一眼。楼前"燕翼诒谋"门楼雕刻精细,与前一门楼皆尤先甲所题。四进楼厅前门楼较简。全宅逐级提升,局部见五山屏风墙,庭院内亦见古井一眼。

"燕翼诒谋"门楼

后花园

0351 沈再先故居

中市下塘街6号·清·市保

蘅花馆

原为金融业主沈再先宅，后作王韬纪念馆。

一路两进。外设八字墙门，后为回顶式穿堂。一进前厅带廊，逢柱见斗，长窗绦环板雕花鸟。内施山雾云、抱梁云，并置荷叶墩。桁间设两道雕花夹樘板，后双步。厅前有砖雕门楼。二进后厅内四界前单步后三步，厅前门楼已毁。更后为花园，中浚池，立湖石假山，三面围廊，建方亭、半亭。局部见墙上堆塑凤穿牡丹、五蝠捧寿图案。

乐善堂沈宅

西汇上塘街16、23号·明、清·市保

原为镇董沈国琛宅,建于清同治九年,共三路四进,前店后宅。其子沈根源(训导)、沈濬源(附贡生)、沈福源(举人,兰考知县)等亦曾住于此,其孙沈长慰(字柏寒,同盟会会员)住西路。2021年重修。

三路的一进楼厅连通为店面,设垂篮雀宿檐。东路三进楼厅局部木础承重,檐下立明式斜撑,二楼童柱下有垂花,山尖设雕花叉手,做法为苏州孤例。四进亦为楼厅。中路二进楼厅后设小园。西路一进前隔街设照墙。二进轿厅山界梁带圆梁扁做痕迹,施直式山雾云,风格较古。东有账房一间。三进大厅施山雾云、抱梁云,轩梁雕戏文,隔扇雕花。后穿堂带挂落,次间设六角窗宕。四进楼厅带垂篮雀宿檐。另见双井、花岗石井、武康石井、五山屏风墙。

大厅

东路三进楼厅山尖

东路绦环板

保圣寺

马公场弄1号·宋至民国·国保

南朝梁天监二年建,宋大中祥符六年重建大殿,代有重修。曾为日军司令部。

现存山门、天王殿、古物馆等。山门为清乾隆二十六年建,前有浒关龙华寺移此之石狮。天王殿据考为明崇祯三年至四年重建,内存宋础雕婴戏牡丹缠枝纹。寺中原有十八罗汉坐像,塑艺高超。塑者有唐杨惠之说、宋人说。1929年经蔡元培、顾颉刚等吁请,范文照设计,于大殿废址建西式古物馆,移残存九罗汉于内,并由滑田友设计兼具云山、洞窟、海浪的大型壁塑。1987年改单檐歇山顶。寺内另见唐大中八年建、宋绍兴十五年重立之经幢,宋武康石质的夹幡石,明末清初的铁钟,清代的香花桥石板及枸杞、紫藤等古木。旁有白莲寺旧址,残存旧础。碑廊集宋至民国古碑四十八种。

彩塑全貌

陆龟蒙墓

马公场弄1号·清·市保

陆龟蒙,苏州人,晚唐文学家,葬于甫里保圣寺西院白莲寺旧址内。北宋熙宁年间建甫里先生祠,几经重修。今见者乃1981年起修复。

墓前有供台,并立清同治五年知县许树棆书墓碑。墓东有松柏,西有丛竹。南有武康石鸭槽两只,传为陆龟蒙饲鸭遗物。槽前即斗鸭池。池中央建清风亭,歇山顶,茶壶档轩回廊,带挂落。东西各有单孔石拱垂虹桥一座,纵联分节并列砌置。局部雕鸭,颇为别致。近有千年银杏。文徵明等有诗,张大复等有文,陆士仁等有图。今墓旁碑廊见明正德十三年《重建甫里先生祠堂记碑》。

甫里小学旧址

马公场弄1号·民国至今·省保

清光绪三十一年乡绅沈溶源将甫里书院改为公学，采用新式教学法，后更名吴县第五高等小学等。方还、王伯祥，以及叶圣陶（1917—1921年来此任教）和妻胡墨林等曾执教于此。后作日军司令部、叶圣陶纪念馆等。

现存建筑东有女子楼，中有四面厅，西有鸳鸯厅。女子楼建于1915年，2000年重建。四面厅原为博览室，周有回廊。鸳鸯厅原为办公室兼教师宿舍，南北皆回顶，柱、础南方北圆，中间以茶壶档轩相隔。

厅北有叶圣陶纪念馆，馆北系墓园，内为叶圣陶与其长孙叶三午合葬墓。甬道中建有未厌亭。墓台正中为石椁，后墙上刻赵朴初题"叶圣陶先生墓"字样。墓园西北为叶圣陶创办的生生农场，取先生与学生通过劳动增长知识、沟通感情之意。另见罗汉松等古树。

墓冢

0356

万成恒米行旧址

南市上塘街54号·民国·市保

始创于民国初,由镇上沈、范两家富商合营,为叶圣陶笔下之万盛米行的原型。前店后场,店前河埠宽大。一进为铺面。二进圆堂内前设船篷轩。旁有附房等。

河埠

0357

沈氏宗祠

南市上塘街51号·清·市保

为沈国琛家族祠堂。曾作用直粮仓。2021年重修。

原隔河照壁及门厅已毁,现存一路二进。原门厅前设门楼。一进享堂面阔七间,带桁间牌科,出凤头昂。堂内前设双轩,后圆作双步,山尖施山雾云。二进寝殿面阔七间,内四界东部圆作,西部扁作。一二进间有两道棚廊相连。西有二层回顶小楼,今修假山拾级可登。楼南有面东的回顶附房一间。祠内另存《沈国琛墓志铭》一合。

磴道与楼厅

322 / 访古苏州

张陵山遗址

张陵村张陵山 · 新石器时代至晋 · 市保

出土的各类玉器（吴文化博物馆藏）

遗址为东西两墩。今东墩尚存，上建张陵禅寺，西墩已平。共发现崧泽、良渚墓十一座，晋墓五座。出土大量精美玉器、彩绘陶器等。其中发现人殉、玉权杖等。墓中三座有纪年铭文。出土有东晋苍梧太守张镇墓志等。

出土的玉钺权杖（吴文化博物馆藏）

张陵禅寺

出土的玉琮（南京博物院藏）

大觉寺桥

车坊大姚村·1351年·省保

原为大觉寺前香花桥。桥洞东北侧嵌碑载此桥创建于北宋庆历七年，元至正十一年重建。2006年重修。单孔梁桥，下有托木。梁石、长系石为武康石，金刚墙等为青石。梁雕二龙戏珠、夜叉腾云、宝珠、蝙蝠、玄鸟、天马等，饰以海浪纹、云纹，长系石雕背倚须弥山的力士，或托钵或捧坛，雕工精巧。带宝瓶栏杆，望柱头雕覆莲。

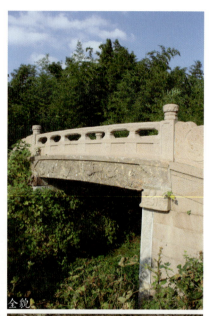
全貌

捧坛力士

托钵力士

蝙蝠

天马

香花桥

车坊大姚村·1808年·省保

初建年代无考,今桥洞内见二碑。一题"重建香花桥,清嘉庆戊辰年嘉平月众姓重修"及张天林等倡修者姓名,一题"戊辰年重建,戴祥山、沈永德众姓仝立"。梁石为武康石,精雕婴戏缠枝牡丹纹。余为武康石、青石、花岗石杂砌。局部排柱残存。桥堍有庙。

婴戏缠枝牡丹纹

全貌

澄湖遗址

车坊瑶盛村、大姚村、马塔村·新石器时代至宋·市保

又名摇城遗址。旧有村落陷于湖、吴王子及越王摇居此的记载。湖底发现古井一百五十余口。出土、征集的器物形制特征从新石器时代到宋代不等。其中黑衣陶贯耳罐上有类似甲骨文的刻字,或推为"方钺五偶",是良渚文明的重要例证。此外,鳖形壶、漆器、彩绘等均体现出吴地远古高超的工艺水平。

出土的鱼脊椎骨化石
(吴文化博物馆藏)

出土的彩绘陶罐
(吴文化博物馆藏)

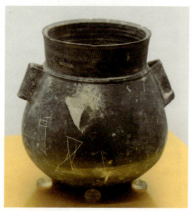

出土的黑衣陶贯耳
(吴文化博物馆藏)

0362
太平桥

南窑村西·1902年·市保

全貌

又名南桥。初建年代无考,今明柱刻"光绪壬寅孟春涓吉,藩宪拨款同人集资","重建中桥南桥两座,开浚全镇官河支河"字样。单孔拱桥,纵联分节并列砌置。千斤石刻轮回纹及如意、笔锭、犀角、葫芦、有腰铁等。两侧折坡,俗谓"桥挑桥"。拱券见"放生官河""禁止捕捉"字样。

0363

文徵明墓

文灵路1号·明·省保

石虎

文徵明(1470—1559),名壁,字徵明,以字行,后更字徵仲,苏州人,"明四家"之一。黄佐撰墓志。1984年、2004年重修。

墓前有照池、新建之单间双柱坊、拜台。墓带石砌罗城,并立新刻"明公文徵明之墓"碑。甬道两侧放移来之石虎、石马各一对,实则与原墓体制有违。或曰移自元平江路总管张伯颜墓,一说移自蠡口。

陆墓御窑

阳澄湖西路95号·清·省保

陆墓自明永乐中始造砖,相传因所产金砖质地上乘而受到明成祖朱棣的称赞,并赐名"御窑"。现存为清晚期砖窑,系双窑连体窑,平面呈椭圆形。窑内呈圆锥形,拱形窑门,顶部设渗水池。其东北之陆墓老街近年考古亦发现有窑址十二处,部分窑址带六个扇形烟道。

内部

悟真道院

悟真路162号·清至今·市保

古井

山门

又名何金庙、河泾庙（祀顾恺之）。始建于淳熙三年，为南宋蓑衣真人何中立退修之所。明洪武初叶道元修，天顺六年道士童守初重修，崇祯初钮道禄又修。清康熙间道士田洪科、里人欧阳纲等募建真武殿、玉皇阁。2009年再修。

原有三路四进，现主体为三路三进。中路设棂星门、山门、玉皇殿、河泾殿、财神殿，东有慈航殿、文昌殿，西有八仙殿、元辰殿。其中河泾殿设抱厦，内有船篷轩，带梁间牌科。玉皇殿为重檐歇山式。另见花岗石六角古井一眼。

全貌

花岗石梁

0366 福昌桥

漾泾村·1796年·市保

初建年代无考,现存武康石梁刻有桥名。花岗石梁大圈内刻"嘉庆丙辰重建福昌桥"及"光绪乙巳"字样。单孔梁桥。

0367

含秀桥

漾泾村·1889年·市保

全貌

初建年代无考,现局部存武康石。今见"光绪十五年冬月""里人重建"字样。单孔拱桥,纵联分节并列砌置。千斤石刻轮回纹。联曰:"鼓棹南来,港名柴米;扬帆东去,河号洋澄。""南望波光,蕴含无尽;西来山色,灵秀常钟。"桥堍有庙,树甚粗大。

全貌

0368
万安桥
凤凰泾村北雪泾·1934年·市保

明洪武二年建,望柱刻"民国二十三年四月""胡门姜氏敬助"字样。三孔墩梁桥。有砷石、栏杆。桥墩见"放生官河""禁止捕捉"字样。联曰:"万里前程资便利,安康大道乐升平。""万人喜得交通利,安土长敦再造仁。"首字皆嵌桥名。2013年重修。

0369
养真堂朱宅
黄埭西市230号·1784年·市保

"耕读流芳"门楼

原为布商朱福熙宅,曾作军队驻地、乡政府接待室、镇文化中心、社区办公处等。1999年、2023年重修。

二路四进。东路三进大厅带双轩,山尖施抱梁云,次间有卍川栏杆。厅前设"诗礼继世"门楼。四进楼厅曾悬余觉所题"熙馀草堂"匾。楼内配彩玻,楼外带砖细楼裙。上下两层皆设轩。楼下扁作梁抛枋雕花。楼前设钱棨题"耕读流芳"门楼。备弄见铸铁花窗。西路有书房、花厅等建筑。其中三进为三座层高不同的厅堂相连,做法特别。前为回顶花厅;后为中式花篮厅;中以西式高厅相连,辟天幔,四周嵌彩玻,顶部做回纹及蝴蝶等石膏造型,地面斜铺进口彩砖。更后有园。外存五山屏风墙。

0370

— 黄桥

蠲免渔课永禁泥草私税碑

北庄村 · 1660年 · 市保

在原土地庙观音堂旧址内。清顺治十七年立,系清地方官府批复长洲县渔民陆江、葛华、金坤等四十三人呈告当地豪强地主、渔霸向渔民横征暴敛私税,武断乡曲的牒文,示令严禁巨豪私税虐民,勒石以求永杜奸害。

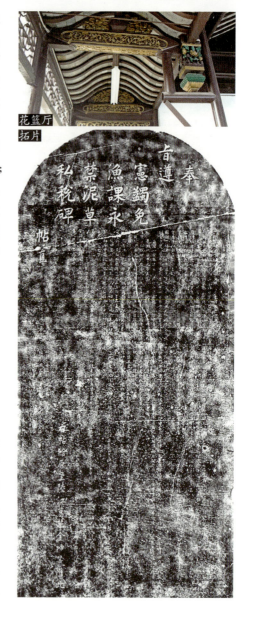

花篮厅拓片

0371

北桥城隍庙

南桥西街·清·市保

临紫荆禅寺而建,其史不详。曾作粮仓等。

一进山门后连戏台,内有鹤颈轩四面围绕穹顶,复列斗六升牌科,连缀处四角悬花篮柱。台顶哺龙脊及花篮堆塑较精。两厢有东西看楼六间。二进城隍殿与戏台相对,歇山造,桁梁间皆设牌科。双船篷轩连缀(原当有抱厦,重修后改),扁作与圆作混用。戏台及大殿新修后皆遍施北派彩绘。

戏台

城隍殿

0372

石家桥

石桥村·1909年·市保

初建年代无考,今梁见"宣统元年""十月里人集资重建"字样。单孔拱桥,纵联分节并列砌置。千斤石刻轮回纹。龙门石雕双龙戏珠。桥心两侧有石凳。拱券见"奉宪禁止捕捉"字样。桥堍有夹幡石。联曰:"红板夕阳,不数题诗客过;苍葭秋水,尽偕策杖人来。""雁齿云平,虹腰水映;骑驴月冷,马印霜骄。"桥堍有里仁禅院。

全貌

石凳

0373

太平

凤凰桥

旺巷村·宋至清·市保

始建于宋代,明代王策往西移建。现局部存武康石。今梁见"太原王氏近溪策立"字样。金刚墙内有"乾隆四十年重建"石刻。1964年重修。单孔梁桥。长系石带托木槽孔。带铸铁栏杆。

0374

阳澄湖

沈周墓

沈周路东·明·省保

凤凰桥全貌

沈周墓亭

沈周(1427—1509),苏州人,"明四家"之首。卒葬家族墓园,内原有高祖沈懋卿、曾祖沈良琛、妻翁氏、子沈惟时等墓。1928年裔孙沈彦良建碑亭。1961年、1983年重修。

今墓道前有照池,东存歇山顶石柱方亭,联曰"先贤埋画地,后裔筑碑亭",并有"民国十七年建立"款。亭内有沈带撰《明故翁氏墓志铭》一合、沈钟重立《沈惟时墓表》、1928年施兆麟撰《沈氏碑亭记》。墓前立单间双柱坊,枋刻类似"七朱八白",碑刻"明沈公启南处士之墓"。旧墓碑卧其侧。后有青石罗城、墓门、雕刻花卉的须弥座。墓园内散放云纹柱头等石构件,旁有三孔平梁桥。

0375

通仙桥

湘城观桥头·1890年·市保

全貌

又名观桥。始建于宋咸淳二年,因桥北有通仙观,故名。清光绪十六年张毓庆重建,1997年重修。今见"光绪拾陆年"等字样。现局部存武康石。单孔拱桥,纵联分节并列砌置。千斤石刻轮回纹。联曰:"紫阳旧迹照千古,再整新模庆八方。""地接鹤林襟相水,川回龙脉写渔沙。"

0376

湘城粮仓

湘城观桥头·20世纪70年代·市保

圆囤粮仓

1951年建,20世纪70年代扩建。现存三座砖圆仓,屋顶为穹式,檐部挑出。墙体上部于不同方向开有小窗,底部开有闸门一扇。另有红砖仓房一间。

0377

陆士龙祠

湘城河东村·1927年·市保

传西晋文学家陆云见饥民而尽放督粮，里人因集衣冠成冢并建庙祀之。又称内史祠、湘城城隍庙。旧为相城八景之一。明成化七年沈贞吉、1927年姚文澂重修。

一进檐下带桁间牌科，出凤头昂。辕门原有"东作""西成"字额。大殿今存小型石人、成化七年兵部尚书徐有贞撰《晋大将军右司马陆士龙祠记碑》及1927年施兆麟撰、邹念生刻《重修陆士龙祠堂记碑》。并见所属吴县都图的旧门牌。

大殿

0378

灵应观

湘城河东街观桥头·明、清·市保

祖师和堂、赵志清募建于宋咸淳二年，初名灵应道院（一作灵隐道院）。元初遭兵焚。延祐年间住持苏斗南重建，易名灵应观。明洪武初归并玄妙观。隆庆二年马俸重建。天启三年名道周鹤林重修。清康熙十七年又建，次年落成。康熙二十四年建文昌阁。道光间、咸丰五年再修。后作湘城粮仓。

墨书题记

原规模较大,现仅存玉皇殿。殿宇为筒瓦龙脊,提栈较缓,石柱木梁构制,逢柱见斗。前设船篷轩,童柱下雕垂花,荷叶墩内藏鱼等水族。梁上见墨书"吴德秀舍梁壹根、预修经费叁两,祈保平安"题记,脊檩施彩绘。外设带吞金垛头,搏风墙。殿内存隆庆二年朱汀镌《灵应记碑》、康熙十八年王时敏《灵应观碑记》。殿后存康熙壬午款吴屿书"鹤林遗胜"字额。

《灵应记碑》

0379

妙智禅院

湘城人民街后弄·明、清·市保

僧西铭始建于南朝梁天监二年,初名法华庵,后称妙智禅院,俗呼妙智庵。宋宣和年间由紫峰住持。元至正八年,时年十四岁的姚广孝至此庵出家。明永乐十二年姚广孝以钦差身份还乡,重建妙智庵,次年落成少师祠。明清时曾数度重修,最后一次为清光绪年间姚文潞募修大雄宝殿。民国初曾为姚元模等所创之第一国民学校校址,1920年为苏军第二师步兵团某部驻地,1929年后为吴县第七区公所、湘城镇镇公所。中华人民共和国成立后曾为粮仓。

现存大雄宝殿,檐下有桁间牌科,扁作梁,后双步体量较大。壁嵌明永乐十一年《谕赐姚广孝碑》、永乐十六年《御祭姚广孝碑》。

《御祭姚广孝碑》

0380

沈菊英故居

消泾村 · 民国 · 市保

沈菊英故居陈设

抗战期间，中共苏州市县工委、中共阳澄湖县工委和阳澄湖抗日民主政府，为配合新四军发动组织人民群众与日军及胡肇汉反共势力作斗争，在沈菊英家建立了地下交通联络站和江南抗日义勇军（简称"江抗"）办事处。1940年7月，沈菊英牺牲。1941年4月，沈菊英的儿子陆义牺牲。1995年沈菊英故居被建为阳澄湖地区抗日斗争史迹陈列馆。现存主屋，侧有厢房。

瞭望楼全貌

0381

模范灌溉庞山实验场瞭望楼

庞北村 · 20世纪30年代 · 市保

模范灌溉庞山实验场系国民政府于1933—1936年间围垦庞山湖而成，后称庞山湖农场，共有耕地5.8平方千米。为维护农场安全，特建瞭望楼。系单间三层青砖楼，剖面呈正方形。三层上曾设铜钟一口，大门带拱券。楼内局部尚存瞭望孔。青砖有"协大"等铭文。楼顶带水泥半环装饰。近旁有当时所浚之四眼井。

0382

三里桥

全貌

三里桥村·1885年·国保（京杭大运河点）、市保

元泰定元年始建，明天顺六年、清嘉庆二年、光绪元年重建，光绪十一年、1984年重修。清代曾在三里桥设营汛，桥下建有栅栏，定时启闭。单孔拱桥，纵联分节并列砌置。千斤石刻轮回纹，龙门石雕双龙戏珠，有纤道台。明柱刻"光绪十有一年岁次乙酉仲夏之月""苏省水利总局督同江震官民重建"。桥堍有三里庙，祀顾野王。

0383

模范灌溉庞山实验场办公楼

油车路166号·1934年·市保

外立面

原为1934年成立的模范灌溉庞山实验场办公楼，后作为庞山湖农场办公楼、山湖饭店等。现存二层洋楼，面阔五间，置有拱形门、窗，罗马柱带科林斯柱头，墙面上堆塑有垂穗、花卉等纹饰图案，山墙带折式观音兜。

吴江区 / 339

0384

怀德井

中山北路流虹路口·1532年·市保

俗称三角井,明代兵部尚书吴山凿于嘉靖十一年,时任知县张明道题名曰怀德井,万历八年重修。"文革"中被埋入地下,1983年在扩建马路时重新修复。"品"字形青石井栏,三穴系一石凿出。2000年疏浚整修,并在井旁砌置围栏。

全貌

0385

中心北巷吴宅

中心北巷·清·市保

半窗

为明父子尚书吴洪、吴山之后裔于清乾隆五十五年在旧宅原址上重建,2020年重修。

现存四路。西一路仅存偏厅。西二路为主路,大厅等皆毁,剩四五两进。四进楼厅平出两厢,带宫式半窗,下有卍川栏杆,前有门楼。五进为附房。东二路残存有四进曲尺形楼厅和五进穿斗式附房。东一路见花厅,为拈金造,带横风窗。

0386

吴江县立医院旧址
富强弄·1936年·市保

全貌

1936年吴江县政府于松陵书院旧址建造。日军侵占吴江期间,被伪中央内政部改为直辖第四病院。抗战后复称吴江县立医院。曾更名为省立吴江医院、吴江县人民医院等,后作吴江区第一人民医院陈列室、民房。二层青砖洋房,壁炉、烟囱尚存。南墙嵌碑,刻"中华民国二十五年三月,吴江县立医院立础纪念,县长徐幼川书"。后有券门、小园。

0387

钱涤根烈士纪念碑
流虹路271号·1982年·市保

全貌

钱涤根(1887—1927),名刚,以字行,松陵人。同盟会会员,曾参与辛亥革命、护法运动等,1926年奉命至上海组织江苏省国民革命军总指挥部。1927年1月15日被军阀孙传芳的部下、淞沪警备司令李宝章下令逮捕,翌日就义于龙华。1937年1月16日吴江各界举行其牺牲十周年纪念大会。3月19日纪念碑在公园落成。后为日军所毁。原碑在中山堂前,由须戒己设计,上刻林森题"钱涤根烈士纪念碑"。1982年重立现碑于今址,共四级,由徐穆如重书大字。幢式柱嵌铜铸之碑文,系1937年金鲁望所书。

0388 泰安桥

盛家厍 · 1892年 · 市保

全貌

初建年代无考,今金刚墙见青石刻助银碑,有"光绪十八年壬辰五月"字样,2006年修缮。单孔拱桥,纵联分节并列砌置。千斤石刻轮回纹、条纹。一侧设如意踏垛,较特别。联曰:"近傍城隅通笠泽,远连淞水隔垂虹。""雉堞重新开泰宇,鲈乡□□□安□。"倒数第二字嵌桥名。金刚墙另见"旷可居"字石。

0389 李云骅故居

新盛街29号 · 1893 · 市保

"泽衍五知"门楼

原属南三兴肉店业主李云骅宅。一进为商铺。二三进为楼厅,两侧有厢房,乃供祀祖先之所。二进楼厅下设菱角轩,前有王希梅题"泽衍五知"门楼。天井带方胜铺地。楼厅后有戗檐。

垂虹桥

垂虹路北·宋至明·国保

俗称长桥。宋庆历八年因诏令而不得新建县学,而以原拟募建之资造木桥,名曰利往桥,桥中有垂虹阁,两埭有汇泽亭、底定亭。历代不断重新修建。德祐元年为85孔。元大德八年为99孔。泰定二年易木为武康石,为62孔桥。明洪武元年重修并造垂虹亭。成化八年易为青石。成化十六年为72孔。嘉靖五年于桥南建吴江亭。1914年时剩44孔。1967年倒塌12孔。1995年于此建垂虹遗址公园并曾挖出11孔。2005年东端9孔及汇泽亭基础等出土。今桥分东西两段,共17孔,西端还有数孔埋于地下。分节并列砌置,局部为武康石。

东段

西段

吴江文庙

垂虹路172号·清·省保

初建无考，宋大中祥符五年奉诏修县学新学宫，元元贞元年改为吴江州学，明洪武二年恢复为县学，清雍正四年析置震泽县学。宋至今修建达四十余次。后作各类学校使用。左庙右学格局。原东为棂星门、戟门、大成殿、崇圣祠，左设名宦祠，右设乡贤祠，另有土地祠、忠义孝祠等。西为县学，有泮池、泮桥、明伦堂、号舍、尊经阁，东北为教谕廨。

今存大成殿、崇圣祠和明伦堂遗址等。东路文庙，棂星门系1999年重建。北为大成殿，清同治四年重建，重檐庑殿顶，局部覆盆础接鼓础承重。更北为崇圣祠，同治十二年重建，重檐歇山顶，局部仔线鼓础承重。西路县学，存明伦堂遗址及堂前的泮池、拱桥，为2003年清理出土。

大成殿

运河古纤道

京杭大运河西岸，吴江汽车站东·元至今·
世遗、国保（京杭大运河点）、省保

纤道

唐元和五年王仲舒始筑，名松江堤。北宋天圣元年加筑。庆历八年增石修治，政和初年易土为石。元至正六年起以巨石重筑，自三江桥逶迤向南九里，曰至正石塘，又称九里石塘。后重修十多次。

原有多座纤桥和渡口凉亭，现存青石为主的纤道约一千五百米，今存三山桥、南七星桥，皆为以旧石重建之新桥。三山桥，五孔梁桥，立有排柱，梁刻"一九八四年五月""江苏省吴江县航道管理站"字样。南七星桥，六孔梁桥，立有排柱，梁刻"一九八四年""江苏省吴江县航道管理站"及清同治间刻的"水利工程总局重建"等字样。另有修复重建的北七星桥、挹波桥，分别系三孔拱桥与单孔拱桥。

南七星桥

0393

苏嘉铁路桥墩

牌楼巷、五方港等处·1936年·市保

38号桥墩

苏嘉铁路始建于1935年，次年正式运行，1944年起被日军拆除。吴江境内现存七处遗迹，分别为七里港23号桥墩、牌楼港38号桥墩、五方港40号桥墩、农创村49号桥墩、北斗桥64号桥洞、盛家港70号桥洞，以及史家浜界碑、炮楼与75号残墩。其中38号与40号两处桥墩被列为市级文物保护单位，此两处桥墩皆为南北走向，呈椅子状。

0394

徐灵胎墓

八坼凌益村·清·省保

徐灵胎（1693—1771），原名大椿，以字行，吴江人。医学家。清乾隆间曾两度奉诏进京诊治疑难重病。卒于京，次年归葬越来溪黄字圩，乾隆五十七年迁葬今址。1958年前墓被盗毁，后将遗骨和部分遗物复葬墓内。1963年、1984年重修。

照池

墓为徐灵胎与其原配周氏、继室殷氏、副室沈氏的四穴合葬墓,花岗石护壁。前有池及新建的水泥三间四柱"名世鸿儒"坊。联曰:"满山芳草仙人药,一径清风处士坟。""魄返九泉,满腹经纶埋地下;书传四海,万年利济在人间。"墓前见1963年所立的"清名医徐灵胎墓"碑。

0395 永宁桥
八坼·1765年·市保

全貌

初建年代无考,今梁见"大清乾隆乙酉蒲月吉旦""众姓又建"及"戊寅年桂月""太平保安合众修葺"字样。单孔梁桥。栏杆雕方胜等,长系石雕如意云等,皆工细。金刚墙横嵌旧联曰:"□□□□□□□,晓霞摇影接青云。"又嵌"奉宪放生河"碑,并立碑刻"奉宪禁止捕鱼打龟捉蛙,如违送究"。

0396 万安桥

八坼·1868年·市保

夜景

初建年代无考,今梁见"同治七年四月重修""里人募建"字样。单孔梁桥。桥心雕轮回纹。有腰铁、砷石,原望柱雕石狮,栏杆雕方胜、如意、缠枝纹,长系石雕暗八仙等,皆工细。

0397 合浦桥

八坼·1757年·市保

全貌

初建年代无考,现局部存武康石。今梁见"乾隆丁丑岁仲冬谷旦""江震二邑侯捐俸,士庶乐助齐建"字样。志载清光绪二十四年重建。单孔梁桥。长系石、栏杆雕花较精。望柱头雕莲纹。金刚墙横嵌旧联曰:"□此安澜□鲤□,□□□雨见珠还。""□□腾□通闾阎,虹飞映浦达蟾宫。"金刚墙嵌"奉宪禁止药鱼"碑。

联源桥

八圩·1871年·市保

全貌

初建年代无考,今梁见"同治十年五月重修""里人重建"字样。单孔梁桥。栏杆雕花。联曰:"共庆梁成,时维四月;群欣国寿,号合千秋。""势挟河山,人文毓秀;□□□□,□□□□。"又有"禁止捕鱼"字样。

全貌

朴泽桥

直港村·1555年·市保

又名王家桥、黄瓜桥。始建于明嘉靖三十四年。拱券中有"明嘉靖乙卯五月"建桥碑及助银莲额题刻多方,金刚墙上亦见助银碑一方。清康熙三年、1994年重修。单孔拱桥,纵联分节并列砌置。

博士桥

四都村·1873年·市保

初建年代无考,今梁见"同治十二年""里人重建"字样。分东南、西北两桥,组成"八"字形,故又称八字桥。系废弃的崇吴寺石料所建。单孔梁桥。桥心响板雕轮回纹。

全貌

全貌

0401 邑宁桥

庙前村·1890年·市保

又名施相公桥、施相公庙桥、香花桥。初建年代无考,清光绪十六年重建。今见"光绪十六年四月谷旦""里人重建"字样。单孔拱桥,纵联分节并列砌置。千斤石刻轮回纹。联曰:"放鸭栏开春涨软,卖鱼网晒夕阳明。""成梁正遇神仙诞,题柱还期经济才。"桥北堍有施相公庙。

轩梁与荷包梁

0402 施全祠
庙前村·清·市保

俗称施相公庙。祀南宋刺秦桧之义士施全。初建年代无考。

现主体存一路两进，一进山门带砷石，雕狮子舞绣球。二进前殿已毁，西有药师殿，设和合窗。三进大殿前设双轩，脊檩有彩绘，轩梁、荷包梁等处精雕戏文，山尖施山雾云，椁木雕鸟雀等，蜂头、匾托雕花。庙前有香花桥，即邑宁桥。

全貌

0403 思本桥
辽浜村·宋宝祐间·国保

又名思汾桥，南宋宝祐年间诗人叶茵建。单孔拱桥，分节并列砌置。桥身多为武康石砌置，石阶部分为花岗石。今见武康石刻"思本"二字，抹角明柱刻"寿□"二字。南北两侧有乳钉纹。2008年重修。

同里镇

同里古镇・明至今・省保

古镇地处水乡,镇区被上元、中元、后港三条"川"字形市河及十四条支流纵横分割成七个圩,其间以桥梁相通。镇区内明清建筑约占建筑面积的十分之四。

罗星洲

鸟瞰

明善堂陈宅

三元街15号·清、民国·省保

原为陈去病宅。1994年、2001年、2009年重修。

建筑布局呈不规则"之"字形。大门前有河埠,门上嵌"孝友旧业"砖额。门后设半亭连接磬折廊,沿廊北有家祠。与廊相对设月洞门,上见"绿玉青瑶之馆"砖额。南即绿玉青瑶之馆,又名明善堂,为二层楼厅,建于1932年,内立方柱方础,厢楼顶部设露台,局部带压花彩玻。与半亭相对为百尺楼,建于清同治年间,系陈之藏书楼。楼后栽瓜子黄杨。楼东北为浩歌堂,建于1920年,长窗雕花,匾托雕蝙蝠祥云,曾悬孙中山题"女宗共仰"匾和陈去病自撰楹联。堂东北有书房兼卧室。另见"明善堂陈界"界碑、1916年孙中山为陈去病父亲和叔父题"二陈先生之墓"石构件及其他碑刻四种。

百尺楼

南园茶社

鱼行街86号·1902年·市保

光绪二十四年金仲禹之父建,初名福安茶社,号称"江南第一茶楼"。因火灾,光绪二十八年金仲禹重建。1943年蔡根羽购得,改名南园茶社。一说陈去病和柳亚子等常来此品茗,并建议改今名。1999年重修。北面临街,东面和南面靠河,为连体的二层四坡顶楼房,北楼七开间,南楼较之略低,为三开间。

两面临水

寿山堂朱宅

三元街78号·清·市保

"太岳遗徽"门楼

初为许宅,后归朱念萱、朱知稼兄弟。一路三进。宅前设河埠。一进门厅垛头堆塑囍字。二进楼厅带山雾云、荷叶墩,设满天星长窗,厅前有费元衡题"太岳遗徽"门楼,砖雕精细。三进楼厅前有沈良友题"人伦月旦"门楼。

嘉荫堂柳宅

竹行街125号·1919年·省保

柳炳南1919年建,其侄柳亚子亦曾居此。1993年重修。

主体为两路三进。东路一进门厅外施八字青砖墙,下部为花岗石石基。二进大厅桁梁下皆带枫拱,扁作梁雕八骏、凤穿牡丹等,施山雾云、抱梁云,棹木精雕三国戏文,长窗雕博古图、花卉。三进小楼现改为不规则的带廊庭院。后有楼厅衍庆楼,菱角石雕笔锭,带数道车制楼裙,檐下垂花篮。一层带一枝香菱角轩廊,内设双桁海棠轩,棹木雕山水及二十四孝,梁雕伯乐相马、敦颐爱莲等人物故事。二楼檐下垂雕花挂落。天井内地面雕五蝠捧寿,前有"厚道传家"门楼。更后为小院,有湖石假山之属,西北建歇山顶水秀阁临水。西路存附房。另见琴形门、月牙门、海棠花坛及"嘉荫堂柳"界碑。

大厅

0409 吉利桥

太平桥东南 · 1988年 · 市保

远景

初建年代无考,清乾隆十一年里人范景烈重修,乾隆四十八年里人重建,1966年(一说20世纪70年代)因填河拆除。1988年同里镇政府重建。单孔拱桥,纵联分节并列砌置。望柱刻"戊辰年五月重建"。联曰:"浅渚波光云影,小桥流水江村。""吉利桥横形半月,太平梁峙映双虹。"同里婚嫁素有走三桥之俗,此为其一桥。

0410 太平桥

仓场弄南口 · 1902年 · 市保

全貌

初建年代无考,清乾隆十二年里人范景烈等重建,嘉庆二十三年再建,光绪二十八年重修。单孔梁桥。桥名嵌于六角框内,左右见"光绪二十有八年孟秋之月""里人重修"字样。长系石雕如意云。有栏杆。联曰:"永济太平南北路,落成嘉庆廿三年。"同里婚嫁素有走三桥之俗,此为其一桥。

长庆桥

鱼行街·1873年·市保

又名谢家桥、福建桥、广利桥。初建年代无考,清康熙三十九年里人重建,同治十二年八月里人公捐再建,更名为长庆桥。1988年重修。今仰天石双向圈内分别刻"长庆桥""一名谢家桥"。单孔拱桥,纵联分节并列砌置。千斤石刻轮回纹。明柱刻"同治一十二年桂月吉立,里人公捐重建"。联曰:"共解囊金成利济,好留柱石待标题。"同里婚嫁素有走三桥之俗,此为其一桥。

全貌

留耕堂王宅

富观街36号·清·市保

河埠

原有三路七进。东弄堂及东弄堂西屋系王有庆在遗老堂的遗址上创立的师俭堂。中弄堂及中弄堂西屋系始创于清康熙间的敦厚堂。西弄堂及西弄堂西屋系康熙间举人王文沂始创的留耕堂,沿街有双落水河埠,第五进前有"忠厚贻谋"门楼,厅前绦环板木雕古朴。雍正举人王时彦、乾隆举人王堡、浙江按察使王锟、民进创始人王绍鏊、通信工程学家王辅世等亦曾居此。原中路有王氏宗祠,后原有花园,亦废。曾为石棉厂、电机厂和航运公司。今局部辟为王绍鏊纪念馆。

后楼

古井

耕乐堂朱宅

上元街 127 号 · 明至今 · 国保

原为明处士朱祥宅址,局部曾为清人黄仲梁宅。后作福利院。1998 年起重修并复建后园。

东宅西园格局,主体为两路三进。南路一进为竹丝墙门,前有廊棚、河埠,并带券门。三进楼厅局部以仿木砌、雕包袱锦的青石础承重。西路三进为回顶贡式花厅,前设贡式一枝香鹤颈轩,做法独到。南设风和亭连通备弄。后园今称耕乐园,以廊分隔南北。北园浚池,环以花厅(精雕飞罩)、燕翼楼、古松轩、四百余龄白皮松、木樨轩(原为潘宅书楼)、环秀阁(设八角与椭圆形木制窗宕,较为别致;原为佛楼,阁底设板,启可观鱼)、墨香阁(原为书楼,以双层连廊接环秀阁)、桂花厅诸胜,另堆叠假山,内辟洞壑。南园以廊相环,中设三友亭。

白皮松

鸟瞰

0414

卧云庵
上元街135号·明·市保

俗称土地堂。祀同里社主（传为唐太子）。明万历中重建；清乾隆三十二年里人陆国珍增建观音殿、山门；嘉庆初里人朱光震、僧自诚募修后殿；嘉庆十四年里人陈佳锡、范显锜、严泰来、僧真性募建二堂并修葺观音殿；嘉庆十五年里人顾怀慈捐田扩基址，庞保元捐建山门。曾为同里镇福利院、金属加工厂。

现存一路两进，一进山门穿斗造，前有门头、天井。二进大殿逢柱见斗，桁梁间皆设牌科，童柱下有垂花，脊檩施包袱锦彩绘，东墙嵌明嘉靖间建庵碑一通。原河埠上留有凿刻的界碑两通。

脊檩彩绘

0415

同川自治学社旧址
富观街83号·民国·市保

清光绪二十九年金松岑创办同川公学，后改名同川两等小学、同里中学等。

教学楼

现存青砖为主的教学楼（俗称红楼）一幢，面阔五间，歇山顶。一二层皆设廊，一层带拱券，下设科林斯柱头，腰檐带叠涩砖。二楼垂西式挂落，带铁艺栏杆，拱券、窗缘等处皆以红砖装饰。原校内的金松岑故居已毁，1948年为纪念金松岑而重建之。系二层建筑，坐西面东，正间前设半亭，墙内嵌1948年金祖谦题"天放楼"汉白玉石刻，近年重修时换为复制品。楼内存民国碑刻两种。另见六角古井一眼。

0416
富观桥
富观街·明、清·市保

全貌

元至正十三年（一作十年）里人宁成始建，初名庆荣桥。志载明成化二年里人顾宽再建。清康熙五年里人沈敬宇募资重修，易名富观桥。陆云祥有记。1998年重修。今金刚墙存二碑，青石者为"成化丙午"款庆荣桥石作碑，花岗石碑上刻"大清嘉庆十有八年岁次癸酉，里人募捐重建，桥底改用石桩"。单孔拱桥，分节并列、纵联分节并列混合砌置。现局部存武康石。有条石坐栏，拱券内见莲额。千斤石雕轮回纹，龙门石雕鱼化龙。北设桥台，分西、北两个桥坡。

0417

庞氏宗祠

石皮弄16号·1930年·市保

清光绪二十一年庞庆麟始建,1930年庞元润移建于此。曾作同文中学、农民自卫工作队办公点、粮库。2003年重修后作为珍珠塔园内之景点。

两路三进,外设墙门,后有东西角亭。一进大门为将军门形制,列砷石,带门簪,后设廊连通二进。二进享堂檐下列桁间牌科,前廊垂挂落,左右有篆书"存仁""爱物"字额。堂内山尖施山雾云、抱梁云,棹木雕花。三进为寝殿。东路有附房两进,另有花岗石六角古井,传曰洗心泉。后部楼厅沿河,今外向新建"泰和懿德"砖雕门楼。

0418

庆善堂陈宅

东溪街116号·1924年·市保

建于1924年,原为陈雅初(旭旦,学者)、陈翰秋(教师)兄弟宅,陈翰秋女陈昆(工程师)亦曾住此。局部曾作卫生院等。2012年重修。

楼厅

主体一路三进,皆为楼厅。二进楼厅二楼带卍川团寿栏杆,楼前门楼已毁,仅存上部堆塑。三进楼厅及厢房之二层皆设廊,带车制楼裙,立柱、挂落、栏板雕花,楼前恢复有砖雕门楼。局部长窗雕刻八仙人物等。东、北另有附房若干。宅前设河埠。另见"九龙八风山海镇宅"石,现铺于地。

0419

明远堂杨宅

东溪街107号·清、民国·市保

楼厅

原为杨纯卿(粮油商)、杨敦颐(丹徒县训导)兄弟宅,杨锡骥(杨天骥)、杨锡恩(医学博士杨君谋)、杨锡仁(实业家)、杨锡冶(美术家)、杨锡镠(建筑师)、杨锡纶(费达生和费孝通之母)等亦曾住于此。

磨盘井

原亭子间和花园不存。现存一路五进。一进门厅。二进轿厅。三进大厅。四进楼厅带副檐,设轩廊连通厢房,局部垂挂落。次间设卍川栏杆,结子雕花果。五进附房,更东亦为附房。另见青石圆井一眼,井台为花岗石磨盘。更后为石库门后门。局部存和合窗。沿街及侧面有界碑书"杨河山界",带有"民国十六年""景时置"款,做法罕见。

一枝香鹤颈轩

全貌

0420 普安桥

东溪街与新填街之间 · 清 · 市保

又名读书桥。明洪武二年始建（一说重建），弘治间里人顾宽、沈达重建，正德元年、清道光间再建。今仰天石分别刻"小东溪桥""古名普安桥"，栏板分别刻"明正德元年九月顾宽仝弟宏捐资重建""国朝道光二十年良月吉旦里人重建，殷怡源经造"。北侧金刚墙有弘治款碑一方。单孔拱桥，纵联分节并列砌置。千斤石刻轮回纹，龙门石雕鲤鱼跳龙门。桥顶设石凳。联曰："古塔摇红迎旭彩，罗星晕碧锁溪光。""一泓月色含规影，两岸书声接榜歌。"

0421

务本堂叶宅

新填街128号、叶家墙门 · 清 · 市保

明中期为乡饮宾顾宏宅，中有浣松轩、勤补堂，诸生顾我锜、清乾隆举人顾我钧等曾住于此。光绪十九年归米业总董叶仲甫，重建新

花坛与花厅

双向备弄与灯龛

屋,更名务本堂,又有堂曰尚义堂等,俗呼叶家墙门。曾作供销社仓库等。

主体分两路五进。东路一进门厅。二进轿厅曾悬黎元洪题"乐善好施"匾。三进大厅带双桁鹤颈轩廊,厅北接戏台。五进为楼厅。西路一进船厅。二进花厅。三四进为走马楼厅,其中三进分左右楼梯,置平础。天井内见花岗石乱纹铺地,五进为附房。宅内纵横双向备弄皆设灯龛。宅后原有园,中浚池,后填池,局部划入丽泽女学用地。

"玉和遗轨"门楼

一枝香鹤颈轩

0422

徐德堂周宅

新填街5号 · 1927年 · 市保

原为周松庭宅。曾作军队用房、供销社、宿舍、竹木商店等。

原有两路,现东路已毁,今存西路。一进门厅。二三进为走马楼厅,带车制楼裙,一层以一枝香鹤颈轩廊环绕。二进前有1927年金祖泽题"玉和遗轨"门楼。四进为楼厅。局部见六角砖窗。堂前带河埠。

世德堂曹宅

新填街 158 号·清至今·市保

世德堂曹宅，清光绪三十二年创曹益隆酱园于此，前店后坊，内设财神堂、寿仙真人阁。清末归敦仁堂钱氏，旋又归张文伯等，亦号世德堂。后作作场、仓库、供销社、宾馆。1996年重修。

一路五进。一二进走马楼厅已改建，檐下垂花篮，楼裙、栏杆、长窗、梁枋、挂落皆新配各式木雕，插徽式牛腿，雕狮子、神仙等。二进楼下菱角轩连海棠轩，局部配束腰提灯础。两厢改为双海棠轩，中垂花篮。楼前有"遗安世泽"门楼（或曰移自鱼行街范宅，谬）。三进大厅内施山雾云，长窗、梁枋等新配木雕，前有"世德贻燕"门楼。四五进走马楼厅内新配包含徽派建筑构件在内的各式木雕。四进前设"崇朴尚俭"门楼。内立"世德堂周界"界碑，外立"世德堂张界"多面界碑。

"遗安世泽"门楼

大厅

走马楼厅

二进楼厅满轩做法

雪耻亭

字额

0424
丽则女学校旧址
新填街 235 号·1911 年·国保

　　丽则女学由退思园主人任传薪创立于清光绪三十二年，初以退思园为校舍。后改为吴江县第一高等女子小学、同里女子小学等。曾作性文化博物馆，今为酒店。

　　校址存校门、教学楼，建于宣统三年秋。校门为青红砖混砌，中辟券门。青砖教学楼面阔七间，1916 年加建第三层。歇山顶，上辟有老虎窗，并有券廊建于楼外，廊顶为长阳台。三楼外墙嵌有校训碑。楼内置收分式楼梯，壁炉尚存，并有民国碑刻一方。楼前另有雪耻亭，内立反对袁世凯卖国的《五月九日国耻纪念之碑》。

退思园

新填街234号·1885年·世遗、国保

清光绪十一年起安徽凤颖六泗兵备道任兰生建,书画家袁龙设计。其子任传薪等亦曾住此。后作丽则女学、会堂、小学、工厂、机关等。1982年起重修。

西宅东园。西部住宅,西路有门厅、轿厅、正厅荫馀堂,东路为两进走马楼,曰畹香楼。中庭内建旱船,南系迎宾室、岁寒居。东部园林,浚池架桥,四周有闹红一舸石舫、水香榭、退思草堂、琴房、眠云亭(下为山洞,周靠假山)、老人峰等贴水相迎,其中鸳鸯厅菰雨生凉轩以天桥与辛台相连,复有围廊,上嵌书有"清风明月不须一钱买"的漏窗。西南有桂花厅自成院落,北通金风玉露亭。西北建揽胜阁俯瞰全园,并与中部的坐春望月楼相连。全园春夏秋冬、琴棋书画各自成景。另存清代碑刻十二方,古树二十五棵。

眠云亭

经笥堂任宅

富观街48号·1926年·市保

原为西学研究者任申甫所建,民团团长任韵秋、同里米业公会会长任传振、药学师任传谦、中学校长任传济、机械学家任传丰、同里镇镇长任传颐等皆曾住此。后作机关、宿舍等。

现存五进。一进为西式青红砖门厅,左右辟边门。二进为中式大厅,梁雕凤穿牡丹,山雾云雕仙鹤,棹木雕人物戏文。三进楼厅建筑高敞,带有卍川栏杆,两厢檐下堆塑"福""寿"二字垛头。楼前存"鸣珂衍庆"门楼。四进青红砖楼,面阔五间,一楼大发券有红砖镶边,廊柱、边墙以红砖作菱形装饰,楼裙青红砖相间,内部设彩玻。二楼带浪式木挂落、卍川栏杆,山墙嵌琉璃花窗。五进平屋为附房。

洋楼

"崇德思本"门楼

0427

西宅别业顾宅

富观街18、21号·清、民国·控保、省保

明万历间儒学训导顾文言所建,时称"顾八房",后归江西兵备道顾自植、吴邦祯、项筠松等。生物学家顾昌栋,化学家顾学民,烈士顾葆恒,工程师顾昌寅、顾希亮、顾久雄、顾久衍等曾住此。局部曾作电讯交换所、托儿所、法庭等。

原有三路七进。中路二进为木础明厅,最后有花园"愚园",今已不存。现中路一进门厅带桁间牌科,六进楼厅前存"棣萼联芳"门楼。西路前五进为富商钱幼琴于1912年购得,号为崇本堂,同年进行修缮(第三进除外)。现二进大厅施山雾云,厅前建带小桥之假山。三四进为楼厅。二至四进长窗、隔扇等处多精雕《西厢记》《红楼梦》戏文及花草等,前有"崇德思本""敬侯遗范""商贤遗泽"门楼。西路六进楼厅前有"玉篇遗泽"门楼。

敬仪堂王宅

富观街4号·清·市保

楼厅

内厅前

门枕石

原为清康熙进士陈沂震宅。雍正九年改为太湖水利同知署等。乾隆元年衙署移驻东山，此地置换给文、褚两家。乾隆十五年归诸生王铨，初名树滋堂，后名敬仪堂。西路后归行忠堂任氏，局部归允蓁堂李氏。太平军李明成部曾驻于此，后局部作照相馆、粮库、民宿、太湖水利展示馆。

原有三路七进。中路二进曾作衙役房，后改为王氏家祠。三进前有"青箱世绪"门楼。四进后厅带满天星窗，前亦设门楼。五进楼厅西北有方亭。六进楼厅前有"诗礼传家"门楼。东路第六进为平屋，天井内设武康石古井，花街铺地残存。西路曾为衙署仓、庖、湢房，一进为平屋，二三进为楼厅，六进为附房。更后为花园。

现仅中路四进、六进，西路一至三进及六进，东路第六进，其余已改。

0429

俞家湾船坊

叶泽村俞家湾 · 清 · 市保

全貌

　　传建于清乾隆年间，原为朱氏私用。2012年重修。船坊东西向，面阔五间，由花岗石柱支撑，上作歇山顶，木构梁架，周边砌有驳岸、河埠。

0430

东林桥

溪港村 · 1528年 · 市保

全貌

　　初建于元，明嘉靖七年重建，清顺治三年秦之简再建，嘉庆三年秦清锡、僧月江重修。单孔拱桥，纵联分节并列砌置。千斤石刻轮回纹，龙门石刻双龙戏珠。长系石雕如意云。拱券内有秦氏助银题刻、"大明嘉靖七年岁次戊子仲春吉旦捐建"莲额。联曰："浩渺波光涵笠泽，参差帆影接莺湖。""每闻晴市喧渔鼓，会看风晨集估帆。"原有嘉靖乙巳年龚洪撰、龚泽书碑。桥堍有刘猛将庙。

刘猛将庙

溪港村东岸·清·市保

又名东林祠、刘王庙,为祭祀元代驱蝗能手刘承忠将军所建。初建于元代,清同治间重建。2012年重修。

一路两进。一进山门,正间高于次间,带须弥座,将军门形制,墙内嵌有清代碑刻四种。次间北向门宕上有"年丰""民和"字额及戏文砖雕。二进刘王殿为哺龙筒瓦脊,与一进皆檐下置牌科,出象鼻昂,檐枋雕刻戏文。殿内设吉象双桁鹤颈轩,轩梁亦雕刻戏文。山尖施山雾云,后为扁作双步。

山门外景

象鼻昂

唐家湖遗址

平望镇胜墩村南·新石器时代至商周·市保

遗址出土有新石器时代良渚文化典型的黑皮陶罐、灰陶罐以及石器等,还出土有印纹陶罐等商周时期的器物。地层主要分四层,其中二三层为主要堆积,厚度达一米左右,其中遗址东北堆积最为丰富。

文保碑

龙南村遗址

龙南村·新石器时代至六朝·省保

龙南村落想象场景(吴江博物馆布景)

　　为一处新石器时代典型良渚文化村落遗址，出土有良渚文化时期的房址、灰坑、墓葬、水井、道路、河道等遗存，发现黑皮陶罐、灰陶罐及石器等。众多遗存完整揭示了一个新石器时代村落的布局。另外还出土有商、周、六朝时期的水井、灰坑等。

出土的红陶鼎
(苏州博物馆西馆藏)

出土的石器
(吴江博物馆藏)

三槐堂王宅

东溪河32、33号·清、民国·市保

原为王振欧（民国镇长）、王振世兄弟宅。2020年重修。

二路二进。外墙檐下堆塑古玉、葡萄等装饰。北路建于清光绪八年，二进为楼厅。南路建于1937年，曾为勤昌米厂、棉花仓库。整体为走马楼，一进后原有"三槐留荫"门楼。二进楼厅外带雀宿檐、垂篮，斜撑雕持有"一品当朝"书卷字样的寿星等，一层轩梁及大梁抛枋雕刻戏文人物等。楼梯宽大。左右厢楼为洋房形制，水洗芝麻外墙，底层辟拱券，立罗马柱，带科林斯柱头，檐口有齿纹装饰，内部为彩色水磨石子地坪。后园已废。侧墙窗外有尖顶堆塑装饰。

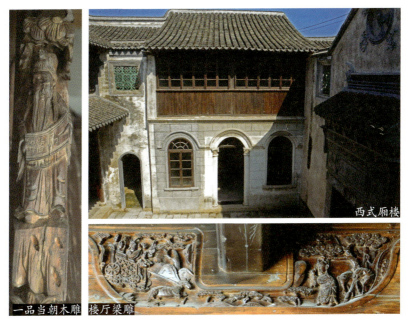

西式厢楼

一品当朝木雕　楼厅梁雕

0435

庆善堂秦宅

北河西街44号 · 1847年 · 市保

原为中医秦澜伯宅,其子秦东园、孙秦均天(皆中医)俱住于此。建于清道光二十七年。

主体为一路三进,一二进为平房,三进为楼厅。局部扁作梁雕园景,花窗、挂落结子嵌花。室名"饮池医室"。二三进间北有附房。宅南北东皆设花园,海棠花街铺地、假山残存。园内广植花木,并有瓜子黄杨等古树。另见青石古井一眼,名"永安泉"。

永安泉

0436

安民桥

北大街 · 1629年 · 国保(京杭大运河点)、市保

全貌

又名北渡桥、北大桥。明嘉靖三十四年僧圆真始建,崇祯二年里人钮明达、孙谏臣重建,今金刚墙尚存其时之助银碑。单孔拱桥,纵联分节并列砌置。拱券内尚存道人万祖云、信人仲氏等助银或助券石的莲额六方。局部存"官河"字样题刻。有栏板。

安德桥

司前街 · 1872年 · 国保（京杭大运河点）、市保

又名平望桥。唐大历年间始建，宋庆元三年（一说淳熙十二年）邑人陶庄重建，明成化十九年知县陈尧弼又建，里人费永膺舍地立碑亭。清康熙初年圮，康熙五十七年吴江县令叶前率里人募建，叶前有记，邹焕书之。乾隆二十九年吴江县令沈名淡、震泽县令赵德基率里人程国梁等重建。乾隆五十四年，吴江县令龙铎、震泽县令孟芮率里人孙超英、吴文燮等重建。今明柱见"同治十一年仲冬月，水利工程总局重建"字样。单孔拱桥，纵联分节并列法砌置。千斤石雕双重轮回纹，龙门石雕双龙戏珠，桥顶设石凳。有栏板。颜真卿、杨万里有诗。

台阶

远景

群乐旅社

司前街 21 号 · 1926 年 · 市保

吴梅先建于 1926 年，邻近原平望码头。抗战时期转由唐海金经营，1948 年 11 月又转由叶宏昌经营。1956 年与东方旅社合并为旅社合作商店。曾为中共抗日武装据点。1944 年平望地区第一个党支部成立后，联络点搬到群乐旅社西侧的轮船码头二楼，上级党组织的联络员入住群乐旅社，成为当时平望地区地下党组织开展工作的枢纽和指挥所。

旅社为三层楼房，歇山顶，内四界前后三步，内部设回廊，带车制挂落及栏杆，顶设天幔，南北皆有二层抱厦。底层带彩色水磨石子地坪，并有菱形、五蝠捧寿等图案。

鸟瞰

内部

鸟瞰

0439

小九华寺

小九华路1号·清至今·市保

原名东岳庙,又名九华禅院、小九华寺,祀东岳泰山之神。明万历四十四年始建,清康熙二十四年、康熙四十三年、乾隆三年至五年、光绪四年、光绪八年至十一年扩建或重建。吴光奎有记。后毁,曾作粮管所、面粉厂。1996年后再次陆续重建。

现建筑规模较大,整体为三路四进,主要建筑有山门、钟楼、鼓楼、大雄宝殿、观音殿、地藏殿、三圣殿、千佛宝塔、藏经楼、地藏阁、念佛堂、功德堂、太虚法师纪念堂等。其中古迹有青石六角古井地藏泉、太虚大师手植桂树等。

地藏泉

昭灵侯庙

黎里伏虎洞35号·清至今·市保

又名禊湖道院、黎里城隍庙。祀唐太宗第十四子、苏州刺史李明。清顺治九年道士施奇策建，康熙五十七年、雍正三年、乾隆二年增建，乾隆五十五年、嘉庆五年重修，同治七年里人重建，光绪九年、1998年又修。唐维申等有记。曾作粮库。

庙建于禊湖中，旧为黎川八景之一。现存三路三进。中路一进山门。二进城隍殿带抱厦。三进娘娘殿前后双步。西路一进观音殿为拈金造。二进斗姆殿立柱局部方圆结合，较为罕见。东路财神殿、讲堂，北部的圜堂为2016年新建。庙前有石板街，保存完好。

全貌

黎里古桥群

黎里镇·清至1933年·市保

古镇区现存古桥八处，现桥建造时间自清至1933年不等。望恩桥，又名亭子桥、万善望恩桥，拱桥，桥西立有《重建万善望恩桥记碑》。秋禊桥，又名叽咯桥，三孔梁桥，带响板。青龙桥，又名际恩桥、相家桥，单孔拱桥，雕刻精细，带桥联。道南桥，又名放生桥，单孔拱桥，年款刻于明柱。新丰桥，又名清风桥，三孔梁桥，带桥联。迎祥桥，又名汝家桥，三孔梁桥，带桥联，北设折坡，局部以礓磜代替条石台阶，殊为罕见。梯云桥，又名唐桥，单孔梁桥，下设两泄水孔。进登桥，又名夏家桥，单孔梁桥，下设两泄水孔。

礓磜

迎祥桥

施菊生故居

黎里北栅西岸路 32 号·1929 年·市保

原属厨司施菊生,系其雇主庞元济家族出资兴建。

一路三进,宅前设河埠。水磨石子双柱大门。一进二层红砖洋楼,带水磨石子尖顶大门,门楼题"荣业所基",上部标建筑年代"1929"。二进与一进连为走马楼,皆铺进口彩砖。前有"守道致福"门楼。三进平房上部有水泥天桥与二进连通,顶部露台有铁艺栏杆。存井一眼。

一进楼厅

西式栏杆

"荣业所基"门楼

"守道致福"门楼

黎里古镇驳岸

黎里镇·明至今·市保

驳岸

揽船石

黎里市河两岸共保留着石驳岸3718米，建有河埠256座，形态上有单落水、双落水，也有趟水式和悬挑式，复杂的还有组合式、先收再分的双折式等，多以花岗石砌置。石驳岸上共有揽船石254件，雕刻精巧，图案有瓶笙三戟、笔锭胜、舞女如意、暗八仙、五色旗、佛八宝等，此外还有揽船用的望柱等，极具江南水乡特色。

琵琶撑与博古窗

大厅长窗

0444

闻诗堂殷宅

黎里黎花街闻诗堂弄·清·市保

原为黎里进士殷寿彭、殷寿臻兄弟宅，清道光二十五年翻建后，改主厅执经堂为闻诗堂。清末曾为吴江佛教协会驻地。

共两路，外设棚廊。东路共六进，内有花厅湖上草堂。西路共七进，三进为主厅，曾悬殷兆镛书匾，厅内用料硕大，逢柱见斗。长窗裙板雕有夔龙，绦环板雕飞马等，梁垫镂空，形制古朴。棹木、山雾云、抱梁云等已毁，长窗、脊檩等处施彩绘，础雕包袱锦。四五进为走马楼，厢楼回顶。四进二楼木质隔断做法较为古老，屏门绦环板雕刻园墅花卉等，局部窗带石框。五进曰三省堂，楼厅带副檐，楼内不设轩，仅置梁垫。楼前有"赠砚恩深"门楼。七进楼厅下设跃式琵琶撑，厢房带月洞形博古窗，颇为罕见。

周宫傅祠

黎里南新街89号、庙桥弄18号·清至今·省保

一路六进,又统称宫傅周公祠。曾作小学等。前三进系周升士为祭祀父亲、工部尚书、太子太傅(又名宫傅)周元理而于清乾隆六十年建成的专祠。门前栽连理罗汉松。新建的前门外立石狮,后设照壁。正式的将军门带桁间牌科,出凤头昂。二进前有六角石柱木顶的谕祭碑亭。二进轿厅檐下带贡式枋,垫拱板雕如意,连楹雕祥云。三进享堂内外设多道桁间牌科,带双凤头昂、枫拱、简易雀替,檐枋精雕包袱锦。享堂山雾云及梁上皆雕如意头,脊檩施包袱锦彩绘,重瓣莲花础承重,正间设须弥座。四进为周氏宗祠。乾隆六十年周升士建于祠之西北,道光元年周光纬重建于今址,系带副檐的楼厅,雀替雕祥云。五六进为周氏义学,2014年重建,走马楼形制。五进敬齐堂内祀孔子。

享堂

树德堂徐宅

黎里黎花街老医院弄、西徐家弄·清·市保

初为陈宅,清乾隆时归翰林院待诏徐达源,其妻吴琼仙,其子徐晋镕、徐晋铭等亦曾居此。东路三进曰写韵楼,五进曰新咏楼。道光时售与蔡淇,新咏楼改名媚学斋,并有洪亮吉题匾。旋归西山人徐象贤,改堂名为树德堂,其子徐世泽(举人、邮传部主事)、徐世沅亦居于此。后作医院。

原有两路八进,现存两路五进,东路末进楼厅沟槽、长窗夹樘、柱头、轴座等处皆设计成阳角曲线,以合莲意。楼内曾悬徐世昌为节妇、徐世沅妻王氏所题"白首完贞"匾,今重做新匾。另有"兰桂俱芳""兰玉长春"等门楼三处。

"兰桂俱芳"门楼

德星堂蔡宅

黎里南新街南丁家弄·清、1921年·市保

原为清道光间处士蔡宏裕、封翁蔡宏禧宅,邑人李治运有记。民国时浙江高等法院院长蔡寅重建,后前四进归名中医丁志宏。

现存一路五进,除第三进外皆为楼厅。现存"视履考祥""汲水源长"字额,以及王大钧题"博雅家风"门楼,门楼为青红砖所砌,并有堆塑的"济阳世家"字样,形制中西合璧。

"博雅家风"门楼

檐口

轩梁

内部

0448
沈镐故居
黎里南新街 46 号 · 清、民国 · 市保

原为清道光进士沈镐宅，其子沈文汦（副贡）、沈文濡（监生）及民国黎里区区长沈法宪等曾居此。曾作针织厂。2020 年重修后作纪录片基地。

原有一路四进，今仅存楼厅，厅前有"马窗烛光"门楼。楼厅一层南北皆设船篷轩，轩梁精雕戏文人物。两壁设墙裙，中隔为南北二厅。二楼北向檐下垂挂落，立卍川团寿栏杆，带车制木雕楼裙。菱角石雕刻瓶笙三戟。

"天锡纯嘏"门楼

0449 寿恩堂周宅

黎里浒泾南路28号·清至今·市保

成园

河埠

檐口

原为黎里周氏始迁祖周奇龄宅址，清乾隆时直隶总督周元理扩建，共两路六进。柳亚子曾赁居于此。2015年重修。今为民革党史陈列馆。

西路为正路，前设河埠，一进后有"天锡纯嘏"门楼。二进为轿厅。三进大厅曾悬乾隆题"寿恩堂""旬封绥寿"匾，前有轩廊，覆盆础上接鼓础，厅内施山雾云，扁作梁雕花卉、聚宝盆等。四进永春辉室及五进题红仙馆连为走马楼，楼下弓形轩梁上方佐以象头木雕装饰。东路一进后原为乾隆间所建之成园，重修后恢复池塘、曲桥、水榭、船舫、半亭、假山之属。三进为回顶花厅开鉴草堂。四五进为楼厅，内设红蕉馆与赋秋声处。

鸿寿堂周宅

黎里浒泾街鸿寿弄·明、清·省保

清康熙五十二年周奇龄三子周星购地,裔孙周元德、周一士、周芝沅先后居此并改建。

原有两路九进。西路三进为明式大厅,设抹角方柱,局部以木础、青石柱头础、弦纹鼓础承重,山尖施山雾云及两道抱梁云,棹木描金,隔扇雕花卉、雅玩,厅前有湖石、石笋。五进楼厅曾悬"洛雅草堂"匾,楼下棹木雕戏文,四面环以轩廊。东西设厢房,带和合窗、卍川团寿栏杆。南廊内设"昭许振绳"门楼。五进楼厅前亦有门楼。六至八进原为楼厅,其中八进为藏书楼,曰遂生居,九进为花厅古芬山馆,东西厢曰求真是斋、养愚地,厅前有池曰沁雪泉,西起假山,缘下洞可抵西厢,今俱不存。东路三四进为走马楼厅,四进檐下置牌科,前有"祖武是绳"门楼。

"昭许振绳"门楼

船篷轩

荣寿堂蒯宅

黎里浒泾街新蒯家弄·清·市保

原为清处士蒯元龙首建,其裔孙蒯承濂、蒯善培、蒯嘉珍等亦住于此。曾作书场。

原有两路七进,西路一进门厅曾悬"大夫第"匾,今毁。二进楼厅枋雕凤穿牡丹,厅前原有朱彝尊题门楼。三进为大厅。四五进为面阔七间的走马楼厅,四进前有蒯承濂题"还是读书"门楼,厢楼带博古窗。六进为附房。传蒯贺荪婿、河南布政使张曜曾养晦借住于此"退一步处",实非。

退一步处

德芬堂邱宅·敬承堂邱宅

黎里中心街哺坊弄、西邱家弄 · 清 · 市保

清乾隆间贡生、布理问邱玉麟翻建。后其长子邱冈居东路,称德芬堂;次子邱璋居中路,称敬承堂;三子邱璕于西路建树萱堂,光绪间被焚毁。裔孙邱孙梧、邱孙锦、邱曾诒、邱彭寿等皆曾住于此。宅北原有五峰园,内立五峰,另有梧荫桥、伐月廊、餐雪草堂、晚安阁、渔台及怡受、如天两艘画舫,今不存。2016年重修。

现存两路五进,宅前有廊棚、河埠。其中二进轿厅面阔六间,带桁间牌科,础下接覆盆础,以一厅连通东西两路;三进石库门上带壁画,这些做法皆为苏州孤例。全宅原残存门楼一处,重修时恢复门楼字额六处。

壁画

"天锡纯嘏"门楼

赐福堂周宅

黎里中心街75号·1709年·国保

清乾隆时为工部尚书周元理宅,工部营缮司主事周升士、收藏家周光纬等亦曾住此。曾作太平天国慕王谭绍光府。四五进曾先租后售与柳亚子。局部曾作商店等,今为柳亚子纪念馆。

共存六进,前有河埠。一进门厅带雀宿檐。二进轿厅前有"勖虔介祉"门楼,东部曰想珂轩。西部楼厅一层被曾住于此的太平天国猛士陶莘耕改为鸳鸯厅。三进九福厅内悬嵇璜书"赐福堂"匾,施山雾云,檩有彩绘,设覆盆础接鼓础,雕刻精细。厅前门楼移至南京博物院。四进柳亚子曾名以拜孙悼李楼,五进楼上有柳亚子书房磨剑室及藏身的暗室,楼前分别有"诒谋燕翼""天锡纯嘏"门楼。六进楼厅面阔九间。后设碑廊,更北原有五亩园。局部见龙凤纹瓦当。宅内藏明代至今的碑刻七十多方。

0454

端本园

黎里中心街68号大观弄底 · 清 · 市保

清乾隆初年通判陈鹤鸣建,同治时重建。传陈鹤鸣次子陈绚文曾娶清宗室永杰女,故端本园又称郡马府。2015年重修。

园临水而筑,有伴月廊连通各景。其中金银二桂后有双桂楼,临荷池而建,并做西施靠。园内垒湖石假山,侧立六角亭,内外皆做枫拱,名半山亭。又有曲桥、平波轩等,局部存八角瓜棱础、双桁鹤颈轩。今见"端本园""津渡""绿抱""小琅嬛"字额。清人邱璋、顾玉熙曾有诗。

0455

问心堂药店

黎里中心街29号 · 1870年至今 · 市保

药柜

清同治九年许景星、毛冠生、迮子善、鲍润生创建。

原前店后坊共六进。一进楼厅为门市。二进大厅为仓库,内四界前后双步。三进为楼厅。2016年重修并新建门楼三处,恢复后三进楼厅。更北恢复为药圃花园,题名闻苑。

尚德堂王宅

黎里中心街王家弄·清·市保

原为王燮卿宅,其妻、教育家王倪寿芝亦曾居于此。2016年重修。

原有一路五进,现存四进。一进楼厅为攒金造。二进大厅与三进楼厅皆内四界前后双步。三进带副檐,前有轩廊,楼内前设船篷轩,后接顶部以一枝香鹤颈轩与海棠轩交叠的茶亭,做法别致。四进楼厅下设桁间牌科,楼上长窗工细,两厢楼前带各式堆塑。全宅木雕工艺精湛,檐枋、轩梁、穿堂、半窗、轩门等处靡不雕刻戏文、花鸟等,尤以三进楼厅为最。天井内花窗堆塑亦精。

轩雕

枋雕与挂落

敦厚堂毛宅

黎里中心街毛家弄·清、民国·市保

原为明进士毛衢故居遗址,近代重建为一路六进。2015年重修后辟为中国锡器博物馆。

一进楼厅由单层改建而成。二进为楼厅。三进大厅称敦厚堂,外设轩廊,内设双桁鹤颈轩,轩梁雕刻人物,大梁雕团寿包袱锦,梁垫与大梁浑然一体。山尖施山雾云,脊檩施彩绘。四进粲花楼与五进养素楼为走马楼,楼西间称蕙香居。楼上花罩雕刻人物、葫芦、宝瓶、缠枝等,颇为工细。楼下金柱等倾斜七度以上,并达整体平衡,做法极为希觏。六进为附房。天井内花窗制作精美。今存有"取余成大""忠厚传家"等字额及敦厚堂、养素堂界碑各一方,另恢复"刚经柔史""联萼增辉""临渠问泉"三门楼。备弄因地势先起后伏。

花窗

墙门与字额

槐荫堂王宅

黎里中心街7-1号、15号·1889年·市保

原为米商王南琛及其子、名医王怡然宅,俗呼王三房。曾作百货商场,后作酒店。

原有两路九进,现西路存四进,曾开设蒋同盛烟杂店。一进楼厅为后期复建。二进轿厅起皆设船篷轩。三进大厅槐荫堂轩梁精雕戏文人物,山尖施山雾云,厅前有"槐荫庭留"门楼,雕刻工细。四进楼厅雀宿檐斜撑镂刻成狮子,前有"珠树家风"门楼。东路务本堂原有九进,现存楼厅七进,曾开设王泰盛南货店。局部轩梁雕百花包袱锦、"一本万利"戏文等,技法极为高超。原有"瑯琊世泽"等五处门楼,2015年重修时恢复。

"槐荫庭留"门楼

中庭

0459

普济禅院

黎里平楼街23号·清·市保

俗称东圣堂,祀南宋工部侍郎赵磻老。南宋时初建。明嘉靖五年知县王纪奉命改为社坛。清康熙间恢复为宗教场所,以尼易道。雍正间、同治八年(汝鸣球)、光绪十三年(僧妙镜)、2015年重修。曾作食堂。

今存一路三进。一进带门枕石。二进大殿内设船篷轩,带梁间牌科、山雾云,两侧为厢楼。另有元代至清代碑刻三方。

《社坛碑》

若瑟堂

0460

黎里九南街15号·1903年·市保

又名洋泾浜天主堂、黎里天主堂。光绪二十九年姚宗周自佛寺改建，曾作有原小学。1982年重修。

大堂前设七级石阶，脊嵌"愈显主荣"砖雕，檐下设桁间牌科，出凤头昂，中立石柱刻"惟有一元开造化，从无二上可钦崇"联。堂内设梁间牌科，局部带彩玻，陈设装饰兼具中西文化特色。堂后连钟楼。旁有附楼等。

钟楼

0461

张应春故居

黎星村葫芦兜 30 号·民国·市保

原为国共合作时期的国民党江苏省党部执行委员兼妇女部长、中共烈士张应春女士宅。2021 年重修。今存厅一间,绦环板、裙板有雕刻。

长窗

0462

张应春墓

黎星村·1931 年·省保

张应春墓

张应春(1901—1927),黎里人,1925 年任国共合作时期的国民党江苏省党部执行委员兼妇女部长,同年秋参加共产党,1926 年任中共江浙区委妇女运动委员会委员及中国济难会全国委员会委员。1927 年"四一二政变"中被国民党反动派杀害于南京。1931 年由柳亚子会同烈士亲友为其营建衣冠冢。1987 年于墓西建纪念室,后改为纪念馆,并在馆前立其半身雕像。墓前石刻 1918 年于右任题"呜呼秋石女士纪念之碑"。2011 年扩建成吴江烈士陵园。

内省堂李宅

北厍梅墩村 · 明、清 · 市保

门楼

山雾云与抱梁云

原为明万历年间北京监察御史山东籍李氏所建,旋送与舅兄潘夔五、夔五子、国学生潘元亦居此。后又归柳氏。2023年重修。

原有三进。今存第三进大厅带廊,脊檩有彩绘,施山雾云、抱梁云,带荷叶墩,雀替雕双喜临门等。厅前有明代书画家董其昌书"绪缵东阳"门楼,带包袱锦,砖雕甚精。另见花窗。

莘塔跨街楼

莘塔河西街 · 清、民国 · 市保

全貌

跨街楼分布于市河东西两侧及西南支河的王泰昌河埠前。其中凌宅、沈宅等处较精,局部檐下有扁大的梁头挑出,上架牌科,做法考究。沿河驳岸尚完好,揽船石雕瓶笙三戟、如意云等。

绥寿堂陆宅

芦墟泰丰路623号·1912年·市保

原为陆泰丰米行业主陆觉宅,曾作书场、图书馆、文化站、文体中心等。2017年重修。

一路三进,皆设立方柱、提灯础。二进为二层青砖洋房,前廊下做拱券,二楼阳台带木质宝瓶栏杆,正间砖砌罗马柱及下部须弥座,做法别致。厅内梁雕园景,窗带拱券并嵌有彩玻。一二进间原有曲桥、歇山顶彩玻方亭等,现亦恢复,并砌筑黄石假山。三进楼厅设方柱、提灯础,梁雕团寿纹,檐下设铁制琵琶撑。厅前曾改建有带科林斯柱头的"丹桂飘香"门楼,2017年恢复为中式的"贻厥嘉猷"砖雕门楼。厅后栽石榴,嵌"榴花欲然"字额。全宅花街铺地较佳,色彩多样。另存他处移来之碑刻三方、桃江河公井一眼、精雕的门枕石等。

后园

司浜跨街楼

0466

芦墟跨街楼

芦墟镇东、镇西社区·清、民国·市保

建于清中期至民国,多为沿河两岸的跨街楼,和商铺、民居、河埠相连而筑。部分毁于抗战时日军之战火。现保存完好的尚有十六处,即西南街姜宅、西南街黄宅、西南街轿子湾许宅、西南街丕烈堂许宅(原控保建筑)、混堂弄黄宅、西栅建筑群(含陆宅、三江茶馆、玉树堂王宅等,玉树堂王宅原为独立的区保单位)、洪昌桥头建筑群(含吴宅、夏宅)、袁家浜建筑群(含沈宅等)、东南街杭宅、东南街铜锣湾沈宅、东南街高宅、东南街谦益堂沈宅(原控保建筑)、东南街三凤堂沈宅、司浜陆宅、新建里王宅、牛舌头湾袁宅。

玉树堂王宅

芦墟西栅 15 号 · 1926 年 · 市保

棉纱庄业主王小围为其孙、教师王仲煊营建,后作医院。2017 年发生火灾,2020 年重修。

一路三进。一进门厅沿河为回顶廊,左右设券门,临河带双落水河埠。楼后穿堂嵌《牛头山》戏文木雕。二三进楼厅皆带方形提灯础。二进玉树堂前有"派衍姚江"门楼及冰纹铺地。楼内扁作梁、栏杆结子等雕刻精细。楼后穿堂嵌《长坂坡》戏文木雕。三进怀德堂楼厅楼裙雕宝剑缠枝,并有一室曰晚晴轩。楼下梁雕八骏及戏文,枋雕聚宝盆。楼外斜撑雕梅花。二楼外廊带缠枝葫芦纹垂篮挂落,轩梁精雕武戏,挖底处镂刻暗八仙,廊柱雕梅花瓶插,配铁艺栏杆。厢房彩玻尚存。楼前有"江左流风"门楼,此处与二进边厢天井皆见海棠铺地。两侧设备弄,外有云纹头观音兜山墙。

"江左流风"门楼

楼厅阳台

石库门上方木雕

0468

谦益堂沈宅

芦墟东南街116号·1923年·市保

原为同科诸生沈毓源、沈毓清兄弟宅，曾为银行、税务所、信用社等，2020年重修。

一路四进，皆为楼厅，原前后皆临河并有河埠。一进为跨街楼。二进前有刘文玠题"棣萼联辉"门楼。三进前有杜就田题"吴兴世泽"门楼，楼厅带车制楼裙，一楼带海棠纹横风窗，嵌彩玻，二楼阳台设一枝香鹤颈轩，前置挂落，檐下垂花篮，下部有铁艺斜撑。四进前门楼已重修。局部山墙及厢房顶部皆带观音兜。

河埠

梁头

0469

丕烈堂许宅

芦墟西南街138号·清·市保

原为裕隆米行业主许孝山（一作晓山）宅，曾作手工业俱乐部、教室、书场、街道办事处等。

一路四进，前店后宅，左右皆有备弄。一进为跨街楼，前有河埠，带五山屏风墙。二进门厅带观音兜山墙。三四进为楼厅，局部檐口木雕人物，局部于2003年毁于火。原有"评月家风""书声万里"门楼，今俱不存。

陈和茂砖窑

芦东村·1920年·市保

鸟瞰

砖窑

陈和茂砖窑业主陈茂江之子陈燮臣建于1920年，由两座窑墩合并而成，南曰恒字窑，北曰利字窑。1942年2月到3月中旬，侵华日军对芦墟、莘塔、北厍、周庄等地大扫荡，杀害平民两千余人，史称"芦莘厍周大屠杀"，有二十余人被赶入利字窑内遇难。后作建新窑厂，属劳改工厂。2015年重修，在利字窑建立侵华日军芦莘厍周大屠杀遇难同胞纪念馆，将恒字窑修缮为芦墟青砖烧制技艺展示馆。

全貌

仁寿桥

红洲村前庄·1717年·市保

清康熙五十六年里人王濂建，乾隆十年濂子王楠重修，同治九年重修。今梁见"民国十一年"字样。三孔梁桥。有墩柱、栏杆、望柱。

升明桥

舜湖东路东白漾东口·1732年·市保

明崇祯二年(一作十四年)里人仲时镁、归一原、汤三聘、史勤、王士龙始建。志载清雍正十一年(一作九年)宋永隆(一作郑禹甸、陈舜玉、叶殿文、宋郁照)等捐资重修。1991年丝绸公司等又修。今见"大明崇祯庚辰鼎建"、"大清雍正壬子重建"及"乾隆十三年"等字样。三孔拱桥,纵联分节并列砌置。金刚墙全系青石,栏石多为青石,拱券为武康石,余多为花岗石。桥顶带石凳,千斤石雕轮回纹,望柱雕仰莲,栏板与长系石等雕吉磬、如意等图案。联曰:"祥开震巽彩虹高,千秋壮丽;喜溢乾坤新月满,万户盈宁。""雁齿衔堤,近锁白洋流五聚;龙腰亘渡,遥通沧海窦三环。"另见"今""以快"等桥联残石,金刚墙另见"沈"字石。

全貌

带福桥

东港村 · 1768年 · 市保

全貌

又名搭北桥。明天启四年建,沈初作记,乾隆三十三年重建,同治十年修。单孔拱桥,纵联分节并列砌置。千斤石刻轮回纹。金刚墙嵌旧桥联明柱。有栏杆,长系石雕花,望柱雕莲纹。联曰:"规模上应天星瑞,清明平分水月光。""彩虹遥落文澜起,乌鹊高飞旺气生。"

先蚕祠

五龙路南口 · 清 · 国保

戏台

清道光二十年盛泽丝业同人集资建造,祀蚕神嫘祖,亦为丝业公所。1997年起重修。

现存两路四进。东路前有狮子望柱及栅栏。一进门厅外设八字墙门,下有须弥座,辟三拱门,外向砖雕精细,中题"先蚕祠",边题"织云""绣锦",北向檐下密设牌科。二进北向为戏台,每年小满节

门楼

双桁鹤颈轩

（蚕神诞辰）在此演戏酬谢"蚕花娘娘"，称"小满戏"。戏台内置藻井，垂柱、斜撑、檐枋、枫拱等靡不精镂贴金。两厢楼置看台。二进蚕王殿，前设抱厦，殿内施山雾云，轩梁、棹木等贴金。东西有二层偏殿。西路前三进为新建厅堂，后有园池，架三孔平梁的挹翠桥。叠假山，名曰龙门洞。四进原为议事楼厅，今作财神殿。另见蚕王殿界碑及明清碑刻十六种。

戏台石基

0475
济东会馆
斜桥街·1807年·市保

清嘉庆十二年山东济南府商人建，1924年、1989年、1996年重修。曾作为太平军筹饷局、盛湖中学、盛泽第一小学分校、新民厂五七学校、图书馆。

现存一路三进。一进门厅外设"济东会馆"砖雕门楼，并有八字外墙，立狮柱四根，厅北檐下设桁间牌科。二进轿厅亦设桁间牌科，厅内有轩。二进与三进正厅间以回廊相连，二进后廊两壁见"瀛洲""阆苑"字额。天井内原有戏台，今剩石基。三进大厅为筒瓦脊，带观音兜山墙，檐下带桁间牌科、枫拱、垫拱板雕花，云头挑梓桁，出凤头昂，檐枋雀替雕云龙，厅内扁作梁雕花，山尖施山雾云、抱梁云，棹木精雕戏文，局部描金。另见《重修济东会馆记碑》及他处移此碑刻多方。

0476

中和桥

王家庄街·1824年·省保

初建年代无考,今栏板框外见"乾隆丁未年里人公建",框内见"道光四年""里人重建"字样。单孔梁桥,托木尚存。两侧桥台各有一拱形泄水孔,拱上刻有"波月""梯云"和"川媚""挹秀"横额。梁雕方胜。桥心雕轮回纹。长系石分雕笔锭、如意等。排柱内见"公议不许灌桥"字样。联曰:"北胜跨虹融水德,中和位育贯文风。""金波遥映红梨渡,玉带长垂绿晓庄。"内嵌桥名。

中和桥全貌

如意桥全貌

0477

如意桥

盛虹村豆腐港·1722年·市保

初建年代无考,清康熙六十一年里人俞衡旦、杨龙吉募建,至雍正十一年竣工,今见"康熙陆拾壹年重建"字样。单孔拱桥,纵联分节并列砌置。千斤石刻轮回纹,龙门石精雕双龙戏珠。望柱雕狮、莲,长系石雕花。桥心栏杆下方雕如意,暗合桥名。联曰:"天际霓虹千岁古,望中烟火万家新。""虹垂野岸祥光合,烟锁江村佳气浮。"

鸟瞰

0478

庄面

杀猪弄30—43号、庄面一弄、庄面二弄、庄横头、第一条庄、第二条庄、第三条庄、徽州庄·清·市保

由盛泽绸业界于明末在市河两岸（今舜湖中路）集资筹建，称"旧庄"，为中国古代首个封闭式规范管理的丝绸交易市场。清乾隆十七年毁于火后在今址重建，分两排，称"新庄"。光绪二十三年培元公所（绸业公所）在新庄增建一排，称"南庄"。清末徽宁会馆出资在其东南营建徽州庄。此外还扩建有庄横头、庄面一弄、庄面二弄等。庄面原为封闭式，由绸行（朝南）和领户（朝北）租用。今以杀猪弄为界，弄东为庄面一弄、庄面二弄，弄西从北往南依次为庄横头、第一条庄、第二条庄和第三条庄。第一、二、三条庄中有天井，庄横头、第一条庄、第二条庄、第三条庄之间还有夹弄。徽州庄设西式券门，内部木雕花卉等。另见两处双面雕刻的"绸业公所界"界碑、七宝如来经幢一个。

升记绸庄旧址·升大钱庄旧址

北分金弄29号、南十字弄5号·1827年·市保

原为胡季良所开,一路四进,皆为楼厅。一进为升记绸庄,外设须弥座,上部有砖细墙面及垛头。二进起为升大钱庄。三进前有举人王景曾所题"履蹈无雠"砖雕门楼,楼厅下设吉象双桁鹤颈轩,轩梁及扁作梁抛枋精雕戏文,边厢设冰纹门景、圭形门宕。四进后部有边门,院内栽种芭蕉,楼裙、梁头、斜撑雕刻花卉、人物,局部见琉璃窗。

四进檐口

"履蹈无雠"门楼

三进轩梁

三进梁雕

门头

0480

培元公所卅年纪念井

牧童湾3、4号·1926年·市保

培元公所即绸业公所，亦称绸业会馆。此井为纪念培元公所成立卅年而筑，为当时较为先进的自流井（机井）。井口为一混凝土浇制的方形水箱。四周砌有围墙，拉毛墙面，立三角柱头，两侧皆设西式门，顶部书"培元公所自流井"字样，下部为铁艺门。其西北角立有一碑，系丙寅年唐驼所书"培元公所卅年纪念井"。结合落款、人物生卒年，推断此井浚于1926年。附近尚有"培元河埠界"界碑。

全貌

0481

泰安桥

黄家溪村·1632年·市保

明崇祯五年建，清同治十一年重修。三孔梁桥。今见"大明崇祯伍年季冬月乙酉日建""同治十一年十二月日立，众姓重修"字样。现局部存武康石。立有排柱。台阶局部做成礓磋。

吴江区 / 415

白龙桥

龙桥村·1909年·市保

　　清康熙初年建,为梭墩桥。乾隆九年又建。同治三年重建为排柱桥。志载光绪三十四年(一说二年)移今址,今栏板见"光绪三十三年开工,迁于原址改良建造""宣统元年季冬告竣,各大善士星人公建"字样。原有宣统三年重建碑。20世纪90年代后六次重修。三孔拱桥,纵联分节并列砌置。千斤石雕笔锭如意、瓶笙三戟等,龙门石雕云龙、太极,砷石雕鼓点回纹。桥心设石凳。栏板刻"旧址为良""新谟是善"。联曰:"风送万机声,莫道众擎犹易举;晴翻千尺浪,好似饮水更思源。""题柱人来,谁为司马;小庵邻近,应有卧龙。""式廓旧规模,有客来游歌利涉;蔚成新气象,行轮无阻便通商。""鼓棹远来,船真天上;临流俯瞰,人在镜中。"券额刻"奉宪永禁灌桥淘沙"。

0483

莲云桥

坛丘老街·1897年·市保

　　元延祐四年始建,名莲云桥。清雍正元年比丘觉显募修。光绪二十二年冬沈桂山等重建,石作为毛永兴,次年夏日竣工,名莲云桥。1928年增建栏石。后改名"人民桥",并在桥顶南北两侧改刻桥名,今恢复原名。1984年重修。今桥见"光绪二十三""年吉立"字样。现拱券等为武康石,金刚墙为青石,其余多为花岗石。单孔拱桥,纵联分节并列砌置。金刚墙上砌有雍正元年钱瑞华刻重建连云桥记碑、光绪二十三年刻建桥始末碑。联曰:"路达东西,相界盛湖笠泽;波萦左右,常依明月清风。""白莲池边龙鱼俱跃,碧云深处霞鹜齐飞。"嵌有桥名。桥顶栏石镌"民众安行""工程完善""民国十七年""里人建立"字样。龙门石刻花边纹轮回纹,长系石雕花。

坛丘缫丝厂旧址

坛丘丝厂路12号·1970年·市保

1970年3月兴建，初期仅有立缫机12台、复摇机16窗等。1976年引进12台立缫机。1991年4月16日与外商合资创建华佳服装有限公司，生产真丝内衣服装。是年9月与美国雅婷公司合资创办江苏雅婷日用化工有限公司。1992年8月与中国香港永佳公司合资成立苏州华佳针织服装有限公司。后改为丝博园、数字文化产业园区。

西立烟囱，上有"吴江县坛丘缫丝厂"字样，略南临水建有水塔。中为斜向厂房，多设双向老虎窗便于透光通风，其中北三间为单坡连缀式。东有平行双坡厂房七间，其中中部为南北向两间，其余为东西向。今于厂房东改建园林景观。

烘茧炉

0485

苏嘉铁路 75 号桥日军炮楼

群铁村史家浜·1938年·省保

　　1938年侵华日军为保持苏嘉铁路畅通，在沿线架设电网，并在各车站和重要桥梁边上建造碉堡炮楼，驻扎铁道警备队。此处原有苏嘉铁路75号桥，炮楼即为当时所建，曾驻扎日军一个守桥班。后作碾米厂。

　　现存西北炮楼、营房、东南炮楼，青砖混凝土结构，内部连通。东南炮楼为单层圆形，三面有枪洞，室内枪洞下设铭文青砖所砌架枪平台。营房夹层为弹药库。西北炮楼为双层圆形，底层设枪洞两个，二层设枪洞七个。炮楼、营房顶部皆为钢混平台，围以雉堞。2002年重修，并恢复一段铁轨。相近河上另有残墩两个。

0486

太湖大学堂

沿湖东路8号·2006年·市保

建于2006年,由南怀瑾主持创办,旨在传播中华传统文化,融汇东西文化精华。内有楼九栋,以廊相连。主要有行政楼、一号楼、象法堂等。其中一号楼为南怀瑾居住处。象法堂为十二边形建筑,共三层,二楼供奉南怀瑾牌位。

象法堂

0487

双塔桥

双塔桥村·1901年·市保

明洪武中始建,原名双石桥。万历间董份重修,桥堍镇以石塔,故名双塔桥。清雍正七年里人盛宣令、邱美中募捐重建,光绪二十七年又建。三孔拱桥,纵联分节并列砌置。望柱头雕狮,金刚墙雕双钱图案。武康石千斤石刻轮回纹。联曰:"惟上上田,农桑兴大

双塔寺

利；活泼泼地，兰若宛中央。""是吴中第一津梁，揽太湖三万六千顷；问劫后重修岁月，维光绪二十有七年。""遥对莫厘峰，别饶胜境；滨临稽五漾，时听渔歌。""水从天目来源，导江入湖，皆夏禹王力；塔跨桥头分峙，齐云曜日，昉明洪武时。"与东之石板桥成双桥。桥堍有双塔寺（浮碧庵）。

0488
洪恩桥
望湖村染店浜·1470年·省保

又名环桥。单孔拱桥，分节并列砌置，青石为主，局部见武康石。拱券外向刻"洪恩"二字，券内有高浮雕莲额两方，内镌"大明成化六年岁次庚寅桂月吉旦募缘"助银明细。1991年重修。长系石雕兽面，甚为生动。桥堍有庙。

畣新堂孙宅

吴溇村桩桥路 287 号·清·市保

传建于清嘉庆年间,为社会学家孙本文、桑蚕学家孙本忠、烈士孙世实(一二·九学生领导人之一)的祖宅。2020 年重修。

现存二路三进。东路一进已毁,今恢复有宅前照墙。二进大厅逢柱见斗,内四界前后设眉川,梁头及厅内轩梁雕刻戏文、花卉,施直式山雾云及抱梁云,脊檩施彩绘,梁垫雕刻如意,边贴亦皆带拔亥做法,并在川梁间设斜格窗。厅前有"遹求厥宁""燕翼贻谋"双面砖雕门楼。三进楼厅前恢复有"慰止如饴"门楼,楼厅带和合窗。西路存一进偏厅及东西向的附房,设八角门宕。整体带青石墙基,局部见观音兜山墙。

轩梁

山雾云与抱梁云

0490

广福桥

隐读村胡溇港·1532年·省保

拱券内有"至正十四年岁次甲午八月""元至正十四年起造,至大明正统十四年重修,至嘉靖十一年重建""皇帝万岁万万岁"等字样,清代重修。单孔拱桥。主体为青石,仰天石、长系石、明柱、龙筋石等为武康石,其余石阶等部分为花岗石。分节并列和纵联分节并列混合砌置。今仰天石见"广福"字样及连铁槽眼,明柱、拱券莲额、字框内刻助银明细,莲额雕刻立体生动。

广福桥全貌

0491

东庙桥

东庙桥村横沽塘·宋·国保

始建年代不详,三孔拱梁桥。中孔石梁题额"绍定"二字,次孔石梁分别镌刻形式各异的流云图案。桥体基本为带有宋代特征的武康石,民国时增置花岗石栏、石望柱。中有响板,下立排柱,顶部托木槽孔尚存。今多据题刻推为南宋绍定间修建;然苏南宋桥中此位置常有署以桥名的传统,但未闻仅署年号而略去年份者,或桥名绍定桥。

东庙桥全貌

0492 万福桥
龙降桥村陶家浜·1895年·市保

又名乌梢桥。初建年代无考，三孔梁桥。今梁见"光绪乙未年""里人重建"字样，带荷叶装饰。有护栏及中部青石、其余花岗石的墩柱。桥心刻轮回纹。桥西堍建有花岗石柱歇山方亭一座，近年毁。

0493 香花桥
龙降桥村十都里·宋·省保

位于麒麟寺遗址前，始建于南宋，后期曾多次修缮，今梁见"光绪三年"题刻。三孔梁桥，梁带有弧度，中设响板，长系石带托木槽孔。主体为武康石构筑。排柱及梁侧皆有助银题记。

震丰缫丝厂旧址

鲤鱼浜·当代·市保

1926年震泽镇丝业界施肇曾等人牵头在丝业公会筹集股金购田十余亩建厂，初拟名震纶丝厂，后与上海丰泰丝厂业主孙荣昌合作兴办，定名震丰缫丝厂。于1929年4月27日开工，是吴江县内第一家机器缫丝厂，使用金双豹及玉佛牌商标。后因丝市不景气，加以经营不善，至1934年年底停产。次年，江苏省立女子蚕业学校接手租赁，更名震泽制丝所，由费达生出任经理，变自营为代烘代缫。1937年制丝所被日军炸毁。1958年11月重建为国营震丰缫丝厂，1962年5月停产，1970年10月复建。

现存面阔六间、青砖墙体的东西两楼，主体为中华人民共和国成立后在原址所建。东楼两层，外施涂料。西楼三层。2017年整修后辟为丝创园。

东楼

政安桥

鲤鱼浜东 · 1911 年 · 市保

全貌

　　又名张湾桥。初建年代无考,明洪武中期邑人沈子进重建,清道光十年、宣统三年重建。2004 年北移十米。今见"宣统三年吉立""里人重建"字样。单孔拱桥,纵联分节并列砌置。千斤石刻轮回纹。桥顶设石凳。联曰:"鸠工修踵浮图后,鼍驾成逢赛会年。""西往东来,径通梅堰;水回岸曲,断接荻塘。""塔望慈云图入画,墩瞻分水柱留题。""石渡塘凹,高瞻一塔;虹登波上,直指双杨。"

石凳

桥联

禹迹桥

宝塔街东·1779年·市保

清康熙五十四年里人倪宗增、吴永祚等建。乾隆四十年方勤中等修缮。志载乾隆四十九年里人谭修谓、沈跂云等重建。今见"乾隆己亥""九月"字样。单孔拱桥,纵联分节并列砌置,金刚墙为青石,余为花岗石。千斤石刻轮回纹,龙门石刻双龙戏珠。水盘石刻"本镇凌寅升喜舍水盘"。长系石雕如意云等,望柱雕包袱锦。桥面石阶还刻有大刀、宝剑、如意等图案。联曰:"善政惟因,不易大名仍禹迹;隆时特起,重恢古制值尧巡。""市近湖漘,骈肩无俟临流唤;地当浙委,绣壤应多题柱才。"桥堍有慈云禅寺。

禹迹桥与慈云寺塔

慈云禅寺

宝塔街 111 号·明至今·国保

原为南宋咸淳间所建之广济寺。明正统中重建，天顺中赐今额。后十多次重修或重建。曾作积谷仓、讲习所、粮库等。"慈云夕照"为"震泽八景"之一。

今主路由山门、古塔、大殿等组成。除塔外，多为新建者。古塔又名七井塔、望夫塔、望父塔，一说初建于三国东吴赤乌年间，为五级六面楼阁式，二层起壶门逐层错开，塔刹铸有明万历五年等助银题记。全塔整体带有明风，石台上有平望移此的观音石刻，一层外向彩绘壁画内容丰富，涉及古代戏文、近代火车及吉祥图案等。塔内各层藻井多异。塔北为清乾隆五十三年凿的方形洗钵池，带揽船石。池内出土有罗汉十八尊，部分罗汉见万历二十二年助银题记。寺西有圆囤粮仓两座。

罗汉像

鸟瞰

塔周壁画

凝庆堂朱宅

宝塔街三官堂弄9号·清、民国·市保

原为丝商朱季芬宅。

一路三进,皆为楼厅。二进带雕花楼裙,梁头雕刻花卉、人物,次间设挂落,与正间皆垂花篮。三进前有"克昌厥后"门楼。局部见琉璃花窗。

檐口

琉璃花窗

"克昌厥后"门楼

懋德堂毕宅

宝塔街28号·清·市保

原为万茂丝经行业主毕康侯及其弟毕辅良宅。

二路四进,均为楼厅。西路一进楼厅前设天井。二进楼厅檐下梁头精雕戏文,楼梯设冰纹栏杆。楼前有砖雕门楼,青石须弥座精雕喜鹊、麒麟等动物。三进带卍川栏杆、和合窗。局部见墨绘、彩玻、提灯础。更后有附房。东路亦为附房。另见观音兜山墙、五山屏风墙。

冰纹楼梯

彩玻窗

师俭堂徐宅

宝塔街12号·1864年·国保

锄经园

木雕门楼

备弄墨绘

清道光前后始建,同治三年恒懋昶丝经行、大顺米行业主徐汝福重建。举人徐泽之和徐聿廷等亦居于此。后作商店等。2001年起重修。

跨街有三路六进。原宅前后皆设河埠。中路街南有仓库、铺面两进。街北外向下置须弥座,垛头等处饰砖雕,楼腰木雕门楼极具特色。二进正厅施山雾云。三四进走马楼地下龙骨间铺蛎壳防潮,西有密室。二至四进脊檩皆施彩绘,厅前"世德作求""慎修思永""恭俭维德"门楼砖雕细致。东路为旱园水做的锄经园,假山(部分移至杭州)上建半亭,南为藜光阁。中造四面厅,内施藻井、垂花篮。北建益寿轩,楼下耳房隔扇漆雕名家书画及古玩。西路为附房,北有望楼。备弄墙绘墨梅等。全宅木雕极精,檐口常见堆塑,并多于窗间嵌彩玻、书画装饰。

积善堂李宅

南横街小稻场 3 号・1933 年・市保

原为酒商李六宝宅。

一路三进,皆为楼厅,扁作梁雕花,挑檐处均带垂花篮木刻雕饰,二层楼裙下刻有草纹图案装饰,两厢垛头及院墙交界处均有人物、动物、云纹、花草等堆塑,云头、楼梯栏杆等木雕人物、花草等。一二进带茶亭,山墙带观音兜。二进前存"邺侯遗泽"门楼,下部设石雕须弥座。

堆塑

"邺侯遗泽"门楼

花篮楼厅

洋楼

小方池

致德堂徐宅

梅场街34号、倪家弄14号·清、民国·省保

米商、丝商徐帘青清宣统二年起建。南社社员徐子为亦曾住此。

原一路六进。一二进恒丰泰米行已毁,原有河埠、跨街廊棚等。三进花篮楼为震源丝经行,即松筠小筑,前有"庭阶玉树"门楼。廊柱带雕花提灯础。楼内靡不精雕人物、花鸟、瑞兽,楼后多处配有堆塑。南接带扇纹窗的高墙,下嵌"中山遗泽"字额。另配券门嵌彩玻、字额。四进大厅檐下吉象挑梓桁,梁头雕花草,斜撑雕八仙,前有"俭勤世则"门楼。厅后设小方池,侧立厢阁,中设券门,北嵌"风月流芬"字额,南为"棋枰逸韵"门楼。五进楼厅曰只可楼,内部石膏吊顶,一楼南廊下嵌挂落,屏门雕西式花卉。六进为二层洋楼,次间立罗马柱。前有花园,水泥地坪压花。东西设半亭,檐枋、梁头等处雕花。

敬胜堂汤宅

砥定街46号、四宜轩弄1号·清、民国·市保

原为丝商汤赉臣宅。

两路四进,均为楼厅。一进为沿街店铺,屏门带团寿窗装饰。东路二进前厅与一进以穿堂相连。后三进为走马楼厅,檐口垂花篮,带车制楼裙,梁头雕刻花卉、人物。局部见雕花提灯础。四进前设门楼,厢楼两侧带精细的堆塑。三四进一楼轩梁精雕三国戏文等,二楼脊檩施描金彩绘。西路为附房,二进边门乱纹窗格做工考究。

木窗

轩梁

振德堂吴宅

砥定街 50 号 · 清 · 市保

原为泰昌福丝行业主吴伦先宅。

一路五进,皆为楼厅。一进带琵琶撑。二进前厅曾悬"宝书堂"匾。三进楼厅前门楼仅剩下枋,下有青石须弥座。楼厅曾悬"振德堂"匾。梁头雕人物、博古架等,斜撑雕八仙等。楼裙带木雕卷草纹,楼下轩梁精镂戏文,长窗、半窗细刻人物、花卉。两厢檐下带墨绘。四进楼厅曾悬"春晖书屋"匾,局部设和合窗,楼梯柱头雕刻仰覆莲。二楼落地花罩雕工甚精。楼前亦有门楼。五进亦带连厢。外墙设观音兜。

斜撑

花罩

江丰农工银行旧址

文武坊 26 号·1919 年·市保

1919 年创设并发行股票,是中国近代第一家民营股份制银行。初创人有施肇曾、费仲深、庞衡裳、倪次阮、施和伯等,董事长施肇曾,总经理施士彬。银行的建立对震泽乃至中国的蚕丝业发展起了重要作用。抗战时曾停业,1946 年申请复业,但因受战争兵燹之苦,至 1949 年 5 月歇业。所在巷弄因名银行弄。

现存双层西式楼房一幢。面阔五间,水洗芝麻外墙结合拉毛墙面。大门设半圆形拱券,左右立爱奥尼亚柱。窗框带凹凸造型。后设庭院栽种绿植。

门头

"天锡纯嘏"门楼

0506 一本堂施宅

文武坊 21 号·清·市保

清顺治七年施彩石始建,今为后期重建。士绅施善昌、中国红十字会创始人施则敬、丝商施善曾、实业家施肇曾、外交家施肇基、工程师施肇祥等皆曾住此。

一路四进。一进门厅西厢已改,厅前有"永□世泽"门楼。二进楼厅下设吉象双桁鹤颈轩,扁作梁雕戏文,前有"天锡纯嘏"砖雕门楼。三四进为走马楼厅,下设方柱及提灯础,楼裙、长窗、梁头、斜撑雕刻戏文、花卉。局部见卍川栏杆。旁有备弄。五山屏风墙设观音兜。另有界碑存于他处。

0507 正修堂顾宅

潘家埠东弄 13 号·1887 年·市保

清光绪十三年丝商顾少彝建,名匠马如龙设计监造。顾氏嫁女于龚氏,以前两进作陪嫁,保留末进自住,并将二进大厅翻建成楼厅。曾作街办工厂。

现存楼厅三进。一进沿街设大门六扇,带冰裂纹小方窗。上有木雕门楼,外梁精雕戏文,内层隐刻花卉,侧墙设堆塑,亦嵌小型人物木雕。二三进轩梁、长窗皆精雕戏文,厢房檐下亦设木雕。二进正修堂前"清风遗荫"门楼半毁,左右贴八角砖细,下部须弥座雕麟鹿。楼内曾悬尹困所书楹联。三进尚古堂前原有"俭乃养德"门楼。设车制楼裙,斜撑雕喜上眉梢,沿楼堆塑暗八仙等。西部厢楼长窗精雕《西厢记》戏文,带扇形或圆形窗景,镶嵌雕花结子,配以彩玻。二楼存明瓦窗,前墙设回纹花窗,精心嵌以结子。外设观音兜山墙。

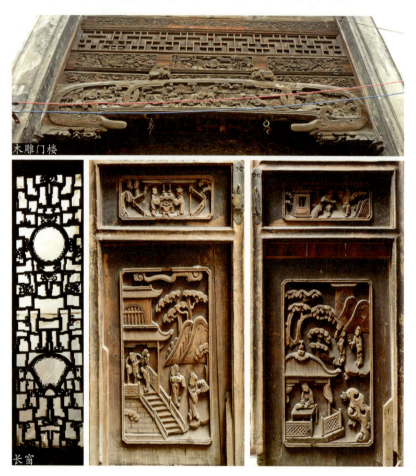

木雕门楼

长窗

耕香堂邱宅

花山头42号·1923年·市保

垂篮

梁头

原为富户邱辅卿于1923年重建。

东路楼厅内及檐口皆垂花篮,轩梁及檐口雕戏文、花卉,配车制楼裙、砖细墙裙,局部嵌彩玻。二楼有西式护壁板、石膏吊顶,厢房两侧外带砖雕。北设壁炉。阁楼辟老虎窗,露台北设混凝土水箱。前有门楼。西路楼厅脊檩施彩绘。楼梯下方带地下室,传为邱氏囚人之所。外立观音兜山墙。立面带洋房风格,有尖顶券门。边门上方嵌有"亦庐"字额。

垂篮

0509 馀庆堂陆宅
花山头11号·清·市保

原为丝商陆如川宅。2022年重修。

一路三进,皆为楼厅。一进楼下、二三进楼上楼下的檐口皆垂花篮。一进屏门带古币窗装饰,临街正间枋雕三国故事、双凤等,梁头雕刻《西厢记》故事。楼裙雕花,二楼设冰纹窗。一二进以穿堂相连。二三进为走马楼,置提灯方础。一楼皆设凤头双桁鹤颈轩并垂花篮,带砖细墙裙。二进轩雕花卉。三进置枫拱,轩雕戏文,楼裙雕花,楼下梁头、长窗裙板亦雕刻花卉、戏文。楼下厢房带卍川栏杆,楼上厢房皆设喜上眉梢落地花罩,脊檩施描金的瓶笙三戟、聚宝盆、笔锭胜、如意等。半窗带八角、扇形等图案,雕刻精细。另见圆井二眼。更后有小院,可见左侧福舆堂徐宅界碑。

檐口

轩雕

大厅脊檩立体彩绘

冰梅纹和合窗

墨绘

0510

凝瑞堂杨宅

公园路3号·1919年·市保

震泽丝业工会会长杨文震建于1919年，银行职员杨澄蔚、中国科学院院士杨嘉墀亦曾住此，局部作旅社。

原有两路四进。现一进皆改，东路二进为花厅。西路二进大厅梁头和轩梁精雕戏文，厅内及檐下皆垂花篮。脊檩彩绘做法极为考究，带有立体感。山雾云、棹木及院墙交界处堆塑工细。三四进为走马楼厅，三进带吉象双桁鹤颈轩廊，正间垂有挂落，次间门带刻花彩玻及梅花蝙蝠装饰，方柱下以提灯础承托，梁头雕人物戏文，院墙交界处有回纹等堆塑及石榴、香炉等墨绘，厅前门楼残存下枋。四进楼厅提灯础雕葵花，一层次间带卍川团寿栏杆和冰梅和合窗，二层脊檩施彩绘。厢楼侧面堆塑完整。更后连附房，设精细的六角花格门等装饰。外设观音兜山墙，局部呈云头状。

丝业公学旧址

藕河街38号·1923年·市保

1911年杨剑秋创办于旱桥庄宅,初名丝业第一初高等小学,系供丝业子弟读书之所。1920年施省之等助银在今址新建校舍,1923年落成。1925年曾作中国国民党吴江县第三次代表大会会址。1926年增设初中班,改称丝业公学。后作藕河街小学、震泽二中等。

原有二进教学楼,现存南面一进,系二层青砖洋房,拱券、腰檐等处以红砖装饰,东西带厢房。内为"人"字木屋架。屋顶前檐中央砌有"人"字形悬山顶,下部设计圆形线圈,内有"1923"字样。楼前有门房一间。校门旁有"丝业公学"界碑两方,字外套有线框装饰,较少见。

前景

虹桥

虹桥弄西·清、民国·市保

长系石

桥额

初建年代无考,清乾隆四十五年、光绪十八年重建,1936年移现址。今见"光绪十八年冬""众姓重建"字样。单孔拱桥,纵联分节并列砌置。千斤石刻轮回纹。原望柱雕有两对石狮,已毁。长系石雕花较精细。联曰:"波平柳岸长虹卧,水绕渔村半月悬。""鸭头新涨湖光远,雁齿斜连塔影横。"传每年中秋慈云塔影倒映桥洞之中。"虹桥远眺"为震泽八景之一。

全貌

王锡阐墓

太平街庄桥河西·
1683—1837年·省保

王锡阐（1628—1682），号晓庵，震泽人，天文学家。墓地营建于康熙二十二年，道光七年重修立碑，清道光十七年江苏巡抚林则徐倡捐重修，建立墓门、享堂，绕墓植梅数十株。1991年、1998年重修。

前设晓庵桥，单孔梁桥，金刚墙嵌"晓庵桥"碑。河埠嵌"頔塘新村河"碑。桥堍有三百余年黄檫树。

东有王贤祠，又名晓庵祠，系抗战后重修，祠内曾作吴江县立第五高等小学。享堂前有双桁鹤颈轩廊，置提灯础。檐下带象头梁，轩梁和下部梁头雕刻戏文。堂内圆梁扁做并雕花，施直式实腹山雾云。东有附房，局部横风窗带方胜。

西为墓地，花岗石护壁，墓前立"王晓庵先生之墓"碑，后墙嵌新配"江天白云"字额。

享堂

晓庵桥

墓冢

尊经阁

太平街庄桥河西9号·1933年·市保

又名藏经阁。建于1933年,原为育英中学藏书馆,由育英中学前任校董事长施肇曾出资,校董徐子为经办兴建。落成后,徐子为将私人所藏古籍全部捐赠于阁中。抗战初期部分被毁。1958年重修,改名红专楼。2003年又修并恢复原名。

建筑面阔五间,立于台基之上,系砖混结构二层楼阁,歇山顶,筒瓦鱼龙脊。各面券门以回纹、花卉等装饰。二层外与假三层外设重檐,檐下置牌科、枫拱,出凤头昂,四角悬铃。原四面均设门窗,现北门被封,加以抱厦。南门上方书"尊经阁"三字。阁内立有方柱,上设科林斯柱头。

抱厦

贞惠先生碑亭

太平街庄桥河西9号·2008年·市保

贞惠先生即中国红十字会创始人之一施则敬。亭初建于1925年,碑毁于"文革",2008年重建。

现存六角亭,水泥浇筑屋顶,筒瓦屋面,周边设坐槛。檐下置仿木牌科,垫拱板堆塑花卉及"太平"字样。中央立贞惠先生之碑。碑阳为贞惠先生像,碑阴碑文由金松岑撰文,毕寿颐书丹并篆额,周梅谷刻。

全貌

桁间牌科

碑阳

十字结构

0516
震泽耶稣堂
太平街庄桥河西·1915年·市保

全称中华基督教卫理公会湖州教区震泽牧区耶稣堂,由美国传教士亨特利捐资建造。曾作震泽中学食堂。

平面呈十字架形,正立面设半橄榄形拱顶大门和窗,红砖框边,山墙顶端竖立十字架。堂内为"人"字形木屋架,西山墙边建有扇形讲台。墙嵌"民国四年南浔崔恒大、徐恒兴承造""圣教基础,救主降世一千九百十五年,基督教监理公会立"二碑。

全貌

0517
思范桥
太平街西栅·1866年·市保

初建年代无考,志载元至正二十三年、明嘉靖十一年(一作二十一年)、清嘉庆二十四年重建。今见"同治五年丙寅""众善堂重建"字样。单孔拱桥,纵联分节并列砌置。拱券内见"奉宪禁止捕鱼"题刻。千斤石刻轮回纹,龙门石雕太极。桥顶设石凳。金刚墙设揽船石。联曰:"禹迹媲宏模,望里东西双月影;蠡村怀故宅,泛来南北五湖船。""苕水源来,阅尽兰桡桂楫;荻塘波泛,平分越尾吴头。"

尚义堂倪宅

太平街4—6号·清、民国·市保

原为民国初期震泽市自治公所副所长倪鸣寿和震泽市办事处总董倪鸣孚宅。

原有一路三进，现存一路二进，皆为楼厅。均带车制楼裙，楼下都设吉象双桁鹤颈轩廊，檐下梁头俱雕花卉、人物，两厢垛头及院墙交界处咸有几何、动物、花草等堆塑。楼梯侧边木雕梅花等，并贴微型挂落。二进檐下垂花篮，次间设卍川团寿栏杆。局部存冰纹窗、如意提灯础、进口马赛克地坪、琉璃花窗、海棠窗嵌雕一鹭莲荷等，工艺精细。二进前门楼仅剩下枋，下部有石雕须弥座。天井内栽天竹、蜡梅，东设石库门。外有观音兜山墙。临河另建有船厅，旁设河埠。

堆塑

楼厅

门楼须弥座

0519 富乡桥

富乡村钟家坝港·1784年·市保

全貌

初建年代无考，现存武康石排柱、长系石三孔梁桥。今梁见"乾隆甲辰年季春重建"字样。长系石有托木槽孔，两端雕有花纹。

0520 汪慰庭故居

铜罗人民街41号·民国·市保

一进与河埠

门楼须弥座

原为安徽歙县迁苏之升源南货店业主汪慰庭宅，其子汪庆璜（会计）、其孙汪集旸（院士）、汪集明、汪集曜亦曾住于此。2019年重修，局部作地热科普馆。一路六进。一进在街南临河，有一河埠。二至五进皆为楼厅，二进有简易木雕楼裙。六进为附房。三至五进前皆有门楼，字额已毁，局部雀替及砖、石须弥座残存，天井内见乱石铺地。

嘉乐堂周宅

铜罗民主街90—116号·清、民国·市保

原住周氏,亦名大园里。内有相向而建的东西两幢楼厅,各面阔五间。楼房间均贯通,天井两头有墙门,上为楼房,整体呈走马楼形制。西曰远香居。一楼檐口雕饰花卉,扁作梁雕花卉、反向百花包袱锦,中嵌暗八仙。二楼设海棠半窗,施山雾云。

梁雕

楼厅

0522

福泰兴烟纸店

铜罗民主街6号·民国·市保

　　1939年底，中共吴兴县委转入地下活动，在县委书记王子达与中共党员庄绍桢取得联系后，中共党员王化鹏、朱闻礼、陈友群等先后从浙江省政工队转入吴江县政工队，并在严墓区瑾下浜建立中共苏浙特别支部。1940年10月，中共浙西特委以京杭国道为界分为路东、路西两块（又称浙西北特委）。1940年11月，中共浙西路东特委机关和中共吴兴县委机关同设在严墓镇枫桥堍福泰兴烟纸店。路东块负责人为朱辉，吴兴县委书记为史列青，由担任小学教师的区委书记赵子扬和开福泰兴烟纸店的吴兴县委书记史列青负责掩护特委机关。

　　店铺两面临街，原为二层楼房，1963年拆除上层。今存横风窗、老虎窗，东有塞板门。2021年重修。

廊桥

0523 铜罗枫桥河廊

铜罗民主街19—53号，胜利街43—76号·清、民国·市保

沿枫桥河南北岸东西向分布，有沿河房三十余间，由邮局、店铺、民居等组成，房前建有廊棚。

河廊

地狱变相图壁画

0524

汾阳王庙

铜罗镇南路118号·1787年·市保

又名郭将军庙,祭祀唐汾阳王郭子仪。志载宋乾道七年始建,清康熙十年重建。中有祠山行祠,2008年与侧之普慈寺一并重修。

现仅存后殿和偏殿。后殿轩梁雕夔龙、暗八仙等,配卍川栏杆,带杵头础,檐下梁头雕刻戏文、花卉、象头。殿内施山雾云,脊檩等处施彩绘,内列桁间牌科,前后有眉川,梁垫雕人物、花卉,局部覆盆础上接石鼓墩承重。偏殿梁头雕花鸟、麒麟,以及点缀如意、兰草等变形后的象头,圆梁扁做,带直式山雾云。脊檩钉木板,上墨书"龙飞乾隆伍拾贰年季冬月,信女凌门吴氏全男立诚、立贤,媳徐氏、郑氏,孙上珍、上贤、上斌、上荣五福祈保家门清吉、人寿泰嘉、吉祥如意"字样。殿内有地狱变相图壁画,殿外檐下有戏文、花鸟、博古架等壁画。

0525

白溪御龙桥

青云社区西·1922年·市保

又名白溪桥、白带桥。明嘉靖二十七年里人陆完、倪潮建，今见"(民国)壬戌秋募建""里人沈煜题"字样。单孔拱桥，纵联分节并列砌置。千斤石刻轮回纹。联曰："冰鉴一奁秋水影，渔歌两岸夕阳村。""北望洞庭，山浓如翠；东连笠泽，水到渠成。"

全貌

0526

福事桥

青云村勺头斗北·清·市保

全貌

初建年代无考，清末移建于此，今梁见"甲子年立""里人重修"字样。五孔梁桥。有栏杆及武康石排柱。

广福村遗址

广福村·新石器时代至商周·省保

地层堆积主要可以分三层,即表土、商周文化层及马家浜文化层。遗存主要有墓葬、灰坑和建筑规模较大的房址等,另外还有商周时期的水井。出土有石器、骨器、玉器、夹砂鼎、泥质红陶豆、杯、盘等。系一处极为重要的新石器早期文化遗址。

出土的夹砂红陶豆
(苏州湾博物馆藏)

遗址现场

九里桥

九里桥村积惠口·1911年·市保

维修前

鸟瞰

经幢

因距乌镇九里路程,故名。初建年代无考,现局部存武康石。今见"宣统元年""孟春重建"字样。单孔拱桥,纵联分节并列砌置。千斤石雕轮回纹。联曰:"北达松江府,东连秀水州。""此地容或逢黄石,前途无处不青云。""南通浙江省,西接紫云溪。""九曲水流溪潋滟,两傍道路跨康庄。"金刚墙见"禁止灌□"字样。古桥临近江浙交界处的大运河边,过去曾是便于纤夫通行的纤桥,南向尚存纤道。因桥旁有亭供行人休憩,故也叫九里亭桥,2015年重修,亭旁有七宝如来经幢。

456 / 访古苏州

大通塘桥

前窑村·1930年·市保

初建年代无考,今排柱见"民国拾玖年仲秋之吉募化重修"字样。局部排柱为武康石。五孔梁桥。桥心雕轮回纹。联曰:"九派长流归一水,千年野渡汇双溪。""□□□□□□,彩虹东去接圆通。"

桥联　排柱题刻

全貌

0530
京杭大运河苏州段

沙墩港至油车墩·约春秋至今·世遗、国保

北起相城区望亭镇沙墩港,南至吴江区油车墩,全长82.35千米,可分为西、中、南三段。

西段自望亭五七桥至枫桥,称为苏锡段。

中段原自枫桥绕经苏州城护城河之阊门、胥门、盘门外,穿灭渡桥,南下宝带桥,称为市河段。后改由枫桥直南,沿枫江至横塘,循胥江而至胥门、盘门后,复走原线。1985年在横塘向南开辟新河,沿北越来溪南下,近石湖而东,经澹台湖,至宝带桥后转南,汇入原线。

大运河枫桥段

大运河平望段

南段原自宝带桥南下,穿莺脰湖,往东南经盛泽黄家溪,至麻溪出口,于盛泽出省,称苏嘉段。后在平望镇西开辟新河,取道烂溪,至鸭子坝后,南至桃源,随后直向杭州。

另外,京杭大运河在吴江尚有支线,名頔塘。

作为世界文化遗产,大运河(江南运河苏州段)包含盘门、宝带桥、山塘河历史文化街区(含虎丘云岩寺塔)、平江历史文化街区(含全晋会馆)、吴江古纤道五处遗产点。

作为全国文物保护单位,京杭大运河包含十里亭、下津桥、上津桥、吴门桥、灭渡桥、运河古纤道、三里桥、安民桥、安德桥九处与古运河紧密关联的文物遗存。

护城河夜景

索引

说明

1. 本索引收录书中所有条目,按音序排列,并在其后标示该点位在书中之编号。

2. 为便于与公布的相关文物保护单位名录中的点位及现场文保碑对照,本索引亦收录此名录中与本书条目提法或包含点位不一者,后加"*"号以示区别。如苏州市区悬桥巷六顺堂钱宅,公布名录和现场文保碑径作"钱宅",本索引遂加以"钱宅*"为条目收录。公布名录中实际有误者,保留原貌。

3. 遇有同名的条目,括注相关方位信息。

蔼庆堂* 0108
蔼庆堂万宅 0108
爱日堂* 0334
爱日堂蔡宅 0334
安德桥 0437
安徽会馆 0020
安民桥 0436
安义堂严宅 0235
八坼四桥* 0395、0396、0397、0398
白公堤石幢 0160
白龙桥 0482
白塔西路温宅* 0040
白溪御龙桥 0525
宝带桥 0228
宝华庵 0081
宝山遗址* 0219
宝善堂佘宅 0045
宝书堂吴宅* 0504

保圣寺 0353
保圣寺罗汉塑像* 0353
报恩寺 0043
报恩寺塔* 0043
报国寺 0063
鲍传德庄祠 0157
北半园* 0009
北桥城隍庙 0371
北张家巷砖雕花楼* 0008
博士桥 0400
博习医院旧址 0050
采莼堂吴宅 0042
彩云桥 0180
蔡少渔旧宅* 0238
残粒园* 0041
沧浪亭 0071
草鞋山遗址 0193
茶店头遗址 0210

柴园★ 0068

阊门 0116

阊门遗址★ 0116

长鉴村 0084

长庆桥 0410

长元县学旧址 0028

长洲县学大成殿★ 0028

畅园★ 0143

潮州会馆 0168

陈和茂砖窑 0470

陈去病故居★ 0405

陈去病墓 0149

承德里 0033

承德堂薛宅 0274

承德堂周宅 0284

承志堂★ 0318

承志堂费宅 0318

城隍庙工字殿★ 0090

澄湖遗址 0361

崇本堂★ 0427

传德堂杨宅 0102

垂虹断桥★ 0390

垂虹桥 0390

春谷堂吴宅 0041

春晖堂杨宅★ 0102

春熙堂★ 0331

春熙堂蔡宅 0331

春在楼★ 0288

纯德堂★ 0302

纯德堂朱宅 0302

纯熙堂顾宅 0021

慈云禅寺 0497

慈云寺塔★ 0497

赐福堂周宅 0453

萃秀堂★ 0344

萃秀堂徐宅 0344

萃英中学旧址 0169

存仁堂洪宅 0138

大觉寺桥 0359

大柳枝巷杨宅★ 0015

大石山★ 0216

大石山摩崖石刻 0216

大石头巷吴宅★ 0127

大通塘桥 0529

大休墓 0244

大休上人墓★ 0244

带福桥 0473

德芬堂邱宅·敬承堂邱宅 0452

德福堂雷宅 0145

德星堂蔡宅 0447

邓氏祠堂★ 0014

丁家弄丁宅★ 0447

定慧禅寺 0057

定慧寺★ 0057

东花桥巷汪宅★ 0012

东林桥 0430

东庙桥 0491

东山民居★ 0281、0297、0299

东善长巷奚宅★ 0129

东圣堂★ 0459

东吴大学旧址 0048

东溪河王宅★ 0434

索引 / 461

东崦草堂* 0261
东崦草堂徐宅 0261
董份墓 0266
董其昌墓 0316
渡水桥 0292
端本园 0454
敦大堂席祠 0304
敦厚堂毛宅 0457
敦仁堂邓祠 0014
敦裕堂* 0282
敦裕堂席宅 0282
法海寺 0293
范成大祠* 0196
范氏义庄 0089
范氏义庄旧址* 0089
范隋墓 0245
范文穆公祠 0196
范文正公祠 0246
范文正公忠烈庙及天平山庄* 0245、0246、0247
梵门桥弄吴宅* 0099
方嘉谟故居 0019
汾阳王庙 0524
枫桥 0176
蓟山禅院 0294
蓟山寺* 0294
冯桂芬祠* 0036
冯桂芬故居* 0237
冯桂芬墓 0252
冯中允公祠 0036
凤凰桥 0373

凤允论墓 0324
福昌桥 0366
福事桥 0526
福寿堂余宅 0203
福泰兴烟纸店 0522
甫里小学旧址 0355
富观桥 0416
富乡桥 0519
高定子高斯道墓* 0321、0322
高定子墓 0321
高斯道墓 0322
高义园 0247
葛成墓 0158
耕乐堂* 0413
耕乐堂朱宅 0413
耕香堂* 0508
耕香堂邱宅 0508
古戏台 0371
顾澄志故居 0025
顾颉刚故居* 0021
顾野王墓 0200
观桥* 0375
观山摩崖石刻 0214
观音殿遗址* 0153
官太尉桥 0054
光福寺 0260
光福寺塔* 0260
广福村遗址 0527
广福桥 0490
桂荫堂洪宅 0018
郭新河遗址 0229

过云楼 * 0094
含秀桥 0367
涵村店铺 0338
韩世忠墓 0243
韩世忠墓碑 * 0243
寒山摩崖石刻 0207
寒山寺 * 0174、0175、0176
合浦桥 0397
贺九岭石关 0248
鹤鸣堂康宅 0026
鹤园 * 0092
横塘驿站 * 0179
横塘邮亭 0179
虹桥 0512
洪恩桥 0488
洪钧故居及庄祠 * 0018
洪钧祖宅 * 0138
鸿寿堂 * 0450
鸿寿堂周宅 0450
后埠井亭 0317
后塘桥 0312
湖沙刘公堂 * 0296
虎阜禅寺 0148
虎丘剑池及摩崖石刻 * 0152
虎丘摩崖石刻 0152
虎山遗址 0262
华山摩崖石刻 * 0249
华山天池山摩崖石刻 0249
华山遗址 0217
怀德井 0384
怀德堂 * 0466、0467

怀荫堂周宅 0297
槐荫堂王宅 0458
环秀山庄 0105
黄氏祠堂 * 0328
黄氏宗祠 0328
回溪摩崖石刻 * 0227
洄溪摩崖石刻 0227
会老堂 * 0308
会老堂王宅 0308
惠栋墓 0267
惠荫园 * 0020
积翠堂温宅 0040
积善堂 * 0501
积善堂李宅 0501
吉利桥 0409
济东会馆 0475
寂鉴禅寺 0250
寂鉴寺石殿 * 0250
嘉乐堂 * 0521
嘉乐堂周宅 0521
嘉寿堂陆宅 0098
嘉荫堂 * 0408
嘉荫堂柳宅 0408
嘉应会馆 0182
甲辰巷砖塔 0046
江村桥 0174
江丰农工银行旧址 0505
江苏按察使署旧址 0130
江苏高等法院看守所旧址 0136
江苏巡抚署旧址 0137
江苏巡抚衙门旧址 * 0137

蒋氏淞荫义庄　0013
蒋氏义庄 *　0013
蒋纬国故居 *　0073
交通部苏州电信局旧址　0038
教忠堂沈宅　0074
戒幢律寺　0172
芥舟园 *　0333
金城新村　0059
金鸡墩遗址　0146
金门　0100
金圣叹墓　0253
锦绣堂 *　0342
京杭大运河苏州段　0530
经笥堂　0426
经笥堂任宅　0426
景海女子师范学校旧址　0049
敬胜堂 *　0503
敬胜堂汤宅　0503
敬修堂徐宅　0342
敬仪堂王宅　0428
九里桥　0528
久大堂 *　0301
久大堂张宅　0301
救国里　0097
居俟堂庞宅　0092
具区风月桥 *　0292
蠲免渔课永禁泥草私税碑　0370
开元寺　0134
开元寺无梁殿 *　0134
可园　0070
蒯祥墓　0313

况公祠　0126
昆曲传习所　0080
昆曲传习所旧址 *　0080
兰石小筑 *　0065
兰云堂万祠　0283
廊桥　0236
乐群社会堂　0032
乐善堂沈宅　0352
乐知堂俞宅　0091
雷允上诵芬堂药行　0115
雷允上诵芬堂药铺 *　0115
楞伽寺塔 *　0198
楞严经石刻 *　0265
黎里古桥群　0441
黎里古镇驳岸　0443
黎里施家洋房 *　0442
黎里市河驳岸及古桥 *　0441、0443
黎里天主堂 *　0460
蠡墅古桥梁 *　0223、0224、0225、0226
蠡墅桥　0223
礼安堂徐宅　0237
礼耕堂潘宅　0022
李根源故居 *　0077
李根源墓　0256
李鸿章祠 *　0154
李氏祗遹义庄　0155
李文忠公祠　0154
李云骅故居　0389
里尺桥 *　0275
丽夕阁　0073
丽则女学校旧址　0424

利字窑旧址＊ 0470

莲云桥 0483

联源桥 0398

烈士陵园＊ 0195

林屋洞 0320

林屋山摩崖题刻＊ 0320

灵岩山寺 0242

灵应观 0378

灵应观后殿＊ 0378

刘猛将军庙和东林桥＊ 0430、0431

刘猛将庙（湖沙） 0296

刘猛将庙（溪港） 0431

留耕堂王宅 0412

留馀堂柴宅 0068

留馀堂潘宅 0029

留园 0171

柳亚子故居＊ 0453

柳毅井及碑＊ 0276

六顺堂钱宅 0017

龙南村落遗址＊ 0433

龙南村遗址 0433

芦墟跨街楼 0466

芦墟跨街楼＊ 0467、0468、0469

甪直古桥群 0347

甪直古镇驳岸 0346

甪直镇水道驳岸及古桥＊ 0346、0347

陆龟蒙墓 0354

陆肯堂故居 0085

陆墓御窑 0364

陆墓御窑址＊ 0364

陆润庠故居＊ 0085

陆士龙祠 0377

陆士龙祠堂＊ 0377

陆巷古村 0306

罗汉寺 0323

罗汉院双塔及正殿遗址＊ 0056

闾丘坊巷詹宅＊ 0037

毛理墓 0251

毛家弄毛宅＊ 0457

懋德堂 0499

懋德堂毕宅 0499

妙智庵旧址及明御祭姚广孝文碑＊ 0379

妙智禅院 0379

庙堂巷近代住宅＊ 0145

灭渡桥 0187

明善堂陈宅 0405

明善堂张宅 0299

明远堂杨宅 0419

明月禅寺 0326

明月寺＊ 0326

模范灌溉庞山实验场办公楼 0383

模范灌溉庞山实验场瞭望楼 0381

墨园＊ 0045

木渎廊桥＊ 0236

南半园＊ 0128

南桥＊ 0362

南社通讯处旧址＊ 0449

南新街沈宅大厅＊ 0448

南园茶社 0406

楠木厅及石雕艺术品＊ 0286

内省堂＊ 0463

内省堂李宅 0463

念勤堂朱宅　0286

宁邦寺　0259

凝德堂严宅　0281

凝庆堂＊　0498

凝庆堂朱宅　0498

凝瑞堂＊　0510

凝瑞堂杨宅　0510

钮家巷方宅＊　0027

耦园　0016

潘承锷故居　0143

潘世恩宅＊　0029

盘门　0132

庞山湖农场瞭望楼＊　0381

庞氏宗祠　0417

培元公所卅年纪念井　0480

丕烈堂许宅　0469

平江历史文化街区　0010

蒲林巷近代住宅＊　0088

朴园　0079

朴泽桥　0399

普安桥（姑苏区城外）　0167

普安桥（同里）　0420

普济禅院　0459

普济桥　0161

七都孙宅＊　0489

七苦圣母堂　0178

七子山土墩石室　0232

栖贤巷门　0343

启庐席宅　0276

启园＊　0276

谦益堂方宅　0027

谦益堂沈宅　0468

钱处士墓＊　0150

钱涤根烈士纪念碑　0387

钱近仁墓　0150

钱元璙墓　0233

钱宅＊　0017

侵华日军沪宁线司令部旧址　0162

侵华日军宪兵司令部旧址＊　0162

亲德堂金宅　0288

亲仁堂张宅＊　0001、0005

亲仁堂张宅　0005

秦东园故居＊　0435

秦氏宗祠　0333

秦仪墓＊　0332

秦仪墓·娥明公主墓　0332

沁远堂＊　0336

庆庐舒宅　0139

庆善堂＊　0418

庆善堂陈宅　0418

庆善堂秦宅　0435

庆馀堂＊　0345

庆馀堂李宅　0345

穹窿山摩崖石刻　0257

穹窿山摩崖题刻＊　0257

琼姬墩＊　0188

琼姬墩遗址　0188

曲石精庐李宅　0077

全晋会馆　0024

群乐旅社　0438

群乐旅社旧址＊　0438

仁本堂＊　0337

仁本堂徐宅　0337
仁德堂袁宅　0055
仁寿桥　0471
仁寿堂＊　0340
仁寿堂顾宅　0094
仁寿堂金宅　0340
日本领事馆旧址　0185
荣成堂吴宅　0099
荣富桥　0275
荣寿堂蒯宅　0451
如意桥　0477
瑞霭堂＊　0277
瑞霭堂席宅　0277
瑞光禅寺　0133
瑞光塔＊　0133
瑞云峰＊　0078
若瑟堂　0460
三槐堂王宅　0434
三里桥　0382
三里亭　0212
三茅观巷沈宅＊　0109
三山岛遗址及哺乳动物化石地点　0310
山塘河历史文化街区　0147
上方寺　0198
上津桥　0170
上真观　0258
上真观碑＊　0258
尚德堂王宅　0456
尚义堂＊　0518
尚义堂倪宅　0518
尚志堂吴宅＊　0042

绍德堂＊　0291
绍德堂叶宅　0291
申时行墓　0199
申氏宗祠　0163
莘塔跨街楼　0464
沈柏寒旧宅＊　0352
沈德潜故居＊　0074
沈镐故居　0448
沈家祠堂＊　0357
沈家弄沈宅＊　0348
沈京似故居　0052
沈京似宅＊　0052
沈菊英故居　0380
沈宽夫老宅＊　0352
沈氏旧宅＊　0351
沈氏宗祠　0357
沈同孚故居　0348
沈维骥故居　0008
沈再先故居　0351
沈周墓　0374
慎修堂邱宅　0086
升记绸庄旧址·升大钱庄旧址　0479
升明桥　0472
昇记绸庄旧址＊　0479
圣恩禅寺　0269
圣恩寺＊　0269
圣约翰堂　0051
盛宣怀故居＊　0112
师俭堂（国保）＊　0500
师俭堂（市保）＊　0311
师俭堂潘宅　0311

师俭堂徐宅　0500
狮子林　0003
施菊生故居　0442
施全祠　0402
施相公庙和邑宁桥＊　0401、0402
十里亭　0211
石壁永惠寺＊　0273
石公山　0325
石家桥　0372
石楼庵　0270
石崂＊　0270
使徒堂＊　0125
世德堂＊　0423
世德堂曹宅　0423
寿恩堂周宅　0449
寿山堂朱宅　0407
寿星桥　0053
舒适旧居＊　0139
树德堂吴宅　0127
树德堂徐宅　0446
双塔禅寺　0056
双塔桥　0487
司前街看守所旧址＊　0136
司徒庙　0265
丝业公学旧址　0511
思本桥　0403
思杜堂　0125
思范桥　0517
松风馆　0279
松陵李宅＊　0389
松陵泰安桥＊　0388

苏嘉铁路75号桥日军炮楼　0485
苏嘉铁路75号日军炮楼＊　0485
苏嘉铁路桥墩　0393
苏纶纱厂旧址　0184
苏州电报电话局旧址＊　0038
苏州府城隍庙　0090
苏州革命烈士陵园　0195
苏州关税务司署旧址　0186
苏州美术专科学校旧址　0072
苏州文庙　0131
苏州文庙及石刻＊　0131
苏州织造署旧址　0078
苏州中山堂＊　0035
绥寿堂陆宅　0465
遂高堂＊　0307
遂高堂王宅　0307
太湖大学堂　0486
太湖大学堂（南怀瑾旧居）＊　0486
太湖水利同知署旧址＊　0428
太平桥（蠡墅）　0224
太平桥（陆慕）　0362
太平桥（同里）　0410
太平天国军械所遗址＊　0086
太平天国忠王府　0002
太原王氏义庄＊　0007
泰安桥（郭巷）　0230
泰安桥（盛泽）　0481
泰安桥（松陵）　0388
泰伯庙＊　0121
泰丰路陆宅＊　0465
坛丘缫丝厂旧址　0484

468 / 访古苏州

昙花庵　0315

唐家湖遗址　0432

唐寅祠＊　0082

唐寅故居遗址＊　0081

唐寅墓　0181

桃树里某宅＊　0309

桃树里邱宅　0309

桃坞小学　0124

桃坞小学旧址＊　0124

桃坞中学　0123

桃坞中学旧址＊　0123

桃源富乡桥＊　0519

陶伯渊故居　0142

陶氏宅园＊　0140、0141、0142

天放楼及红楼＊　0415

天香小筑＊　0066

铁铃关　0177

铁瓶巷任宅＊　0095

汀州会馆　0164

汀洲会馆＊　0164

通仙桥　0375

同川自治学社旧址　0415

同德里　0060

同里三桥＊　0409、0410、0411

同里镇　0404

同里朱宅＊　0407

同益里　0061

同益里、同德里＊　0060、0061

铜罗枫桥河廊　0523

童子面石雕造像＊　0323

土墩石室建筑遗址＊　0232

退思园　0425

退思园＊　0424

退一步处＊　0451

外五泾弄近代住宅＊　0117、0118、0119

外五泾弄陆宅　0119

万安桥（八坼）　0396

万安桥（北雪泾）　0368

万成恒米行旧址　0356

万佛石塔　0221

万福桥　0492

万盛米行旧址＊　0356

万氏祠堂＊　0283

万寿宫　0058

汪氏诵芬义庄　0011

汪慰庭故居　0520

汪宅＊　0520

王鏊祠＊　0104

王鏊墓　0305

王家弄王宅＊　0456

王绍鏊故居　0412

王氏惇裕义庄　0004

王氏义庄　0007

王文恪公祠　0104

王锡阐墓　0513

王玉成故居　0118

王震百故居　0140

网师园　0075、0076

卫道观　0023

卫道观前潘宅＊　0022

魏了翁墓　0209

文昌阁　0213

文昌阁太平军营垒遗址 * 0213

文德堂叶宅 0287

文起堂 * 0030

文起堂张宅 0030

文山禅寺 0083

文山寺 * 0083

文星阁 0047

文征明墓 * 0363

文徵明墓 0363

闻诗堂 * 0444

闻诗堂殷宅 0444

问心堂药店 0455

卧云庵 0414

吴江古纤道 * 0392

吴江文庙 0391

吴江县立医院 * 0386

吴江县立医院旧址 0386

吴梅故居 0087

吴门桥 0183

吴氏旧宅 * 0384、0385

吴县烈士墓 * 0263

吴云宅园 * 0093

吴振声故居 0106

吴中区烈士陵园 0263

五爱堂詹宅 0037

五峰园 0122

五龙桥 0222

五人墓 0159

武安会馆 0111

务本堂（东山）* 0289

务本堂（同里）* 0421

务本堂史宅 0128

务本堂严宅 0289

务本堂叶宅 0421

悟真道院 0365

西津桥 0234

西宅别业顾宅 0427

熙庆堂 * 0298

熙庆堂叶宅 0298

熙馀草堂 * 0369

羲经堂陆宅 0009

席氏支祠 * 0304

禊湖道院和秋禊桥 * 0440、0441

下津桥 0173

先蚕祠 0474

香花桥（八都）0493

香花桥（车坊）0360

香雪海 0264

湘城粮仓 0376

祥符寺巷轩辕宫 * 0039

肖特义士殉难纪念碑 * 0192

萧氏旧宅 * 0350

萧义士殉难纪念碑 0192

小九华寺 0439

小九华寺地藏泉井 * 0439

小王山摩崖石刻 0255

小王山摩崖题刻 * 0255

斜塘土地庙 0190

斜塘土地庙及永安桥 * 0190、0191

谢莘如故居 0117

心远堂徐宅 0336

新路村承德堂花厅 * 0274

新民桥雕花厅* 0163

信孚里 0067

行春桥 0201

修德堂严宅 0280

须茂桥 0225

胥门 0135

虚谷墓 0272

虚谷上人墓* 0272

徐达源故居* 0446

徐枋墓 0268

徐家祠堂* 0341

徐灵胎墓 0394

徐氏宗祠 0341

徐学谟墓 0271

许乃普故居 0006

许乃钊旧居* 0006

轩辕宫（东山） 0300

轩辕宫（祥符寺巷） 0039

轩辕宫正殿* 0300

宣州会馆 0096

玄妙观 0034

玄妙观三清殿* 0034

悬桥巷方宅* 0019

学圃奚宅 0129

严家淦旧宅* 0113

严家老宅* 0235

严良肱故居 0113

言子祠 0031

衍庆堂陈宅 0065

燕诒堂程宅 0107

燕诒堂* 0319

燕诒堂费宅 0319

阳抱山遗址 0219

杨鼎元故居 0015

杨家桥天主堂* 0178

杨天骥故居* 0419

养真堂朱宅 0369

姚承祖墓 0314

窑墩遗址 0220

摇城遗址* 0361

叶楚伧故居 0062

叶圣陶故居 0069

叶圣陶墓及执教处旧址* 0355

叶天士故居* 0166

一·二八抗日阵亡将士墓 0254

一本堂* 0506

一本堂施宅 0506

诒德堂沈宅 0109

怡泉亭 0239

怡怡堂吴宅 0093

怡园* 0094

贻范堂盛宅 0112

颐寿堂任宅 0095

颐寿堂尤宅 0101

乙未亭 0194

艺圃 0110

邑宁桥 0401

荫庐* 0103

荫庐叶宅 0103

英雄冢* 0254

应梦观音殿遗址 0153

拥翠山庄 0151

索引 / 471

永安桥（木渎） 0240
永安桥（斜塘） 0191
永丰桥 0339
永慧禅寺 0273
永宁桥 0395
永兴桥 0226
尤先甲故居＊ 0101
油车路166号民国建筑＊ 0383
余德堂＊ 0422
俞家湾船坊 0429
俞樾旧居＊ 0091
馀德堂周宅 0422
馀庆堂＊ 0509
馀庆堂陆宅 0509
渔庄＊ 0203
揄耕堂＊ 0327
畬庆堂＊ 0330
畬庆堂蔡宅 0330
畬新堂孙宅 0489
禹迹桥 0496
禹王庙 0335
玉涵堂＊ 0165
玉涵堂吴宅 0165
玉树堂王宅 0467
裕德堂花厅＊ 0285
裕德堂叶宅 0285
毓秀堂徐宅 0066
袁学澜故居＊ 0055
圆通寺 0076
越城桥 0202
越城遗址 0204

云岩寺塔＊ 0148
运河古纤道 0392
瞻瑞堂＊ 0327
瞻瑞堂吴宅 0327
张国维祠＊ 0156
张陵山遗址 0358
张柳桥故居 0141
张墓村遗址 0231
张士诚纪功碑 0044
张士诚墓 0189
张应春故居 0461
张应春烈士墓＊ 0462
张应春墓 0462
张永夫墓 0241
张忠敏公祠 0156
章涣墓＊ 0208
章焕墓 0208
章太炎故居 0064
章太炎旧居＊ 0064
章钰、章元善墓＊ 0205、0206
章钰墓 0205
章元善墓 0206
樟坞里方亭＊ 0324
昭灵侯庙 0440
赵受庭故居 0349
赵宅＊ 0349
贞惠先生碑亭 0515
真山吴楚贵族墓葬群 0218
振德堂吴宅 0504
振华女子中学旧址＊ 0078
震丰缫丝厂旧址 0494